企业员工培训与开发

蒋文莉　著

全国百佳图书出版单位
吉林出版集团股份有限公司

图书在版编目（CIP）数据

企业员工培训与开发 / 蒋文莉著 . -- 长春 : 吉林
出版集团股份有限公司 , 2020.7
ISBN 978-7-5581-8835-0

Ⅰ . ①企… Ⅱ . ①蒋… Ⅲ . ①企业管理 – 职工培训
Ⅳ . ① F272.921

中国版本图书馆 CIP 数据核字 (2020) 第 118319 号

企业员工培训与开发

作　　者 / 蒋文莉著
出　版　人 / 吴文阁
责任编辑 / 朱子玉　杨　帆
责任校对 / 张洪亮
封面设计 / 优盛文化
开　　本 /710mm×1000mm　1/16
字　　数 /307 千字
印　　张 /17
版　　次 /2020 年 7 月第 1 版
印　　次 /2020 年 7 月第 1 次印刷

出　　版 / 吉林出版集团股份有限公司（长春市人民大街4646号）
发　　行 / 吉林音像出版社有限责任公司
地　　址 / 吉林省长春市净月区福祉大路 5788 号出版大厦 A 座 13 层
电　　话 / 0431-81629660
印　　刷 / 定州启航印刷有限公司

ISBN　978-7-5581-8835-0　　　定价 / 69.00 元

前　言

科学管理之父弗雷德里克·泰勒在 20 世纪初提出了通过对工人进行作业培训来提高劳动生产率的理念。培训作为企业必不可少的一项管理活动，已走过了一个世纪的旅程，培训的内容也已经由最初的流水线上的机器操作技能扩展到知识工作者的能力开发和组织发展等方面。科学合理地进行企业的人力资源培训与开发可以帮助企业提升员工能力，提高劳动生产率，打造高素质人才队伍，强化人才储备。在经济飞速发展的现代，企业要想提高市场竞争力，就应注重对员工的培训力度，只有通过不断完善的人力资源培训才能保证企业的生命力。

企业员工培训的效果直接与企业的竞争力和效益挂钩，企业通过进行人力资源培训和开发，可以渗透企业文化，形成具有凝聚力和向心力的企业人才队伍。随着现代社会发展的需求，员工培训和开发已经成为了企业提升自身竞争力最直接的方式。因此，是否建立有效的培训机制，建立完善的培训评估制度，业已成为企业在竞争激烈的市场中能否取胜的关键性工作。有效的员工培训与开发能促进企业目标的实现，能提高员工的职业能力，实现企业与员工的双赢。

本书共分为十一章：第一章对企业员工的培训进行了简要概述，介绍了员工培训的概念、特征、作用、目标、原则、流程等；第二章阐述了员工培训的需求分析和培训的类型；第三章介绍了企业员工培训计划的制定，包括战略规划的制定以及费用预算的制定等；第四章阐述了企业员工培训项目的设计，介绍了培训项目设计的过程和实施；第五章对培训课程开发进行了阐述，介绍了培训课程开发的相关理论以及开发的过程，并且列举了实际的例子；第六章介绍了员工培训的方法，包括培训方法的选择以及新技术在员工培训中的应用；第七章对企业培训外包进行了阐述，介绍了培训外包的实施、管理以及风险和规避；第八章阐述了培训成果的转化和培训效果评估，介绍了影响培训效果的因素，培训成果的转化和效果提升以及如何对培训效果进行评估；第九章介绍了企业员工的开发，包括开发的战略与规划，员工的开发机制等；第十章阐述了企业员工的职业生涯开发，简要介绍了职业和职业生涯的概念以及个人的职业生涯规划和组织的职业生涯管理；第十一章分析了企业员工培训与开发的管理现状和存在的问题，并提出了相应的对策和建议。

　　本书在撰写过程中参考和借鉴了部分专家、学者的研究成果和观点，由于出版时间紧促，未能及时与相关作者取得联系，在此致以最诚挚的谢意。另外，由于时间和精力有限，书中难免存在局限与差错，不足之处敬请指正。

目　录

第一章　企业员工培训概述

第一节　培训的概念与特征

杰克·韦尔奇说过，组织从任何源头持续学习的愿望和能力，以及能将学习快速转变为行动，是组织最终的竞争优势。"投资于培训"已成为许多组织的共识，许多组织相信培训能改进员工的表现，并且能提高生产力、增强竞争力。一项关于1000家企业的研究表明，员工教育投资每提高10%可以使生产率提高8.6%，而同样价值的投入如果放在工具或建筑上，生产率只能提高3.4%。也有研究显示，经过训练的技术人员一般能降低成本10%～15%，而受过良好培训的管理人员创造和推广现代科学管理技术则可降低成本30%以上。培训是提高人员素质、增加人力资本存量、提高工作效率和经济效益的有效手段。

一、员工培训的概念

作为企业人力资本投资的主要形式，员工培训在企业发展中起着至关重要的作用。通常所说的员工培训，是指企业实施的、有计划的、连续的系统学习行为或过程，其目的是通过培训使员工的知识、技能、态度，乃至行为发生定向改进，从而确保员工能够按照预期的标准或水平完成其所承担的工作任务。其终极目标是实现员工个人发展与企业发展的双赢。

二、员工培训的特征

（一）培训具有很强的针对性

针对性是指对企业不同层次、不同岗位的员工，培训的内容、方式不同。

对不同规模、不同性质、不同行业的企业培训要解决的问题也有所不同。

（二）培训具有广泛的多样性

第一，层次多样性。从企业一般员工直到最高层领导者，都应该参与培训。他们各自在年龄、教育程度、技术水平、岗位要求和发展的趋势等方面呈现出多样性。第二，类型多样性。培训一般包括新员工上岗培训、技术培训、职业技能培训、经理技能培训、总经理技能培训、安全和健康培训、组织发展培训等。第三，内容多样性。培训内容有思想政治教育、企业价值观教育、基础文化知识教育、法律政策及制度培训、行为规范及礼仪培训等。第四，形式多样性。员工培训的形式主要有定向培训、在职培训、脱产培训、实践中培训及企业员工自学成才等。

（三）培训管理具有科学性和集中性

培训是企业长远发展的必然要求，进行系统规划、统筹安排及培训的集中统一管理是必不可少的。具体表现在：一是培训要由公司统一管理，而不是企业内任何部门可以单独进行和处理的；二是培训关系到人事、经费、工资福利、工作安排等一系列问题，因此必须由公司统一管理；三是培训管理具有科学性，公司内任何部门都必须很好地把握；四是培训工作既有近期目标，又有长期战略，要与企业的生产经营计划相结合，制定一套切实可行的方针和政策。

（四）培训在新世纪更具有时代性

时代性体现在时代特色、时代要求和时代精神上。企业要紧跟时代，找出新课题、新需求进行培训。21世纪是知识经济时代，信息和知识是绝大多数企业前进的推动力量，而企业进行员工培训是提供信息、知识及相关技能的重要途径，有时甚至是唯一途径。随着科学技术的不断更新，使用技术的人必须不断更新知识与技能，才能跟得上科技的发展。未来的企业也将成为学习型组织，这也意味着企业员工必须把接受培训作为继续学习的一种手段。

第二节　培训的作用和意义

从不同的角度看，培训的作用和意义是有所不同的。下面从企业、企业经营管理者和员工三个角度对培训的作用和意义进行分析。

一、企业的角度

从企业的角度看，培训可以提升企业竞争力，可以增强企业凝聚力，可以提高企业战斗力，是一种高回报的投资。

据美国培训与发展年会统计，投资培训的企业，其利润的提升比其他企业的平均值高37%，人均产值比平均值高57%，股票市值的提升比平均值高20%。

在过去50年间，国外企业的培训费用一直在稳步增加。美国企业每年在培训上的花费约300亿美元，约占雇员平均工资收入的5%。目前，已有1 200多家美国跨国企业包括麦当劳都开办了管理学院，摩托罗拉则建有自己的大学。这些对中国企业来说，都是一个很好的培训范例。

目前在激烈的市场竞争条件下，一个企业要想获得长足的发展，就必须有人才、技术、信息、资源作支撑，其中人才素质高低对企业发展发挥着不可估量的作用。在面临全球化、高质量、高效率的工作系统挑战中，培训显得更为重要。培训使员工的知识、技能与态度明显提高与改善，进而能提高企业效益，获得竞争优势。具体体现在以下方面：

第一，职业培训能提高员工的工作能力，拓展企业业务。

员工培训的直接目的就是要发展员工的职业能力，使其更好地胜任现在的日常工作及未来的工作任务。在能力培训方面，传统上的培训重点一般放在基本技能与高级技能两个层次上，但是未来的工作需要员工更广博的知识，因此会培训员工学会知识共享，提升其创造性地运用知识来调整产品或服务的能力。同时，培训使员工的工作能力提高，为取得良好的工作绩效提供了可能，也为企业提供了更多拓展业务的机会。

第二，职业培训有利于企业获得竞争优势。

面对激烈的国际竞争，企业需要越来越多的复合型经营人才，为进军世界市场打好人才基础。员工培训可提高企业新产品研究开发能力，员工培训就是要不断培训与开发高素质的人才，以获得竞争优势，这已是不争的事实。尤其是人类社会步入以知识经济资源和信息资源为重要依托的新时代，智力资本已成为获取生产力、竞争力和经济成就的关键因素。企业的竞争不再依靠自然资源、廉价的劳动力、精良的机器和雄厚的财力，而主要依靠知识密集型的人力资本。员工培训是创造智力资本的途径。智力资本包括基本技能（完成本职工作的技术）、高级技能（如怎样运用科技与其他员工共享信息、了解客户和生产系统）以及自我激发创造力。因此，这要求建立一种新的适合未来发展与竞争的培训观念，提高企业员工的整体素质。

第三，职业培训有利于改善企业的工作质量。

工作质量包括生产过程质量、产品质量与客户服务质量等。毫无疑问，培训使员工素质、职业能力得以增强，将直接提高和改善企业工作质量。具体表现在培训能改进员工的工作表现，降低成本；可增加员工的安全操作知识；提高员工的劳动技能水平；增强员工的岗位意识，强化员工的责任感，规范生产安全规程；增强安全管理意识，提高管理者的管理水平。因此，企业应加强对员工敬业精神、安全意识和知识的培训。

第四，职业培训有利于高效工作绩效系统的构建。

在21世纪，科学技术的发展导致员工技能和工作角色的变化，企业需要对组织结构进行重新设计（如工作团队的建立）。今天的员工已不是简单接受工作任务，提供辅助性工作，而是参与提高产品与服务的团队活动。在团队工作系统中，员工扮演许多管理性质的工作角色。他们不仅具备运用新技术获得提高客户服务与产品质量的信息、与其他员工共享信息的能力，还具备人际交往技能和解决问题的能力、集体活动能力、沟通协调能力等。尤其是培训员工学习使用互联网、全球网及其他用于交流和收集信息工具的能力，可使企业工作绩效系统高效运转。

此外，培训是解决问题的有效措施。对于企业不断出现的各种问题，培训有时是最直接、最快速和最经济的管理解决方案，比自己摸索快，比招聘有相同经验的新进人员更值得信任。

二、企业经营管理者的角度

培训对企业经营管理者来说，具有六大好处：

第一，可以减少事故发生。研究发现，企业事故中，80%是由员工不懂安全知识和违规操作造成的。员工通过培训，学到了安全知识，掌握了操作规程，自然就会减少事故的发生。

第二，可以改善工作质量。员工参加培训，往往能够掌握更多正确、高效的工作方法，纠正错误和不良的工作习惯，其直接结果必然是促进工作质量的提高。

第三，可以提高员工整体素质。通过培训，员工的整体素质会不断提高，劳动生产率也将随之提高。

第四，可以降低损耗。员工不认同企业文化、缺乏责任心，技术水平差，会加大企业耗损。通过培训，员工会逐渐认同企业文化，强化责任意识，同时也能提高技术水平，降低损耗。

第五，可以提高研制开发新产品的能力。培训提高员工素质的同时，也培养了他们的创新能力，激励员工不断开发与研制新产品来满足市场需要，从而扩大产品的市场占有率。

第六，可以改进管理内容。培训后的员工整体素质得到提高，就会自觉把自己当作企业的主人，主动服从和参与企业的管理。

三、员工的角度

（一）增强就业能力

现代社会，经济迅速发展与时代的快速变迁带来了行业的巨变，使员工认识到培训、充电的重要性。尤其是新入职的员工的培训，更使其增长自身知识、技能、增强就业能力的一条重要途径。因此，很多员工期待企业能够提供足够的培训机会。

（二）获得高薪机会

员工的收入与其在工作中表现出来的劳动效率和工作质量直接相关。为了追求更高收入，员工就要提高自己的工作技能，技能水平越高，高薪机会越多。

（三）增强职业的稳定性

从企业来看，企业为培训员工（特别是培训特殊技能的员工）提供了优越的条件。所以在一般情况下，企业不会随便解雇这些员工，为防止他们离去给企业带来的损失，总会千方百计留住他们。从员工来看，他们把参加培训、外出学习、脱产深造、出国进修等当作是企业对自己的一种奖励。员工经过培训，素质、能力得到提高后，在工作中表现得更为突出，就更有可能受到企业的重用或晋升，职业稳定性会更强。

（四）培训可以让自己更具竞争力

未来的职场将是充满了竞争的职场。随着人才机制的创新，每年都有大量新的人才加入竞争的队伍中，让员工每时每刻都面临着被淘汰的危险。面对竞争，要避免被淘汰的命运，只有不断学习，而培训则是最好、最快的学习方式。

总之，培训可以让员工自强，可以让企业的血液不断得到更新，让企业永远保持旺盛的活力，永远具有竞争力，这就是企业进行培训的最大意义。

（五）培训可以满足员工实现自我价值的需要

在现代企业中，员工有较强的自我价值实现需要。培训不断教给员工新的知识与技能，使其能适应或能接受具有挑战性的工作与任务，实现自我成长和自我价值，这使员工在物质与精神层面均能得到满足。

第三节　培训的原则

为了保证培训与开发的方向不偏离组织预定的目标，员工培训应遵循以下原则：

一、战略与激励原则

企业必须将员工的培训与开发放在战略高度来认识。许多企业将培训看成是只见投入不见产出的"赔本"买卖，往往只重视当前利益，安排"闲人"去参加培训，真正需要培训的人员却因为工作任务繁重而抽不出身，导致出现了所学知识不会或根本不用的"培训专业户"，使培训失去了原本的意义。其实，真正需要学习的人才会学习，这种学习需求和愿望称之为动机。一般而言，动机多来自需要，所以在培训过程中可用多种激励方法，使受训者在学习过程中因需要的满足而产生学习意愿。因此，企业必须树立战略观念，以激励作为手段，根据企业发展目标及战略制订培训计划并实施培训。

二、理论联系实际，学以致用原则

员工培训应当有明确的针对性，从实际工作需要出发，与岗位特点紧密结合，与培训对象的年龄、知识结构、能力结构、思想状况紧密结合，目的在于通过培训让员工掌握必要的技能以完成规定的工作，最终为提高企业的经济效益服务。

三、技能培训与企业文化培训兼顾的原则

培训与开发的内容，除了文化知识、专业知识、专业技能的培训外，还应包括理想、信念、价值观、道德观等方面的培训，而后者又要与企业目标、企业文化、企业制度、企业的优良传统等结合起来，使员工在各方面都符合企业的要求。

四、全员培训与重点提高相结合的原则

全员培训就是有计划、有步骤地对在职的所有员工进行培训，这是提高全体员工素质的必经之路。为了提高培训投入的回报率，企业需要重点对企业管理人员和技术骨干，特别是中高层管理人员、有培养前途的梯队人员，有计划地进行培训与开发。

五、培训效果的反馈与强化原则

培训效果的反馈指的是在培训后对员工进行检验，其作用在于巩固员工学习的技能，及时纠正错误和偏差。反馈的信息越及时、准确，培训的效果就越好。强化则是指由于反馈而对接受培训的人员进行的奖励或惩罚，其目的一方面是为了奖励接受培训并取得绩效的人员，另一方面是为了强化其他员工的培训意识，使培训效果得到进一步优化。

六、个人发展与企业发展相结合的原则

企业进行培训，目的在于提升员工能力与素质，进而使企业得到长远发展。为此，员工培训必须坚持"个人发展与企业发展相结合"的原则，在培训内容方面增加与企业发展紧密相连的内容，或针对企业发展过程中的"痛点"进行相关培训，时培训既有利于员工个人职业发展，又有利于企业未来发展。

七、投入产出原则

员工培训是企业的一种投资行为，和其他投资一样，我们也要从投入产出的角度来考虑问题。员工培训投资属于智力投资，它的投资收益高于实物投资收益。但这种投资的投入产出衡量具有特殊性，培训投资成本不仅包括可以明确计算出来的会计成本，还应将机会成本纳入进去。培训产出不能纯粹以传统的经济核算方式来评价，它包括潜在的或发展的因素，另外还有社会的因素。

八、培训方式和方法多样性原则

公司从普通员工到最高决策者，所从事的工作不同，创造的业绩不同，能力和应达到的工作标准也不同。因此，不同的员工通过培训所要获取的知识、技能也就有所不同。由于培训内容不同，培训方式和培训方法也应有所不同，应呈多样化发展。

九、长期性原则

员工培训需要企业投入大量的人力、物力，这对企业的当前工作可能会造成一定的影响。有的员工培训项目有立竿见影的效果，但有的培训要在一段时间以后才能反映到员工工作绩效或企业经济效益上，尤其是管理人员和员工观念的培训。因此，企业要摒弃急功近利的态度，要正确地认识智力投资和人力开发的长期性与持续性，要用"以人为本"的经营理念来搞好员工培训，坚持培训的长期性和持续性。

第四节　培训的流程

培训流程一般包括制定岗位培训制度、开展培训需求分析、制订培训计划、实施培训计划、培训效果评估等几个主要方面。

一、制定岗位培训制度

组织根据战略目标，结合岗位要求，制定组织的培训制度和政策，内容包括新员工入职制度、培训激励制度、培训考核与评估制度、员工奖惩制度、培训风险制度等。

二、开展培训需求分析

在员工的培训过程中，许多企业管理者都能凭借直觉来确定员工需要学习什么。然而，如果单纯地采取一种非正式的、直觉性的方法来判断希望员工学习什么，很可能会遗漏一些重要的问题。因此，绝大多数经验丰富的人力资源管理者都会先进行培训需求分析。

（一）培训需求分析的作用

从整体上说，培训需求分析对培训过程具有较强的指导性。培训需求分析是现代培训活动过程中的首要环节，是培训评估的基础。培训需求分析具有以下作用：

1. 有利于找出差距确立培训目标

在进行培训需求分析时，应从绩效差距入手，从绩效差距中找出员工素质能力短板，或是企业战略和企业文化需要的员工能力与员工实际能力之间的差距，从而确定能否通过培训手段消除差距，提高员工生产率。员工绩效差距的确认一般有三个环节：一是明确培训对象目前的知识、技能、能力水平；二是分析培训对象理想的知识、技能、能力模型；三是对培训对象的理想和现实知识、技能、能力水平进行对比分析。

2. 有利于找出解决问题的方法

解决需求差距的方法有许多，既有培训的方法，又有与培训无关的方法，如人员变动、工资增长、新员工的吸收等多种综合方法。企业面临的问题复杂多变，最好把这几种解决问题的方法综合起来，制定多样性的培训策略。

3.有利于进行前瞻预测分析

企业的发展过程是一个动态的不断变化的过程，当组织发生变革时，培训计划也必须进行相应的调整。这种变革涉及培训内容、培训方法、培训程序和培训人员。

4.有利于进行培训成本的预算

当进行培训需求分析时，要找到解决问题的方法，培训管理人员才能把成本因素引入培训的需求分析上来，预算出培训的成本，对不进行培训所造成的损失与进行培训的成本之间进行对比。

5.有利于促进企业各方达成共识

通过培训需求分析，可以收集制订培训计划，选择培训方式，以确保为培训对象、目标、内容、方式提供依据，促进企业各方达成共识，有利于培训计划的制订与实施。

（二）培训需求分析层次

不同层次员工的培训需求是不一样的，高层有战略的需求，中层有管理的需求，基层有业务的需求。所以，用同一种方法去做不同的事情，收效甚微。只有用不同钥匙开不同的门，这样的培训需求才具针对性。完整、科学的培训需求分析将确保工作、绩效、培训高度契合。培训的需求分析应从以下三个方面入手。

1.组织分析

组织分析主要是通过对组织的目标、资源、特质、环境等因素进行分析，准确地找出组织存在的问题与问题产生的根源，以确定培训是否是解决这类问题的最有效的方法。组织分析需要分析三个问题。

（1）从战略发展高度预测企业未来在技术、销售市场及组织结构上可能发生什么变化，对人力资源的数量和质量的需求状况进行分析，确定适应企业发展需要的员工能力。

（2）分析管理者和员工对培训活动的支持态度。大量研究表明：员工与管理者对培训的支持是非常关键的。培训成功关键要素如下：受训者的上级、同事对其受训活动要持有积极态度，并同意向受训者提供关于任何将培训所学的知识运用于工作实践中去的信息；受训者将培训所学习的知识运用于实际工作之中的概率较高等。如果受训者的上级、同事对其受训不支持，这种概率就不大。

（3）对企业的培训费用、培训时间及培训相关的专业知识等培训资源的分析。企业可在现有人员技能水平和预算基础上，利用内部咨询人员对相关的员工进行培训。如果企业缺乏必要的时间和专业能力，也可以从咨询公司购买培训服务。目前已有越来越多的企业通过投标的形式来确定为本企业提供培训服务的供应商或咨询公司。

对上述问题和特性的了解，将有助于管理者及培训部门全面真实地了解组织。

2．工作分析

工作分析的目的在于了解与绩效问题有关的工作的详细内容、标准和达成工作所应具备的知识和技能，它适用于新员工的培训需求分析。工作分析的结果也是将来设计和编制相关培训课程的重要资料来源。工作分析需要富有工作经验的员工和专家参与，以提供完整的工作信息与资料。

（1）可以对员工的工作过程进行反复观察，特别是操作性、重复性较强的工作，以确认工作说明书中的工作任务、工作技能要求是否符合实际。

（2）尽量利用有相关工作经验人员的智慧。例如：与有经验的雇员、离退休人员、部门主管以及制定工作说明书的部门负责人进行访谈，以对工作任务和所需技能进行进一步确认。

（3）可以让权威人员来对工作分析的结论进行认证。向专家或组织顾问委员会提出求证，以确定任务的执行频率，完成每一项任务所需的时间、完成的关键、完成任务的质量标准、完成任务的技能要求及规范的操作程序等。经过这样的程序，对工作任务及所需知识、技能的确认才能更科学、准确。

在工作分析之后需要对员工的胜任力进行分析，可通过胜任素质模型将某一职位所需具备的各种胜任素质（知识、技能行为等）整合在一张图上（图1-1）。

```
                          角色
                        直线职能
                        参谋职能
                        协调职能
                       战略性职能
                      专长领域
                   人力资源管理实践
                     战略规划
                     雇佣法律
                    财务和预算
                     一般管理
                  专长领域基本胜任素质
        个人能力          人际关系能力      人力资源及业务管理能力
     ◆行为符合伦理规范    ◆有效沟通        ◆建立有效的人力资源
     ◆表现出基于证据的    ◆展现领导力         管理体系
        良好判断力       ◆有效谈判        ◆分析财务报表
     ◆确定并实现目标     ◆激励他人        ◆制定战略
     ◆有效管理任务      ◆团队合作         ◆管理供应商
     ◆自我开发
```

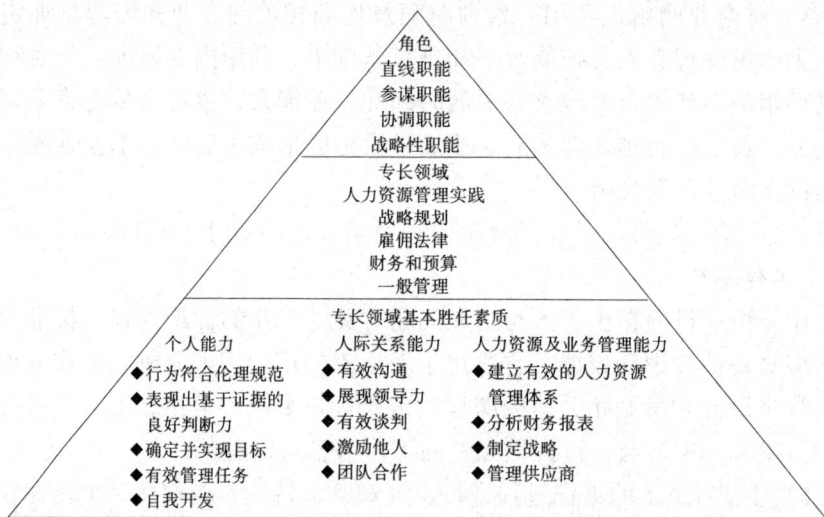

图1-1　描述性人力资源经理胜任素质模型

这张人力资源经理胜任素质模型说明了三件事情。第一，金字塔顶层部分的内容说明了企业希望这位人力资源经理扮演的四种角色——直线职能、参谋职能、协调职能、战略性人力资源管理职能。第二，金字塔顶层的下一层说明了为了胜任上述这些角色，这位人力资源经理必须精通哪些领域。例如：成为人力资源管理实践和战略规划领域的专家。第三，下面一层则是这位人力资源经理如果想成为上述各个领域中的专家，并且胜任那四种角色，必须具备的一些基本胜任素质。对于这位人力资源经理来说，这些胜任素质包括人际关系能力（比如沟通能力）、业务管理能力（比如财务分析能力）以及个人能力（比如展现出建立在证据基础之上的良好判断力）。

3.员工绩效分析

员工绩效分析是一个确认员工是否存在绩效缺陷并且判断这种绩效缺陷是否能通过培训或者其他手段来加以解决的过程，主要是通过分析员工个人现有绩效状况与应有绩效状况之间的差距，来确定谁需要和应该接受培训以及培训的内容。员工绩效分析适用于在职员工培训需求的分析。员工绩效分析的途径有以下几个方面：

（1）绩效评价情况；

（2）与职位相关的绩效数据（包括生产率、缺勤率和迟到情况、争议、浪费、交货延期、停工期、维修、设备利用以及客户投诉等）；

（3）员工的直接上级或其他专家观察到的情况；

（4）对员工本人或者其直接上级进行的访谈；

（5）对工作知识、技能以及出勤状况等所做的测试或考察；

（6）员工态度调查；

（7）员工个人的工作日志；

（8）评价中心的评估结果；

（9）具体的"绩效差距"分析软件，比如由 saba 软件公司提供的此类软件。

员工出现绩效差距的原因有两方面：一是员工不会做，即员工可能不知道自己应该做什么，或者企业的绩效标准不明确，在工作中存在工具或条件不足，缺乏必要的工作协助，或者员工所受培训不足等；二是员工不愿意做导致绩效不佳，这时候需要通过培训来改变员工的工作态度。

三、制订培训计划

（一）培训计划的含义

所谓培训计划是按照一定的逻辑顺序排列的记录，它是从组织的战略出发，在全面、客观的培训需求分析基础上做出的对培训时间、培训地点、培训者、培训对象、培训方式和培训内容等的预先系统设定。

培训计划必须满足组织及员工两方面的需求，兼顾组织资源条件及员工素质基础，并充分考虑人才培养的超前性及培训结果的不确定性。

（二）培训计划的内容

培训计划需要明确的事项包括：

（1）培训的目的与目标（Why）；

（2）培训时间（When）；

（3）培训地点（Where）；

（4）培训者（Who）；

（5）培训对象（Whom）；

（6）培训方式（How）；

（7）培训内容（What）；

（8）培训组织工作的分工和标准；

（9）培训资源的具体使用；

（10）培训资源的落实；

（11）培训效果的评价。

（三）培训计划制定流程

1. 拟定培训目标

拟定培训目标就是要确定一个人经过培训以后，应该发生怎样的变化。培训通常以掌握新知识或新技能为目标，培训目标还应说明要以什么样的方法、花多少钱、花多少时间、多大成本来达到这一目标。拟定培训目标应坚持以下几个原则：一是明确而具体；二是富有挑战性；三是要有子目标。培训目标主要有以下几大类：

（1）技能目标。对基层而言，涉及具体的操作训练，而在高层中，主要是分析与决策能力、口头沟通能力、人际关系技巧等。

（2）知识目标。

（3）态度目标。

（4）工作实现目标。

2. 确定培训对象

日本松下公司老总松下幸之助曾告诫说："只有傻瓜或自愿把自己的企业推向悬崖峭壁的人，才会对教育置若罔闻。"因此，所有人都需要培训，只不过培训的内容、方式和形式各有差异罢了。然而，在很多情况下，由于企业或组织的资源有限，不可能提供足够的资金、人力和时间让全体员工参加培训，一般而言，都是有指导性的确定本企业急需岗位的人员培训。有以下几类：

（1）新招聘的员工；

（2）可以改进目前工作的人；

（3）有能力而且组织要求他们掌握其他技能的人；

（4）有潜在能力的人。

3. 设置培训课程

（1）培训要分层进行。高层管理者：培训侧重观念、理念方面，而不是业务操作方面。中层管理者：培训侧重业务上的培训，同时要向他们传递相关的管理理念，使他们更有效地理解和执行企业高层的决策方针，更有效地实施日常经营职能。基础管理者：培训侧重提供与实务工作相配合的基本管理方法，提供有效处理第一线日常工作的各种问题的技巧。基层员工：培训侧重专业知识与专业技术。

（2）培训要分职能进行。第一，按工作职责设置培训内容，如营销部门人员要分别负责企划服务、推广、销售等工作。第二，按工作所需技能设置培训内容，如对于营销人员来说，无论你负责哪一方面的工作，有些技能是你必须掌握的。

4．选用培训方法

培训方法主要有课堂讲解、远程学习、视听讲授、教练法、工作轮换、情景模拟、商业游戏和案例研究、敏感性训练等。

原则一：方法是为内容服务的，不同的培训内容要选用不同的方法。知识培训多采用课堂讲授法；技能培训多采用角色扮演法态度培训多采用游戏式方法。

原则二：因材施教。对于新员工来说，要采用课堂讲授和实习相结合的方法；对于基层员工来说，要采用实用性比较强的方法，如角色扮演、游戏活动、实践练习；对于非本土员工来说，要考虑文化背景、观念习惯的差异；对于客户（经销商、代理商）来说，要采用讨论式、活动式的方法。

（四）设计培训计划的注意事项

1．员工的参与

让员工参与设计和决定培训计划，除了加深员工对培训的了解外，还能增加他们对培训计划的兴趣。此外，员工的参与可使培训课程设计更切合员工的真实需要。

2．管理者的参与

各部门主管对部门内员工的能力及所需何种培训，通常较负责培训计划者或最高管理阶层更清楚，故他们的参与、支持及协助对培训计划的顺利落实有很大的帮助。

3．时间的安排

在制订培训计划时，必须准确预测培训所需时间及该段时间内人手调动是否有可能影响组织的运作。编排课程及培训方法必须严格依照预先拟定的时间表执行。

4．节约成本

培训计划必须符合组织的资源限制。有些计划可能很理想，但如果需要庞大的培训经费，就不是每个组织都负担得起的。能否确保经费的来源和能否合理地分配和使用经费，不仅直接关系到培训的规模、水平及程度，还关系到培训者与学员能否有很好的心态来对待培训。

四、实施培训计划

培训计划的实施是指把培训计划付诸实践的过程，是达到培训目的和目标的基本途径与手段。它是整个培训工作中的一个实质性阶段。分前期准备阶段、培训实施阶段、培训工作回顾和评价等几个阶段。

（一）培训准备阶段

1.确认并通知受训员工

在培训正式开始前，培训组织者需要事先对受训员工的资格进行审核，看是否有变化或不属于受训范围的员工，确认后一般应该在培训开始前一周通知受训员工，以便受训员工对自己的工作做出相应的安排和调整，并进行一定的培训准备工作。

2.确认培训后勤准备

确认培训后勤准备工作是否到位，如培训场地、培训设施与设备、培训经费、培训教材和培训资料、受训员工就餐和住宿（外出培训）、交通工具的准备等。确认培训场地是否适合培训方式，确认培训教材和培训资料是否到位、签到表是否准备齐全、受训员工花名册是否完整、培训证书的印制是否准确，检查培训设备是否运行正常等。

3.确认培训时间

为保证培训工作的顺利开展，要确认培训时间，主要有两个方面：培训日期安排和培训长度安排。

4.培训资料和设备的准备

确认培训教材、检查培训设备是否运行正常、签到表是否准备齐全、受训员工花名册是否完整、培训证书的印制是否准确等。

5.培训教师的安排

培训正式开始前三四天，提前与培训老师确认培训时间，联系培训教师的交通、住宿、就餐等问题。

（二）培训实施阶段

1.培训上课前的准备工作

培训前工作有：①培训现场的路标布置；②培训现场的布置；③准备茶水、播放背景音乐；④学员签到；⑤培训资料的发放；⑥课程及教师介绍；⑦宣布培训课堂纪律。

2.培训开始的介绍工作

培训开始前的介绍内容有：①培训主题；②培训教师的介绍；③介绍后勤安排；④培训课程的介绍；⑤培训目标和日程安排；⑥学员的自我介绍。

3. **知识或技能的传授**

培训老师通过讲授、有组织的讨论、非正式的讨论、提问和问答等方式和方法对受训员工进行培训。

4. **培训器材的维护、保管**

培训过程中，要爱护培训器材和设备。同时，培训组织者要做好培训协调工作，及时了解培训学员的反映，及时与培训教师沟通；协助上课、休息时间的管理；做好录音、摄像工作。

（三）培训考核或考评

培训结束后，应该进行一定形式的考核或考评，并将考核或考评情况进行公布。对于不合格者，应该按企业的培训管理制度进行补训，并给予相应的处罚；而考核或考评优秀者，给予相应的表彰和物质奖励。

（四）培训的回顾与评价

在培训工作即将结束时，培训组织者要对培训的内容和学员学习情况进行总结，提出希望。培训后的工作有：①向授课老师致谢；②培训效果问卷调查；③培训证书的颁发；④培训设备、仪器的清理、检查；⑤培训成果的评估。

五、培训效果评估

培训效果评估指将员工在培训中所获得的知识、技能等应用于工作中的程度。通过评估可以了解培训项目是否达到了目标和要求，也可考查学员技能的提高或得益程度。

（一）实施培训评估

（1）反应评估，主要测量学员对培训的主观感觉或满意度。

（2）学习评估，主要测量学员对培训内容、技巧、概念的掌握和吸收程度。

（3）行为评估，关注学员培训后的行为是否因培训而改变。

（4）结果评估，衡量培训给组织的业绩带来的影响。

（二）撰写评估报告

评估报告包括：介绍评估的目的与评估的性质；评估实施的背景；分析与说明；阐明评估结果；解释评估结果并提出建议。

第二章　企业员工培训的需求与类型

第一节　培训需求分析

培训需求分析是培训管理工作的第一环，是否能准确地预测和把握真实的需求，直接决定了培训是否合理和有效，从而影响到整个组织的绩效和经营目标的实现。

一、培训需求分析的含义

培训需求分析就是采用科学的方法弄清谁最需要培训、为什么要培训、培训什么等问题，并进行深入探索研究的过程。

二、培训需求分析的内容

培训需求分析的内容主要包括层次分析、对象分析以及阶段分析这三个方面。

（一）层次分析

培训需求的层次分析主要包括四个层面：企业工作人员的个体层面，培训需求的工作层面，组织层面，培训需求分析的战略层面。

1. 培训需求分析的个体层面

个体层面的需求分析是指以工作人员之间的个体现状差距为基础，对需要培训的人员以及相应的培训内容进行确定。不同的企业以及不同企业的不同部门，都有着不一样的培训需求分析主体。但是，企业的培训需求分析工作通常都是由培训部门、主管人员、工作人员来进行的。

2. 培训需求分析的工作层面

工作层面需求分析是以企业现有的各个员工和工作岗位为对象，以使各个工作岗位的员工达到规定的工作业绩，掌握必需的知识和相关技能。

工作层面需求分析进行的重要参考资料来源于工作分析、绩效评价、质量控制报告和顾客反馈信息。此项工作环节进行的依据是岗位说明书和工作考核情况，根据上述依据分解和分析工作任务，寻找员工的实际工作绩效与应有工作绩效之间的差距，然后整理和归类培训不足引起的绩效问题，最终形成工作层面的培训需求。

3. 培训需求分析的组织层面

培训需求的组织分析就是在对整个企业经营业绩的了解基础上，通过分析企业的目标、资源、环境等因素，确定企业现有业绩与理想状况之间所存在的差距，从中寻找相应的解决办法，并将所获得的结果提供给培训部门作为参考。企业的生存和发展离不开人力资源，企业内部的个体应当了解企业的发展目标与个人发展之间的关系，因为培训的目的就是使个人的发展符合企业发展的要求。随着市场经济的发展和深化，企业要想跟得上行业发展的脚步，就需要对自己的结构、产品和生产流程不断地进行调整。同样，为了适应企业的发展，员工也需要通过培训来不断地对自己的知识系统进行补充和更新。这也是在组织层面进行培训需求分析的目的和意义所在。

4. 培训需求分析的战略层面

人们通常会在个体需求和组织需求这两个方面集中进行培训需求分析，并以此作为依据对培训规划进行设计。但是，在企业状况发生重大变化等特殊情况下，对过去和现在的需求过度注意将会引起资源的无效应用。所以，应以未来需求的战略方法为新的重点。人们越来越重视培训需求的战略分析，也就是未来分析。因为培训就是以解决现存的问题，并为企业未来的发展做准备为目的，所以看待这个问题应当用长远的眼光。只有了解了企业的总体目标和整体战略，制定出的培训方案才能与企业的发展相契合。

（二）对象分析

1. 新员工培训需求分析

新员工会因不够了解企业的文化和管理制度而无法融入企业，或是因对工作岗位不熟悉而无法胜任新工作，因此有必要对新员工进行培训需求分析。在对新员工所需要的工作技能进行确定时，通常使用任务分析法。

2. 在职员工培训需求分析

在企业生产过程中，会随着行业的发展不断应用到新技术，而在职员工会因为其所具备的技能无法满足工作需要而产生相应的培训需求。在这种情况下对在职员工的培训需求进行评估时，通常应采取绩效分析法。

（三）阶段分析

1. 当前培训需求分析

当前培训需求分析是针对企业当前存在的问题而提出的培训要求，包括对企业当前实际的生产经营状况、现阶段的生产经营目标、企业经营中出现的问题以及未能实现的生产任务等主要内容进行分析。为确认培训的实施能够使问题得到有效的解决，须通过当前培训需求分析指出其中的原因。由于企业的日常运营往往在培训计划实行后还是会不断地出现工作质量差、连续的错误、高离职率、频繁的工作意外事故、员工经常超时工作等问题，这些问题都预示着新的培训需求的产生，所以就需要根据实际情况对这些因事先无法预计而没有列入培训计划的问题做出快速反应，并对其中的培训需求及时进行了解。实际上，敏锐的信息感受能力和获取能力对当前培训需求分析来说十分重要。在培训管理者的心中，即便是一件在一些人看来可以忽略不计或是很快得到处理的小事，都有可能产生出一个培训方案。

2. 未来培训需求分析

未来培训需求分析指为了使企业未来发展的需要得到满足而提出的培训需求。对于未来培训需求分析，需要采取前瞻性的培训需求分析方法对企业未来各个方面的发展变化和对员工知识技能的要求进行预测，并据此制定未来的培训方案。

培训需求分析的目的就是通过培训解决组织所存在的问题。而准确的培训需求分析能够对培训目标的正确性、培训内容的科学性和培训模式的恰当性提供帮助。培训需求分析对设计培训课程和开展培训活动来说是一个非常重要的环节。一旦与现实状况和实际需求偏离，再好的培训目标和培训模式都不能对实际的工作产生有效的作用。

三、培训需求分析的意义

作为现代培训活动最主要的环节，培训需求分析在培训中具有重要的意义。具体表现在五个方面。

（一）确认差距

确认差距就是对实际状况和应有状况之间的绩效差距进行确认，它是培训需求分析的基本目标。通常可以经过三个环节对绩效差距进行确认。

（1）必须对工作所需要的知识、技能和能力进行分析。

（2）必须对当前的工作过程中所缺乏的知识、技能、能力进行分析。

（3）必须对知识、技能、能力等方面的情况与工作要求的差距进行分析。

为了确保分析的有效性，应独立进行这三个环节。

（二）帮助员工

通过培训需求分析能帮助员工提高其知识、技能和能力，调整其价值观念，并使员工强化工作信念，培养正确的职业观念，以适应工作中的需要。对于员工的实际水平与其所担任的某项业务及职责所需要的知识、技能和能力之间存在的差距，必须依靠良好的训练与培训来拉近和弥补。通过培训，组织可以帮助员工获得其应当具备的知识和技能，并通过适当的方法让员工更加积极主动地进行工作。

（三）应对变革

组织需要强化员工应对变革的能力，对于组织中经常发生的持续的、动态的变革，此项能力显得极为重要，而且组织在发生变革时，非常需要具备较强应对变革能力的人才，所以企业负责人应针对这种需求制定出合适的培训开发规划。

（四）决定培训的价值和成本

如果不进行培训，使得损失比进行培训后更大，那进行培训就很必要。反之，如果正在进行的培训使得损失更大，就说明其是不必要的。为了确保培训工作的成本效益最大化以及损失最小化，须对培训需求进行分析。

培训成本包括两个方面的内容：①对培训所投入的资金；②接受培训的员工所投入的时间。

实际上，与培训措施有关的直接成本只占了总成本的一小部分，而员工因为接受培训失去的生产工作时间才是最主要的成本。所以，为了使培训的成本能产生最大的效益，应在培训开始之前估算培训的投资回报率，将培训需求分析工作做好。

（五）提高组织效率

组织培训可以使组织内部的部门充分获取应当具备的基本知识和技能，使员工的工作热情得到激发，使组织的管理效率得到提高，从而使组织能不断向前发展。

第二节　培训需求分析的方法、结果

一、培训需求信息收集

对于培训需求信息，要根据培训需求分析的不同内容和方法，尽量从不同的角度去进行收集，此方法对确保培训需求信息的完整性、真实性非常重要，同时也能使培训项目被设计得具有科学性。在获取培训需求信息时，通常有以下六种主要方法。

（一）查阅报告

1. 企业内部报告

组织内各个层面的报告都属于企业内部的报告，包括：培训报告、销售报告、财务报告、企业目标完成情况报告、生产技术报告、事故报告等。通过分析和研究这些报告，能够对组织的目标、前景、经营状况、盈亏情况、市场和竞争状况、培训内容和效果、安全隐患以及人员离职原因等情况进行及时准确的了解。

一方面，通过掌握和理解企业的内部信息，可以制定出相应的培训需求计划，以确保培训目标与企业发展目标之间的一致性。另一方面，通过对企业中存在的问题进行分析，以及对培训的必要性和具体内容进行确定，从而使制订出的培训方案更加具有科学性和合理性。对于无法有效解决企业存在的问题的相应培训，应当及时向企业领导者反映，以便对相关问题进行慎重对待。

2. 顾客报告

顾客报告主要包括顾客满意度调查、顾客意见调查反馈以及顾客投诉等几方面的内容。通过这些报告，可以就顾客对企业的期望和意见进行直接和准确的了解。站在顾客的立场上确定培训需求，能够增强培训的针对性，从而把问题转化为促进企业发展的机会和动力。

将客户的需求作为培训的目的，能够使企业更好地理解顾客，并更好地对顾客需求进行预测和识别，从而使企业能够对后续发展进行更有效和更具体的规划。

3. 企业内部人员报告

企业内部人员报告主要包括个人绩效评估、个人工作态度评估、个人自我评估、个人知识技能测试以及个人提交的建议与报告。这些报告在企业人员的工作能力、工作作风、工作态度、工作表现、知识掌握情况以及相互之间的人际关系等方面有着较为准确的反映。

通过组织成员的报告对培训需求进行分析，可以发现企业人员的自身状况总是在一定程度上与企业的要求和期望存在着差距，所以应据此确定不同人员对培训的不同需求。

企业员工的自我评估与企业的评估有时候会存在一些差异，应进行及时的沟通和交流，找出出现差异的原因，从而增强培训的针对性和有效性。

（二）面谈法

面谈法是指培训组织者为了了解培训对象在哪些方面需要培训，就培训对象对工作或对自己的未来抱有什么样的态度，或者说是否有什么具体的计划，并且由此产生相关的工作技能、知识、态度或观念等方面的需求而进行面谈的方法。面谈法是一种非常有效的需求分析方法。培训者和培训对象面对面进行交流，可以充分了解相关方面的信息，有利于培训双方相互了解，建立信任关系，从而使培训工作得到员工的支持，而且会谈中通过培训者的引导提问，能使培训对象更深刻地认识到工作中存在的问题和自己的不足，激发其学习的动力和参加培训的热情。但是面谈法也有自身的缺点，培训方和受训方对各问题的探讨需要较长时间，这在一定程度上可能会影响员工的工作，会占用培训者大量的时间，而且面谈对培训者的面谈技巧要求很高。

面谈法有个人面谈法和集体面谈法两种具体操作方法。个人面谈法是指分别和每一个培训对象进行一对一的交流，可以采用正式或非正式的方式进行。集体面谈法是以集体会议的方式，培训者和培训对象在会议室参加讨论，但会议中不宜涉及有关人员的缺点和隐私问题。无论是哪一种方式的面谈，培训者在面谈之前都要细致地准备面谈内容，并在面谈中对培训对象加以引导。面谈中一般应包括以下一些问题：

①你对组织现状了解多少？你认为目前组织存在的问题主要有哪些？谈谈你对这些问题的看法。

②你对自己以后的发展有什么计划？你目前的工作对你有些什么要求？你认为自己在工作过程中的表现有哪些不足之处？你觉得这些不足是由什么导致的？你希望我们在哪些方面给予你帮助？

（三）重点团队分析法

重点团队分析法是指培训者在培训对象中选出一批熟悉问题的员工作为代表参加讨论，以调查培训需求信息。重点小组成员的选取要符合两个条件：一是他们的意见能代表所有培训对象的培训需求，一般是从每个部门、每个层次中选取数个代表参加；二是选取的成员要熟悉需求调查中讨论的问题，他们一般有比较丰富的经历，对岗位各方面的要求、其他员工的工作情况都比较了解，通常由 8～12 人组成一个小组，其中有 1～2 名协调员，一人组织讨论，另一人负责记录。

这种需求调查方法是面谈法的改进，优点在于花费的时间和费用比面谈法要少得多，而且各类培训对象代表会聚一堂，各抒己见，可以发挥出头脑风暴法的作用，各种观点意见在小组中经过充分讨论后，得到的培训需求信息更有价值，且易激发出小组长各成员对企业培训的使命感和责任感。其局限性在于对协调员和讨论组织者要求较高，由于一些主客观方面的原因，可能会导致小组讨论时大家不会说出自己的真实想法，不敢反映本部门的真实情况，某些问题的讨论可能会流于形式。

（四）工作任务分析法

工作任务分析法是以工作说明书、工作规范或工作任务分析记录表作为确定员工达到要求所必须掌握的知识、技能、态度的依据，将其和员工平时工作中的表现进行对比，以判定员工要完成工作任务的差距所在。工作任务分析法是一种非常正规的培训需求调查方法，它通过岗位资料分析和员工现状对比得出员工的素质差距，结论可信度高。但这种培训需求调查方法需要花费的时间和费用较多，一般只在一些非常重要的培训项目中才会运用。

1. 工作任务分析记录表的设计

工作任务分析记录表通常包括主要任务和子任务、各项工作的执行频率、绩效标准、执行工作任务的环境、所需的技能和知识以及学习技能的场所等，具体工作可以根据本身要求进行相应的修改。

2. 工作盘点法

工作盘点法是一种比较有名的工作方法，它列出了员工需要从事的各项活动内容、各项工作的重要性，以及执行时需要花费的时间。因此，这些信息可以帮助负责培训的人员安排各项培训活动的先后次序。

（五）观察法

观察法是指培训者亲自到员工身边了解员工的具体情况，通过与员工一起工作，观察员工的工作技能、工作态度，了解其在工作中遇到的困难，收集培训需求信息的方法。观察法是最原始、最基本的需求调查工具之一，它比较适合生产作业和服务性工作人员，而对于技术人员和销售人员则不太适应。这种方法的优点在于培训者与培训对象亲密接触，对他们的工作有直接的了解。但需要很长的时间，观察的结果也易受培训者对工作熟悉程度、主观偏见的影响等。

（六）专题讨论

将那些具有相应工作经验和解决问题能力的人聚集到一起，对组织的某个问题进行讨论和研究就是专题小组讨论。专题小组讨论对参加的人员不做特别的限制，既可以是一线的工作人员，也可以是经理、主管或总监，或该领域的技术专家以及来自企业外部的专家顾问等。

在企业需要解决某一个工作难题，而企业的内部人员对工作持有的意见又不相同时，对于培训部来说，就成了一个向企业管理层提出问题和解决问题的良好机会，这时就应当积极参加这类会议。培训部如有需要，也可自行主持这类会议。通过这种会议，培训部可以及时掌握企业的最新动向，并随时修改和补充培训资料。为了使专题小组的讨论质量得到保证，需要注意下列事项：

①参加讨论者应当非常熟悉所属部门的情况，而且还须具有一定的判断分析能力；

②参加讨论的人数不宜过多，过多的人数会对形成统一的意见产生阻碍；

③在讨论开始之前，主持人应对相应的问题作具体的说明，并提供相关资料和信息；

④如方案尚未公布，参加者不应将讨论的内容泄露出去。

总之，我们能够从不同的角度和层面对组织成员的工作态度、思想状态以及他们的要求和期望进行了解。除上述几种重要的方法之外，也可以采取其他相应的办法对培训需求信息进行收集，使培训工作的开展更有针对性。

二、培训需求分析的方法

（一）三要素分析模型

三要素模型是由戈尔茨坦（Goldste）于 1991 年提出的。该模型用系统观对培训需求进行层次上的分析，以组织经验战略为指导，整合组织、任务和人员的需求，是目前被普遍采用的模型。其中，培训需求评估应该包括三个方面的内容，即组织分析、员工分析以及任务分析。

1. 组织分析

企业的战略、目标和发展态势以及企业内部的资源安排等方面的调整必然对员工的工作产生一定的影响，提出一定的实际要求，培训是使员工适应企业发展要求和趋势的主要途径。培训需求中的组织分析可以为企业培训建立明确的导向。一般来说，组织分析主要包括下面三个重要步骤。

（1）组织目标分析。组织目标指导着企业或组织的一切活动。一般来说，组织目标决定培训目标，培训目标为组织目标的实现服务。有什么样的组织目标就有什么样的培训目标，组织目标与培训目标具有内在的一致性。

（2）组织资源分析。培训目标的实现需要得到资源的支持。企业内部的人力、物力和财力都是有限的，如何利用有限的资源创造最大的价值是组织的最终目标。只有在清楚企业内部的资源状况后，才能进行合理有效的培训安排。

组织资源分析包括培训经费、培训时间、培训地点以及与培训相关的专业知识分析。培训经费计划是在上一年度末或者年度之初就要提交的，一般只要规划得当，就不会出现培训的意外要求。培训内容、时间和地点的确定是根据企业内部的情况而定的，但企业缺乏培训师资和能力时，就会倾向选择外部专业机构，购买培训服务。选择培训机构时，重点要考虑培训项目能否为企业量身定做。

（3）组织的战略变动分析。培训最终是为组织目标的实现和战略经营而服务的，但组织的战略会因经营环境的变化而变化，因此培训计划要不断地随企业战略的变化而进行调整。同时，系统的培训规划要根据基于企业战略的人力资源规划来制定。

2. 员工分析

员工分析主要是通过分析工作人员个体现有状况与应有状况之间的差距，来确定谁需要和应该接受培训以及培训的内容。员工分析的重点是评价工作人员实际工作绩效以及工作能力。图 2-1 所示是员工分析绩效评估模型。

```
┌─────────┐     ┌─────────┐     ┌─────────┐     ┌─────────┐
│ 评估员工 │ ──▶ │ 寻找差距 │ ──▶ │ 寻找形成差 │ ──▶ │ 选择干预措施 │
│ 个人绩效 │     │         │     │ 距的原因  │     │         │
└─────────┘     └─────────┘     └─────────┘     └─────────┘
```

图示框：

- 在行为和特质上将员工与其某种理想状态进行比价
- 整合来自组织、任务和个人分析的信息
- 内部原因（动机不足，知识，技能和能力不足）
- 外部原因（设备问题、条件差）

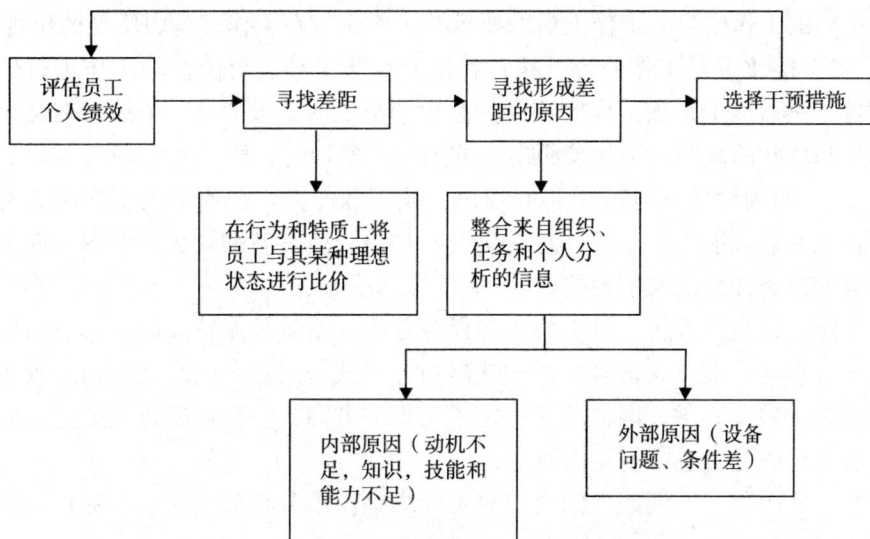

图 2-1　员工分析绩效评估模型

员工分析主要包括三个方面的内容：

（1）个人考核绩效记录。主要包括员工的工作能力、平时表现（请假、怠工、抱怨）、意外事件、参加培训的记录、离（调）职访谈记录等。

（2）员工的自我评价。自我评价是以员工的工作清单为基础，由员工针对每一单元的工作成就、相关知识和相关技能真实地进行自我评价。

（3）知识技能测验。以实际操作或笔试的方式测验工作人员真实的工作表现。

（4）员工工作态度评价。员工对工作的态度不仅影响其知识和技能的学习和发挥，还影响与同事间的人际关系以及与顾客或客户的关系，这些又直接影响其工作表现。因此，运用定向测验或态度量表可以帮助企业了解员工的工作态度。

3.任务分析

任务分析是指通过运用各种方法搜集某项工作的信息，对某项工作进行详细描述，明确该工作的核心内容以及从事该项工作的员工需要具备的素质和能力，从而达到最优的绩效。任务分析的结果是有关工作活动的详细描述，包括员工执行任务和完成任务所需知识、技术和能力的描述。

任务分析包括以下三个步骤：

（1）确定需要并分析工作岗位。工作分析是对一项工作进行系统的分析，了解主要的工作内容、工作人员的要求及工作岗位在工作架构中所处的位置。

（2）优化主要工作内容、执行标准和绩效考核。对岗位的工作进行优化和整理，然后确定每项工作应达到的标准和员工的绩效考核，最后根据优化后的结果和现状的差距，寻找差距出现的原因，整理需要培训的内容。

（3）明确胜任任务所需要的知识、技术和能力。获取有关工作所必备的基本技能和认知能力的信息，这对决定参加培训应具备的知识、技术和能力及潜能等前提条件是至关重要的。

实际上，组织分析、员工分析与任务分析并不是按照特定的顺序进行的，与组织分析与培训是否适合公司的战略目标以及公司是否愿意在培训上投入时间与资金的决策有关，因此，它决定了培训的方向，一般需要首先进行，而员工分析和任务分析通常需要同时进行。

在企业内部，不同职位的员工对不同培训需求分析的关注点也存在差异，具体差异如表 2-1 所示。

表 2-1　高层、中层管理者及培训者在培训需求分析中的关注点

	高层管理者	中层管理者	培训者
组织分析	培训对实现我们的经营目标重要吗？	我愿意花钱开展培训吗？要花多少钱？	我有资金来购买培训产品和服务吗？
员工分析	哪些职能部门和经营单位需要培训？	哪些人需要接受培训？经理？专业人员？一线员工？	我怎样确定需要培训的员工？
任务分析	公司拥有具备一定知识、技术、能力、可参与市场竞争的大幅度地改变产品质量或者客户服务水平的员工吗？	在哪些工作领域内培训可大幅度地改变产品质量或者客户服务水平？	哪些任务需要培训？该任务需要具备哪些知识、技能或者其他特点？

（二）培训需求差距分析模型

绩效分析模型是由美国学者汤姆·戈特提出，该模型通过分析"理想技能水平"与"现有技能水平"之间的关系来确认培训需求，如图 2-2 所示。"理想状态"与"现实状态"之间总会存在一定的差距，这主要包括知识丰富程度、能力水平、认识与态度水平、绩效水平、劳动者素质以及目标等。培训活动旨在消除或缩小这种差距。运用该模型的一个基本原则是：造成绩效差距的原因是缺少完成此项任务的知识或技能，而非其他与工作行为相关的原因，如奖惩等。

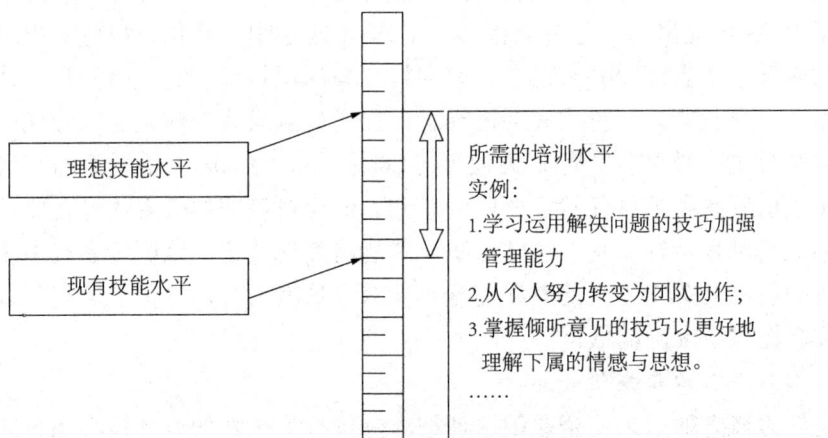

图 2-2　培训需求差距分析模型

（三）基于工作说明书的课程需求分析模型

工作描述是在描述工作，而工作规范则是在描述从事工作之人应具备的资格，工作描述与工作规范两者整合在一起即形成工作说明书。根据工作说明书，我们可以演绎出与该岗位相对应的几门或十几门主要培训课程。这里所指的课程与传统课堂教育课程不一样，传统课堂教育课程相对整齐划一，如45分钟一节课，课时也相对固定，一门课18～72课时（每课时40～60分钟不等）；而企业培训课程一门课的总课时从几十分钟至几个月不等，内容很有针对性。该分析模型的优点是便于操作，只要有工作（岗位/职务）说明书，就可以演绎出符合该岗位需求的培训课程，将在该岗位工作的员工与之对比，就可以发现该员工所需要培训的课程。具体实施时可以借助培训管理软件，以便减轻工作量。其缺点是依赖工作说明书的质量以及分析人员的主观经验，容易出现遗漏和个人偏好，并且课程是相对固定的，难以很好地反映企业环境、战略目标和工作重心以及岗位要求等方面的变化。

基于工作说明书的课程需求分析模型包括四个步骤：①组织开展工作分析，编制工作说明书手册；②根据工作说明书手册，分析各岗位相应的课程需求，编制岗位课程手册；③分析在岗员工与其岗位相应的课程需求的差距，获得其需要培训的具体课程；④分类汇总得出组织、部门以及每位员工的培训需求，形成培训需求报告。

（四）基于胜任力模型的培训需求分析模型

1. 胜任力及胜任力模型的内涵

确定特定职务的胜任力是培训需求分析的新趋势。胜任力这一概念是麦克利兰于1973年提出的，是指能将某一工作（或组织、文化、角色）中表现优异者与表现平庸者区分开来的个人表层特征与深层特征。它包括知识、技能、社会角色、自我概念、特质和动机等，可以通过测量或计数显著区分优秀绩效和一般绩效的个体特征。胜任力模型（Competency Model）是指承担某特定的职位角色所应具备的胜任特征要素的总和，即针对该职位表现优异者要求结合起来形成的胜任特征结构。这样，我们就能清楚地知道，该职位表现平庸者和表现优异者在行为水平上的差异究竟是什么，这就为我们选拔、培训、行为评价和反馈提供了准确的依据。

2. 引入胜任力模型的必要性

胜任力概念的引入使企业的培训需求分析有了全新的设计核心和方向。与传统的培训需求分析模型相比，基于胜任力的培训体系在培训需求的分析过程中确立了统一的分析概念。企业希望每个员工的绩效能够与最优秀员工的绩效等量齐观，而最优秀员工之所以绩效好，是因为他们具备能够成功完成自身岗位职责的综合素质。那么，如果能够分析构成最优秀员工胜任力的知识、技能、能力和特质，根据这些胜任力，有针对性地对一般绩效的员工进行培训，使之也具备与绩效优秀者相同的胜任力，将使员工的绩效普遍得到提高。

该模型与传统的培训需求分析模型相比，弥补了戈尔茨坦三要素分析模型在任务分析方面的不足，使培训更加具有可操作性，更详细地描述了员工工作所需的行为，通过分析员工现有素质特征，同时发现员工在工作中需要进步学习和发展的部分，增强了培训需求分析的可操作性和科学性。

3. 基于胜任力模型的培训需求分析的流程

基于胜任力模型的培训需求分析包括以下四个步骤。

（1）建立企业能力体系

①制订出企业的目标和战略计划；②根据战略计划分析每个岗位应具有的能力和素质，建立企业的能力体系；③从能力体系中提取出与岗位相匹配员工需要具备的胜任能力。企业的胜任能力分为全员核心胜任力、职能通用胜任力、岗位专业胜任力三类。

（2）找出差距，确定标准

①胜任力评估是运用科学有效的方法测量员工在各项胜任力上存在的差距；②绩效反馈是根据员工的绩效考核结果提出需要改进的地方。胜任力评估

可以仅仅是自我评估，也可以是 360 度全面评估。

（3）分析原因

①分析组织员工在工作中与绩效标准产生差距的原因；②找出可以通过培训来改进绩效的胜任力素质。应注意，有些可能因组织所处的地理、文化环境或者技术以及资金有限等不能建立相应的胜任力。通过分析原因可以避免不必要的人力、物力和财力的浪费。

（4）制定模型方案

①确定需要提升的胜任力，确定培训需求的内容；②对培训需求进行分类汇总，即区分共性与个性、长期与短期的不同需求等。

（五）前瞻性培训需求分析模型

前瞻性培训需求分析模型是由美国学者特里·里皮（Terry L. Leap）和迈克尔·克里诺（Michael D. Crino）提出的。该模型的精髓是将"前瞻性"思想运用在培训需求分析中，如图 2-3 所示。该模型认为随着技术的不断进步和员工中个人成长的需要，即使员工目前的工作绩效是令人满意的，也可能会需要为工作调动、晋升等做准备或者适应工作内容的变化等原因提出培训要求。前瞻性培训需求分析模型为此提供了良好的分析框架，在确定员工任职能力和个人职业发展方面极具实用价值（图 2-3）。

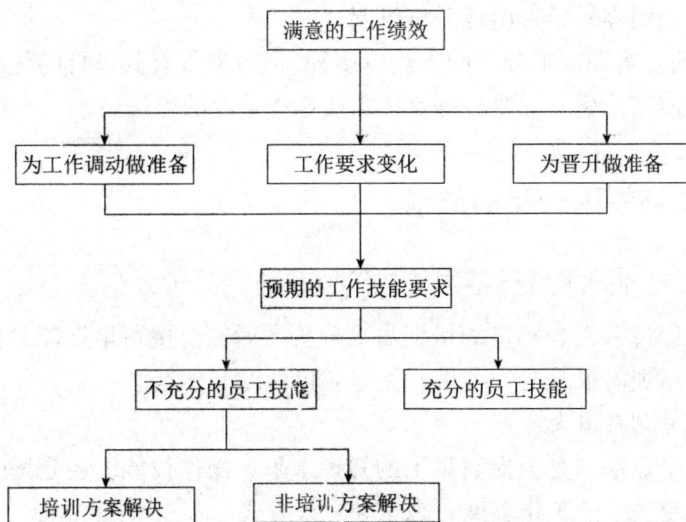

图 2-3　前瞻性培训需求分析模型

然而，该模型的"前瞻性"只关注员工的未来发展，忽视了企业的发展需求，因此根据模型得到的需求结果未必都能与组织战略与业务发展要求相适应，模型的设计存在着与企业战略目标相脱节的问题。如果企业因缺乏明确战略规划，直接依据企业战略规划书或经营管理报告等企业文献得出前瞻性的实质内容，风险将更大。

（六）动态需求课程分析模型

基于胜任力模型的培训需求分析可能忽视了组织的应急培训，而前瞻性培训需求分析只关注了员工的未来发展，忽视了企业当前的发展需求。因此，培训需求分析需要根据组织战略目标、工作重心、年度目标和任务以及个人发展、工作岗位和要求变化以及其他压力点，分析和编制其动态需求课程，这就是动态需求课程分析模型。该模型的实施包括以下几个步骤。

首先，准备阶段，包括搜集环境、组织和个人的相关材料，如相关的国家政策、行业发展趋势、组织发展战略和规划、年度工作重点、领导讲话、接班人计划。这些信息是动态需求课程分析的基础。

其次，分析和演绎每门课程。

再次，分类汇总课程，编制动态需求课程手册。

动态需求课程分析模型的优点是充分体现"缺什么，补什么"和"强调什么，培调什么"的企业培训原则，一般要与其他分析方法综合使用。其缺点是企业发展战略行业发展趋势以及有些动态变化不好把握和了解，需要高管和行业专家的参与，否则容易导致出现分析纰漏。

综上所述，培训需求分析的方法有多种，但每种都有其各自的优缺点。因此，在进行培训需求分析时，要根据具体需要选择适合的方法。

三、培训需求分析的结果

（一）培训需求分析结果的内容

企业在经过深入、翔实的培训需求分析之后，要撰写培训需求分析报告，形成确切的培训需求分析的结果，具体应包括以下三点。

1. 企业培训的目标

要明确企业培训是为提高员工的知识水平、操作技能，还是增强员工的职业素养，转变员工的工作态度、观念和思维方式。

2. 培训对象

要确定是对新进员工的岗前培训，还是对老员工的转岗培训；是对高级管理人员的培训，还是对基层操作人员的培训。

3. 培训内容

要确定是对员工开展知识培训，还是素质培训。

培训需求分析的结果是制订培训计划、设计切实有效的培训方案、选择恰当的培训方式、确定培训效果评估标准的前提和基础，决定了培训的质量和效用。

（二）培训需求分析结果的确认与调整

1. 结果确认

在培训需求分析结果的确认过程中需要参与的对象有员工本人、人力资源部门工作人员、员工的上级、有关专家及其他相关人员。确认过程中相关信息的搜集可采用类似前面介绍过的培训需求信息搜集方法（面谈法、调查问卷法、集体讨论法等）。另外，培训需求分析结果的确认，要分部门进行，以便于分清部门之间需求上的差异。最后，企业需要召开会议对最终的培训需求分析结果进行最后的确认。

2. 结果调整

虽然培训需求信息的搜集过程非常客观，分析过程规范，得出的结果也比较符合实际，但是在培训的具体实施过程中，仍然需要对培训需求分析的结果进行调整。调整的原因有很多，可能是培训需求信息发生变化，或者是企业内外部环境发生改变而导致了新的培训需求出现，对培训需求分析结果的调整可以使得培训设计更加贴近实际情况。

（三）培训需求分析结果的应用

员工培训与开发是一个系统的过程，从培训需求分析开始，然后明确培训目标，选择设计培训方案，实施培训，到最后反馈培训效果和评价，是各个部分互相联系的一个网络。培训需求分析结果是首要和必经的环节，是其他培训活动的前提和基础。培训需求分析结果可以指明企业培训设计的方向，从而确定培训人员、培训时间、培训内容以及培训方法等，使培训达到事半功倍的效果。

1. 组织对培训需求分析结果的应用

（1）策划年度培训工作的基础。组织进行培训需求分析，主要是为了掌握员工能力缺失情况，寻找员工现有能力与组织要求能力的差距，进而采取针对性培训措施，解决员工队伍能力结构存在的问题。因此，企业对培训需求分析结果最根本的用途就是据此对人才开发与培训工作进行策划。

（2）审核培训项目设计是否科学可行的依据。评判一个培训项目设计得是否科学、可操作，最重要的依据是考量培训项目设计是否充分体现培训需求，是否根据培训需求分析结果设计针对性较强的具体培训项目和内容，从而提高培训的质量。

（3）评价培训结果的准绳。评价培训效果是否达标，就是看它是否满足企业对人才培养的要求，员工的各项能力差距是否得到有效弥补。因此，评价培训效果的重要指标就是员工能力的提升是否达到了原来培训设计的要求，参考的标准是年初对员工能力评价的结果。若经过培训，员工的能力差距得到有效缩小或消除，那么这种培训就是有效的培训，培训的结果就是达标的。否则就是不达标，培训的目标、内容、方法等就需要做进一步的调整和完善。

2. 员工对培训需求分析结果的应用

（1）员工能力提升方向的指导。每个员工都希望自己成为一名出色的、有价值的员工，然而他们往往因为不明白企业对自己的要求，或者不知道自己的不足之处在什么地方，找不到明确的努力方向。培训需求分析结果让员工能够了解自身能力与用人单位要求的差距，从而明确自己努力的方向。

（2）员工自我学习的参考。要提高个人工作能力，除了外界提供培训的机会和平台外，还需要员工自我学习和自我提升。培训需求分析结果帮助员工指出其需要提高的素质和能力，从而指导员工有针对性地自我学习和提升，避免学习的盲目性，有利于提升学习的功效和学习资源的利用率。

（3）员工学习成果检验的标准。员工学习效果的好坏不是看他到底学习了多少课程，完成了多少作业，有多少课时的出勤，而是看他是否真正提升了个人的能力，使自己的能力结构得到有效完善，更好地适应了岗位工作对员工能力的要求。员工学习的需求是从能力测评与分析中得来的，员工的学习与能力提升计划也是参考能力评价分析结果做出来的。所以说，员工学习效果的好坏，检验标准也应是员工能力评价分析的结果。对员工培训效果进行检验评估时，先要核查员工能力分析时查出的缺失部分是否已得到有效补充，如果这部分缺失的能力得到补充，那么本年度的学习结果就是值得肯定的，然后再对计划课程的完成情况、学习所采取的措施、员工学习态度等方面进行评估。

第三节　培训的类型

员工培训与其他常规教育特别是学校教育的区别如下：从性质上讲，员工培训是一种继续教育，是常规学校教育的延伸；从内容上讲，员工培训是对受训人员的专业知识和特殊技能进行有针对性的培训，是为了使其适应工作的需要；从形式上讲，员工培训表现为灵活多样，立足于实践需要，而不像学校教育那样整齐划一。组织培训的主体是组织的全部员工，由于员工工作岗位不同，员工的发展需求不同，所以员工培训的类型多种多样。

一、根据培训对象划分

根据培训对象的不同，培训可以分为管理人员培训、专业技术人员培训、基层员工培训及新员工培训。管理人员培训主要是让他们掌握必要的管理技能、管理理论和先进的管理方法；专业技术人员培训是让他们提高专业领域的能力，旨在提高其新产品研制能力，同时培训财务、沟通技巧、团队建设、人际交往和外语等方面的知识与能力；基层员工培训是提高员工操作技能，是针对不同岗位所要求的基本知识与能力进行训练；新员工培训，即为新进入组织的员工指引方向，使之对新的工作环境、条件、工作关系、工作职责、工作内容、规章制度和组织经营理念等有所了解，使其能尽快地融入组织和岗位工作之中。

二、根据培训涉及的范围划分

根据所涉及的范围，培训可以分为一般培训和特殊培训。

（一）一般培训

一般培训是美国经济学家加里·贝克尔创立的教育经济学概念。贝克尔认为，大多数在职培训都能提高提供培训的公司工人的未来劳动生产率，同时也增加了另一些公司的边际产品。在竞争的劳动力市场中，任何一个公司支付的工资率是由其他公司的边际生产率决定的，提供这种培训的公司的未来工资率和边际产品都将增加，只有当这些公司的边际产品的增长速度快于工资增长速度时，才能获得一部分培训收益。

一般培训将使其他公司获利，提供培训的公司得不到特殊利益。公司只有在不需承担任何培训成本费用的条件下才会提供这种培训。而接受培训的人则愿意支付培训成本费，培训可增加他们就业流动机会和就业选择机会，可提高未来的收入。公司通过降低雇员培训期的工资收入使其承担培训成本。在某种意义上说，各级正规教育也是为各公司、企业提供服务的一般培训。许多西方经济学家认为，贝克尔将培训区分为一般培训和特殊培训，是人力资本理论有关教育投资和收益的研究的深入，对职业培训具有重要的理论和实践意义。

（二）特殊培训

特殊培训是指员工通过培训获得的业务技术、技能，只对培训的企业具有适用性，或者使提供培训的企业生产率大大高于其他企业。

简单来说所提供的技能只能在实施培训的公司中应用而不能（或很少可能）在其他公司中应用的培训，均属这类培训。由于它提高了提供培训公司的生产率而对其他公司的生产率很少产生影响，同时减少了接受培训的工人在其他企业受雇的可能性，这种培训的成本费用主要由公司支付。接受培训的工人通过增加未来的工资可分享到部分培训成果。实施这种培训，强化了雇主与雇员间的雇佣纽带，解雇雇员将使公司损失已支付的培训投资，并失去合格的劳动力；具有特定技能的雇员一旦离职便很难在其他公司中找到相应的工作。

三、根据培训时间期限划分

根据培训时间，员工培训可以分为长期培训、中期培训和短期培训。

（一）长期培训

长期培训是指根据组织现在特别是未来发展需要及员工未来的职业定向而进行的时间较长的培训。这种培训一般都具有综合性和未来导向，所培训的内容涵盖理论、业务等多方面，培训的方法多采取全脱产类型下的进入大学深造、出国研修等，主要是提高受训者的综合素质、学历水平、领导才能或业务技能。

（二）中期培训

中期培训是指时间跨度为 1～3 年的培训。它起到了承上启下的作用，是长期培训的进一步细化，同时为短期培训提供了参照物，因此它并不是可有可无的。

（三）短期培训

短期培训是指根据工作岗位急需或其他原因而对员工进行的时间较短的培训。这种培训的一个鲜明特点是导向，且专业性、针对性较强，急用先学，立竿见影，近期效益突出。如为开发新产品，学习产品开发的知识和技能；为从事营销工作，学习市场营销的基本知识和技能等。

四、根据培训方式划分

按培训方式可以将培训分为在职培训和脱产培训。

（一）在职培训

在职培训是指员工不离开工作岗位，由上级或有经验的员工对新员工、需要培训的员工或下级进行现场指导、讲授和示范，由受训者通过实际操作来完成的一种培训。这种培训是最常用、最必要的一种培训方式。其最大特点是受训者不离开现工作岗位，节省培训成本，因此广为企业等各类组织所采用。在国外，这种培训类型也得到广泛采用，有的企业甚至还受到政府的支持，如美国，政府为了鼓励企业实施在职培训，对那些不经过培训就无法胜任工作的人提供在职培训的企业提供资助。

在职培训的优点主要表现在：①节约培训成本，员工不必离开工作单位，一般也不需要专门的训练设备或教材。一方面可节省很多学费、差旅费、资料费等直接成本；另一方面由于边工作边学习，对工作影响相对较小，可节省很多机会成本。②受训者所学到的知识和技能直接在实际工作中得到运用和验证，而且培训情况能迅速在实际工作中得到反馈，便于检验培训效果以及进行必要的、及时的纠正，因而有助于提高培训的针对性和实效性。但在职培训也有缺点，主要是有时缺乏良好的组织，受训者边工作边接受培训容易分散精力，同时一些昂贵的仪器设备和工作场所会限制受训者操作，因而影响培训效果。

在职培训的方法有很多种，主要有教练法或学徒培训（让有经验的员工或上级进行培训）、工作轮换、自我指导培训等。此外，从管理学角度看，对于各级管理人员的培训来说，培训方法主要有工作轮换、设置助理职务、临时职务代理及委员会制等。

（二）脱产培训

脱产培训是指员工暂时离开现职，脱产到有关高等院校、科研机构或其他有关组织参加为期较长的培训。这种培训类型主要用来培养组织所紧缺的人员，或为组织未来培养和选拔高层次技术人才、管理人才，或为了引进新设备、新工艺、新产品，或为开办新业务，由组织挑选员工进行脱产集中学习。

这类培训的优点是能使受训者集中精力和时间接受培训，免受工作等其他事情的干扰，有助于受训者获得更多的知识和技能，进而增强培训效果。缺点主要在于，由于受训者要脱离现工作岗位专门接受培训，因而会使工作受到损失，进而影响组织绩效。同时进入高等院校、科研机构等进修学习，往往还须支付学费、伙食补助费、差旅费、资料费等费用支出，因此脱产培训的成本往往较高。这里所谓的培训成本包括两部分：一是机会成本，即受训者放弃工作使组织绩效（如产值、销售额或利润等）受到的损失；二是直接成本，即受训者的学费、差旅费、伙食补助费、资料费等因参加脱产培训而发生的直接费用支出。事实上，从成本角度讲，脱产培训要比在职培训的成本高得多，因此是否采用脱产培训方式，要综合比较培训的收益与成本。

五、根据培训体系划分

根据培训体系，可以将培训分为组织内部培训体系和组织外部培训体系两种。组织内部培训体系包括基础培训、适应性培训、日常培训、个别培训和目标培训等；组织外部培训体系按教育机构来划分，可分为两大类：全日制的高等院校、专门教育培训机构。

第三章 企业员工培训计划制定

第一节 培训计划概述

一、培训计划的内容

培训计划在整个培训体系中都占有比较重要的地位，可以根据5W1H的原理，确定企业培训计划的架构及内容。

所谓5W1H，指why（为什么？）、who（谁？）、what（内容是什么？）、when（什么时候？）、where（在哪里？）、how（如何进行？）等。对应培训计划时，即要求我们明确：我们组织培训的目的是什么（why），培训的对象是谁（who），负责人是谁（who），培训师是谁（who），培训的内容如何确定（what），培训的时间、期限有多长（when），培训的场地、地点在何处（where）以及如何进行正常的教学（how）等要素，这几个要素所构成的内容就是组织企业培训的主要依据。

（一）培训的目的（why）

在组织一个培训项目的时候，一定要很清楚培训的目的，并且还需要用简洁、明了的语言将它描述出来，作为培训的纲领。

（二）培训的负责人和培训师（who）

负责培训的人员和机构，依企业的规模、所处行业及经营者的经营方针、策略不同而归属不同部门。大体上，规模较大的企业，一般都设有负责培训的专职部门，如训练中心等，以对公司的全体员工进行有组织、有系统的持续性训练；规模比较小的企业一般也有专人负责培训方面的事务。应优先聘请内部人员做培训师，如内部无适当人选时，再考虑聘请外部培训师。受聘的培训师必须具有广博的知识、丰富的经验及专业的技术，才能受到受训者的信赖与尊敬；同时，还要有卓越的训练技巧和对教育的执着、耐心与热心。

（三）培训的对象（who）

在组织、策划培训项目时，首先应该明确培训的对象，然后再决定培训内容、时间和期限、培训场地以及授课讲师等。培训学员的选定可由各部门推荐，或自行报名再经甄选程序而决定。人力资源培训与开发的对象，可依照垂直的阶层别及水平的职能别加以区分。阶层别大致可分为普通操作员级、主管级及中高层管理级；而职能别可以分为生产系统、营销系统、质量管理系统、财务系统、行政人事系统等。

（四）培训的内容（what）

培训的内容可依照培训学员的内容不同而分别确定，包括为开发员工的专门技术、技能或知识，为改变工作态度的企业文化精神教育等。在确定培训内容前，应先进行培训需求分析调查，了解企业及员工的培训需求，然后研究员工所担任的职务，明确每项职务所应达到的任职标准，再考查员工个人的工作绩效、能力、态度等，并与岗位任职标准相互比较，如果某员工尚未达到该职位规定的任职标准时，该不足部分的知识或技能，便是培训内容，需要通过企业的内部培训迅速补足。

（五）培训的时间、期限（when）

培训项目的时间和期限，一般而言，可以根据培训的目的、培训的场地、讲师及受训者的能力、上班时间等而决定。一般新进人员的培训，可在实际从事工作前实施，培训期限可以是一周至十天，甚至一个月；而在职员工的培训，则可以根据培训者的工作能力、经验为标准来决定培训期限的长短，培训时间的选定以尽可能不过分影响工作为宜。

（六）培训的场地（where）

培训场地的选用可以因培训内容和方式的不同而有区别，一般可分为利用内部培训场地及利用外部专业培训机构和场地两种。利用内部培训场地的培训项目主要有工作现场的培训（即工作中培训）和部分技术、技能或知识、态度等方面的培训，主要是利用公司内部现有的培训场地实施其培训。其优点是组织方便、费用节省；缺点是培训形式较为单一、受外来环境影响较大。利用外部专业培训机构和场地的培训项目主要是一些需要借助专业培训工具和培训设施的培训项目，或是利用其优美、安静的环境实施一些重要的专题研修等培训项目。其优点是可利用特定的设施、能够离开工作岗位而专心接受训练、应用的培训技巧多样化；缺点是组织较为困难、费用较大。

（七）培训的方法（how）

根据培训的目的、内容、场地等的不同，所采取的培训方法也有区别。从培训方法的种类来说，可以划分为讲课类、学习类、研讨类、演练类和综合类等，而每一类培训方法中所包含的内容又各有不同。不同的方法所产生的培训效果是不同的，需要在制订培训计划时与培训师共同研讨确定，以达到培训效果的最大化。

二、培训计划的类型

按不同的划分标准，培训计划可以有不同的分类。按培训计划的时间跨度划分，培训计划可分为长期、中期、短期培训计划；按培训计划的层次划分，培训计划可分为企业整体培训计划、各部门培训计划、个人培训计划三个层面。

（一）按培训计划的时间跨度划分

1. 长期培训计划

时间跨度为 3～5 年或 5 年以上的培训计划为长期培训计划。长期培训计划的重要性在于明确培训的方向性、目标与现实之间的差距和资源的配置。长期培训计划需要明确的不是企业培训的细节问题，而是为实现企业在未来一段时间内的目标而制订的长期培训方案。长期培训计划不是设计具体的培训，而是根据企业现状和发展构建培训的方向，具有战略意义。

2. 中期培训计划

时间跨度为 1～3 年的培训计划为中期培训计划，它起到了承上启下的作用，是长期培训计划的进一步细化，同时为短期培训计划提供了参照，因此它并不是可有可无的。长期培训计划根据企业的长期发展战略勾画培训框架，与长期培训计划相比，中期培训计划的目标更加具体，不确定因素减少。

3. 短期培训计划

时间跨度在一年内的培训计划一般为企业的短期培训计划。与中长期培训计划相比，短期培训计划需要明确的事项，更加具有可操作性。短期培训计划需要明确的事项包括培训的目的与目标、培训地点、培训讲师、培训对象、培训方式、培训内容、培训组织工作的分工和标准、培训资源的具体使用、培训资源的落实等。另外，短期培训计划需要制订培训效果的评估和反馈计划。

（二）按培训计划的层次划分

1. 企业整体培训计划

这一计划将保障组织内部的整体培训目标和培训战略的贯彻，也可以理解为组织的整体发展计划。整体培训计划主要包括岗前管理培训、岗前技术培训、质量管理培训、企业管理培训等培训计划。

制订企业整体培训计划时要注意三个方面的要求。①要有具体、多样的培训主题，如ISO9001培训、项目管理培训、销售培训、技术培训等。每个培训都有具体的要求，这种要求决定了培训的方式方法。②涵盖各个部门、各个层次的员工，如生产、采购、财务、研发、市场与销售等部门中的专业技术人员、行政人员、管理人员、车间里的基层工人等。针对不同的培训对象，采用适当的主题、深度及培训形式是很重要的。"一刀切"的培训不会收到预期效果。③考虑企业的短期利益与长期利益。虽然针对短期利益的培训，对组织目前在竞争激烈的市场上取得成功很重要，但致力于企业长期利益的培训正变得越来越重要。

2. 各部门培训计划

部门级的培训计划是根据部门的实际培训需求制订的，它包括：①开发部门可以包括技术管理培训、应用技术培训、技术前瞻培训等；②技术支持部门可以进行应用技术培训、组织产品知识培训、代理产品知识培训、工程管理培训、网络认证培训等；③销售部可以进行公司产品知识培训、销售策略培训、商务知识培训等；④营销部可以进行公司产品知识培训、营销知识培训、营销策略培训等；⑤信息管理部以网络技术培训为主。

部门级的培训计划制订以后，培训部门要与各部门经理进行讨论。在讨论中，各部门经理可能会提出增加培训内容和培训预算的要求。培训预算要严格控制，但培训内容可以增加，当然主要通过内训的方式解决。另外，培训经理要向部门经理讲清楚：部门级培训由培训经理协助部门进行，而不是由培训经理全权负责。否则在培训实施过程中容易出现管理纠纷。

3. 个人培训计划

个人培训计划既有利于个人的发展和提升，也是顺利实现前两个计划的必备手段。将整体、宏观的计划或是培训目标分解开来，具体地落实到每个人，这样就使培训计划不再是空中楼阁。它的重要性在于：在培训的过程中，体现了员工个人所扮演的角色。

三种培训计划分别处在宏观、综观和微观三个不同的层次。企业整体培训计划好比是大厦的屋顶，指向未来的发展方向和目标；部门培训计划是房子的支柱，是整体培训计划得以贯彻的基础保障，没有它，组织培训计划只能是空中楼阁；个人培训计划则是大厦的地基，为前两者提供最有力的支持。

三、员工培训计划的作用

从某种意义上说，培训计划的作用如同地图，为日后的培训项目设计、管理和控制指明了方向。有了它，培训者就能够知道培训需求是什么、有哪些培训环节，而且培训对象、培训目标等都能够通过培训计划体现。培训计划的作用主要包括以下几点：

（一）确保培训项目零缺陷

培训项目涉及各个方面的事项，如果单凭印象，在实施过程中难免出现缺漏。培训计划可以帮助培训实施人员核实每一步的培训环节，避免因为缺漏而造成培训效果打折扣，从而保证不会遗忘主要任务。

（二）确定培训各方的职责

培训涉及的人员范围很广，内容很多，企业中每个职能部门的人负责计划的哪部分内容，培训过程的各阶段由谁负责，都需要通过培训计划逐一加以明确。培训计划可以将具体责任落实到各个职位，培训相关部门和相应培训师的职责一目了然，便于培训的管理，保证培训每一步都能够得到监督，确保培训的顺利进行。

（三）为培训效果评估设立标尺

培训计划会做出对培训结果的预期。通过设立结果的期望，为培训实施人员设立目标，让培训实施得更有方向性，同时为培训结果的评估设立标准。如果培训结果与预期不符，那么培训就没有完全达到效果，培训就有待改进。因此，就需要对培训中的每一个环节进行检查，找出问题产生的原因。

四、影响培训计划制订的因素

在制订培训计划时，必须顾及四个方面的因素。

第一，员工的参与。让员工参与设计和决定培训计划，除了加深员工对培训的了解外，还能增加他们对培训计划的兴趣和承诺。此外，员工的参与可使课程设计更切合员工的真实需要。

第二，管理者的参与。各部门主管对于部门内员工的能力及所需何种培训，通常较负责培训计划者或最高管理阶层更清楚，故他们的参与、支持及协助，对计划的成功有很大的帮助。

第三，时间。在制定培训计划时，必须准确预测培训所需时间及该段时间内人手调动是否有可能影响组织的运作。编排课程及培训方法必须严格依照预先拟定的时间表执行。

第四，成本。培训计划必须符合组织的资源限制。有些计划可能很理想，但如果需要庞大的培训经费，就不是每个组织都负担得起的。能否确保经费的来源和能否合理地分配和使用经费，不仅直接关系到培训的规模、水平及程度，而且也关系到培训者与学员能否有很好的心态来对待培训。

五、制订培训计划的原则

培训计划必须满足组织及员工两方面的需求，兼顾组织资源条件及员工素质基础，并充分考虑人才培养的超前性及培训结果的不确定性。具体而言，制订培训计划需遵循以下原则：

（1）培训计划必须首先从公司经营出发，"好看"更要"有用"；

（2）更多的人参与，将获得更多的支持；

（3）培训计划的制订必须要进行培训需求调查；

（4）在计划制订过程中，应考虑设计不同的学习方式来适应员工的需要和个体差异；

（5）尽可能多地得到公司最高管理层和各部门主管承诺及足够的资源支持各项具体培训计划，尤其是学员培训时间上的承诺；

（6）提高培训效率要采取一些积极性的措施；

（7）注重培训细节；

（8）注重培训内容；

（9）注重培训实效性。

第二节 员工培训战略规划的制定

一、企业战略、人力资源战略和培训与开发战略的关系

制定培训与开发规划首先必须从理解企业人力资源战略开始，而人力资源战略又必然追溯到企业战略，由此路径制定培训与开发战略契合了企业经营对人员知识和技能的要求，体现了培训与开发规划与人力资源规划和企业规划的一致性。图 3-1 显示了三者之间的战略递进和支撑关系。

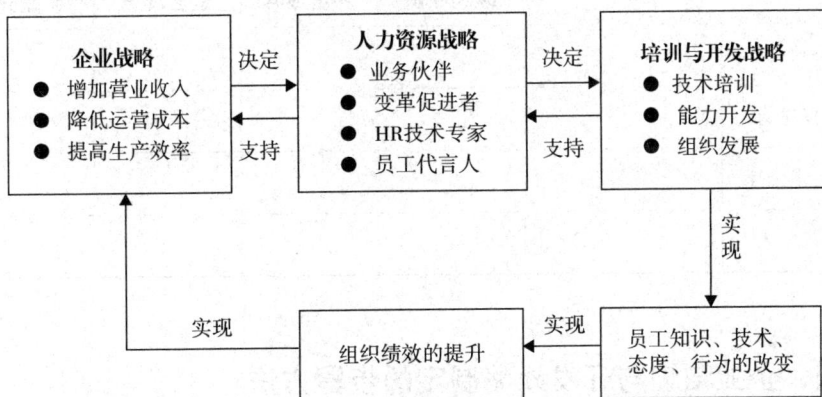

图 3-1 企业战略、人力资源战略和培训与开发战略的关系

二、培训与开发的使命、愿景和价值观

作为企业的战略支持活动，培训与开发应该陈述自身的使命、愿景和价值观。

培训与开发的使命是陈述培训与开发智能对组织和成员的价值所在，用来获得利益相关者对培训与开发的理解和支持，体现该职能对专业化水平的诉求。

培训与开发的愿景是指明培训与开发职能的发展目标，用来激励培训与开发人员对未来的渴望和追求，体现该职能对专业化水平的诉求。

培训与开发的价值观是规定培训与开发职能关于"是"和"非"的判断标准，用来规范培训与开发人员的职业操守，体现该职能在商业伦理方面的诉求。

三、培训与开发战略的制定

培训与开发战略是企业人力资源战略的延伸，是在人力资源活动框架指导下确定培训与开发活动"做什么"，对所有需要做的事进行分析，并确定哪些成功的事需要继续做下去(sustaining success)、哪些无效的事需要放弃不做(turn around)、哪些有问题的事需要调整后再做（realignment）、哪些全新的事需要开始做起来（start-up），在此基础上形成培训与开发战略。这一过程可以借助培训与开发战略制定工作表来完成（见表3-1）。

表 3-1　培训与开发战略制定工作表

人力资源活动	培训与开发战略	战略选择			
		继续保留	完全放弃	适当调整	全新开始
业务伙伴					
变革促进者					
人事技术专家					
员工代言人					

四、企业培训与开发战略制定的步骤方法

（一）了解企业未来的战略

根据企业的愿景和使命，了解企业当前在干什么，未来准备干什么？发展的重点和方向在哪里？为了保证战略的实施，确定企业需要进入哪些市场，进行哪些变革？未来面临的薄弱环节和需要加强的领域有哪些等等。然后，通过目标分解下达，确定每个部门和各个岗位承担的重点工作和主要目标，包括：近期及远期的重点目标都是什么？哪些是关键性的工作？目标分解要尽可能量化和具体化，让每个人都清晰明了。

（二）了解战略对人力资源的需求

确定了企业的战略以及每个岗位承担的目标后，就需要根据目标要求和任职条件建立每个岗位的素质模型，建立一个标尺。明确企业战略长期对人力资

源的要求是什么，近期具备的条件哪些以及未来人力资源的数量和质量等。不同战略类型的企业，其岗位的素质模型是不一样的。例如，创新型的企业战略需要具有开拓性思维、灵敏的反应速度、冒险精神等方面的人力资源，成本领先战略则对团队合作精神、持续改进意识等方面要求更多一些。

（三）分析现有人员的主要差距

企业应该对现有人力资源的基本情况有个全面的了解，包括人员的年龄、教育程度、知识背景、工作经历、性格特征、工作态度等，并对其现有工作及未来工作的能力有个基本的判断。通过岗位素质模型和标准的确立，能够从根本上反映现有人员基本水平的差距。通过分析造成这些差距的根本原因，培训的真正需求便一目了然了。然后，根据"优先次序、轻重缓急"的原则，确定弥补这些差距的最佳培训手段。

（四）设计针对性的培训与开发解决方案

根据企业的战略需求和培训与开发的差距，我们就可以设计出企业的培训与开发体系和培训与开发解决方案，确定企业未来的培训与开发重点：哪些关键课程和关键岗位的培训与开发能大幅度地为企业发展增值？目前最优先需要解决的培训与开发有哪些？哪些人员培训与开发是需要长期稳步进行的，等等。根据轻重缓急来安排培训，可以做到资源的合理配置，培训效果显著，如企业的计划/时间管理是共性问题，通过短平快的培训就可以解决，而人员的技术水平提高、产品质量提升则是慢工细活，需要长期逐步培训来提高。

同时，针对每个部门、每个人员的目标和差距，了解人员的个性需求，进行区别对待，设计分层次、分部门、分类别的培训课程，就形成培训规划框架和具体的培训计划，如可分为公司重点培训与开发/部门重点培训与开发，高层/中层/基层管理人员/操作人员培训与开发，技术/营销/生产等专项培训与开发等。各类课程应附之以恰当的人员培训与开发方法，如高中层管理人员侧重管理能力的培训与开发，基层人员则侧重现场辅导、岗位轮换的培训与开发，力求在解决共性问题的同时解决个性需求，使战略与每个人的培训与开发需求充分结合。具体的步骤如下：

1.明确人员培训与开发目标

企业通过战略研究，确定中长期发展目标，从而对未来发展所需的各种类型的人力资源数量、素质等有了总体的认识，在此基础上，培训开发的目标也就自然确定了。

2. 确定人员培训开发的方式

目标确定之后，便要探寻达到目的的途径。不同的方式有着不同适宜的条件、不同效果、不同代价。企业应该在综合内外部条件之后，规划具体的培训与开发方式。

3. 组织实施计划

达到目标与方式的统一之后，便要制订详细的开发培训计划，并组织实施。具体的计划可以由企业的战略规划部门同人事部门一起制订，也可以由培训人员、主管部门、企业领导多方协调，统一制订；还可以请企业外的专门咨询机构，承担综合方案的拟订，由企业自行选择决定，但是无论计划如何制订，企业必须有专门的职能机构负责组织实施，企业各级领导和各个部门应该密切配合，力求达到最佳的培训与开发效果。

4. 检查评价的效果

企业应该更加重视实施效果的检查、评价，这种检查评价并不是一瞬间的事，而是一项过程活动。检查评价工作可以总结经验教训，为下一步确定开发培训方式、制定实施细则提供借鉴。

第三节　员工培训费用预算的制定

一、培训预算的原则

结合国内成功企业的培训预算经验，成功的预算应该遵循三个原则。

（一）速度性

现在的培训预算可以用基于网络的工具或一些培训管理系统来替代传统培训使用的报表。这样，既能减少日常行政管理费用以及管理时间，又能提供比以往报表更丰富的信息，并大大缩短培训预算的时间。

（二）准确性

只有在预算程序中包罗更多确实需要培训的人，才能最有效把握公司业务规划以及真正的培训需求，从而保证培训预算切实支持公司战略业务发展和员工生涯发展，以确保预算的准确性。

（三）合作性

培训主管部门要争取和发动从领导到广大员工的积极参与与有效合作。为了实现这种合作，培训主管部门要完善公司培训管理体系，并且让培训真正发挥效果，产生效益，得到从领导到员工的广泛认可。

遵循了以上的基本准则，培训预算就能真正成为公司战略实现以及人力资本开发的有益工具。

二、培训预算的工作流程

设计有效的培训预算是实现成功培训的前提和保证，培训预算工作包括以下几个工作流程。

（一）进行培训调研，分析培训需求

进行培训调研，分析培训需求是企业设计培训预算的基础。分析培训需求必须是双向的，既是一项从上而下的过程，即从公司战略使命和业务发展计划确定培训需求的过程，又是一项自下而上的过程，即培训主管部门进行员工培训需求调查以及分析员工状况并制定不同培训发展方案的过程，将上述两个方面有效结合，就可以全面把握公司的整个培训需求。

（二）确定培训内容

工作内容、工作性质以及工作模式等的不同决定了企业中不同级别、职别的员工需要接受不同的培训内容，而不同的内容，就可能需要不同的培训预算。

（三）确定培训方法

不同的培训内容可能需要不同的培训方法。比如，专业技术方面的培训可邀请专家培训或与外部院校合作进行进修；一些管理方面的培训可以与咨询公司合作，或发展 E- learning 方法，或通过购买音像教材等进行培训；公司知识方面的培训一般在内部进行，也可以通过建立公司内容 E- learning 平台进行培训。不同的培训方法在培训预算上差别很大。

此外，针对不同职级的员工，在进行培训规划决策上会有所不同，因此会采取不同的培训方法。一般而言，职级越高，越倾向依靠外部机构培训；职级越低，越倾向公司自己培训。

（四）确定培训项目，进行培训预算

根据不同职级的培训内容以及培训方法，确定公司各个培训项目的规划安排，并进行费用预算。培训费用中一般包含培训师培训费、场地费、进修费、资料费、奖励费、管理费等。不同的培训项目，其费用结构是不同的。对于公司内各部门或班组自办的培训课程，可以安排企业内部培训师，因为他们更熟悉企业的情况，往往内容讲得实际，容易懂，用得上，成本低，效果好，费用可以由公司自主确定。对于新的管理方法、理念和新产品、高新技术的引进，往往从企业外的研发单位、咨询培训公司或高校聘请培训师进行指导。聘请外部培训师可以和一些信誉好的咨询培训公司等联络，了解其报价，这能作为制定培训预算的参考。对优秀老员工和有潜力的员工的素质、学历教育一般采用与高校联合办学的方法。公司培训部门也应该和一些教育机构保持关系，并进行合理的预算。培训预算中还应设奖励费，如在年底评比中设立优秀学员、优秀讲师和最佳教育培训工作推动部门等奖项，以提高员工对培训的参与热情。

（五）审核预算

培训主管部门在对全部培训项目完成初步预算之后，应提交公司高层领导审核。对于培训预算是否合适，可以以公司销售收入预测或者工资总额计划为参照，国际大公司一般按销售额的 1% ～ 3%，最高的达 7%，作为专项开支列入培训预算。虽然目前国内企业离这个数字还存在较大的距离，但也可以作为审核培训预算的参考。培训预算是否恰到好处，要审查这些培训项目及预算是否支持公司的战略规划与业务发展目标。

三、员工培训预算的制定方法

广义培训预算是根据费用总额按照一定比例提取，如按照每年人事费用的 3% ～ 8%、每年营业额的 0.5% ～ 3%、每年利润的 5% ～ 10% 等，这种提取方法如果能延续下来就很有参考价值，当然，还要考虑公司业绩情况给予调整。狭义培训预算是根据制订的年度培训计划逐项做出每项培训活动的费用预算，这种做法也是较能得到认可的做法，工作量稍大，适用于培训工作开展较顺畅的公司，市场课程的报价和供应商资料库的建立能保障这项工作得以实现。在制定培训预算时，通常要考虑以下几个方面：

（一）确定年度培训预算的核算基数

在制定培训预算时，首先要考虑确定年度培训预算的核算基数，可将企业过去的年销售额、利润额、工资总额作为基数。国际大公司的培训总预算一般占上一年总销售额的 1% ～ 3%，最高的达 7%，平均为 1.5%，而国内企业，这个比率一般要低得多。在市场竞争比较激烈的行业，如 IT、家电，有些大企业培训费用能够占到销售额的 2% 左右，而一般规模在十几亿元左右的民企，其培训费用大概也就是销售额的 0.2% ～ 0.5%，甚至不少企业在销售额的 0.1% 以下。

据 ASTD（美国培训与教育协会）对培训预算占工资总额的比例统计显示，通用电器是 4.6%，摩托罗拉是 4.0%，美国工业平均值是 1.0%。而国内的会计核算一般是将工资总额的 1.5% 作为教育培训经费。

（二）选用适合企业自身实际的预算方法

确定了培训的核算基数和比例也就实现了培训费用的总额控制，但在具体的预算编制过程中要遵循哪些预算方法呢？通常在企业中广泛使用的方法有传统预算法和零基预算法两种。

1. 传统预算法

传统预算法，指承袭上年度的经费，再加上一定比例的变动。这种预算法核算较为简单，核算成本低，国内的很多企业都采用这一方法，但是按此法预算的逻辑假设是：上年度的每个支出项目均为必要，而且是必不可少的，因而在下一年度里都有延续的必要，只是需在其中的人工等成本方面有所调整而已。

这种预算方法的确为公司降低了预算工作本身的成本，但是它也有一些缺点：这样的假设、步骤得出的预算，必然会出现相应的不良倾向，如培训经理会增加培训预算；因为不需要做任何的公司培训需求调查和公司员工能力诊断分析，因此实际上的培训并不能真正做到"对症下药"。

2. 零基预算法

从预算学的发展来看，零基预算法最先是由美国得克萨斯州仪器公司的彼得·菲尔于 1970 年提出，然后由佐治亚州政府采用，取得了很好的成效，其后广为企业界所应用。那么究竟什么是零基预算法呢？

所谓零基预算指在每个预算年度开始时，将所有还在进行的管理活动都看作重新开始，即以零为基础，根据组织目标，重新审查每项活动对实现组织目标的意义和效果，并在费用—效益分析的基础上，重新排出各项管理活动的优先次序。资金和其他资源的分配是以重新排出的优先次序为基础的，而不是采取过去那种外推的办法。

而就编制培训预算而言，零基预算法要求在编制前回答以下问题：公司的目标是什么？按公司目标分解的每一位员工的 KPI 指标是什么？员工的意识、知识、能力离公司的要求有多远？培训要达到的目标又是什么？各项培训课题能获得什么收益？这项培训是不是必要的？可选择的培训方案有哪些？有没有比目前培训方案更经济、更高效的方案？各项培训课题的重要次序是什么？从实现培训目标的角度看到底需要多少资金？

从零基预算的步骤来看，它是基于对公司发展战略、员工培训需求调查分析、员工能力诊断分析的基础上的，预算更具有科学性、针对性，其突出的优点如下：有利于管理层对整个培训活动进行全面审核，避免内部各种随意性培训费用的支出；有利于提高主管人员计划、预算、控制与决策的水平；有利于将组织的长远目标和培训目标以及要实现的培训效益三者有机地结合起来。

但是，零基预算法的缺点也影响了它的广泛推广：一方面，企业在制定预算的过程中需要花费大量的人力、时间和物力，预算成本较高；另一方面，在安排培训项目的优先次序上难免存在相当程度的主观性。

因此，在实践中企业到底采用哪一种预算方案要根据企业的实际情况来确定。

（三）做好预算审核工作

预算制定好之后，需要对预算的依据进行讨论审核：①讨论每项培训科目的必要性和实际价值；②讨论培训是否是企业现在能够用到的；③结合培训的场地、人员等方面，看看是否有条件真正完成培训。

根据上述讨论结果，可以合理地增减培训项目和培训预算。比如，要外聘培训师来公司讲课，但如果公司没有教室或足够大的会议室，那么在培训预算里就有必要加入场地租赁的费用。

当然，对于培训预算的成本，也要做好讨论。成本的讨论集中在预算的合理性方面，并要考虑是否还有一些节约的方法能使预算成本控制做得更好，同时要考虑核心费用是什么，以便在必须削减培训项目成本时可以有的放矢。

做好培训预算的最后一项工作当然就是编制培训预算报告，要将培训的费用以报表的形式进行汇报。在报表内容上，要求各项费用的分类要明确、不含糊，培训的各个阶段要清晰，各项分析数据要完整，并做到数据准确。

在预算报告中，也要有能够体现培训效果预估的内容：①投入预算和产出效率的比例；②明确投入培训预算后组织的培训项目，预估员工接受、掌握和提高的程度。

通过这两项评估，可以反思培训项目计划是否合理且有必要，在预算上是否可以削减不必要的项目，是否应该加入一些项目使培训更有吸引力、更能发挥效用。

整个预算审核的流程如图 3-2 所示。

预算审核
- 预算讨论
  - 依据讨论
    - 必要性
    - 可用性
    - 操作性
  - 成本讨论
    - 合理性
    - 节约方法
    - 核心费用
- 编制报告
  - 形成报表
    - 分类明细
    - 阶段清晰
    - 数据准确
  - 效果预估
    - 投入产出比
    - 员工认可度

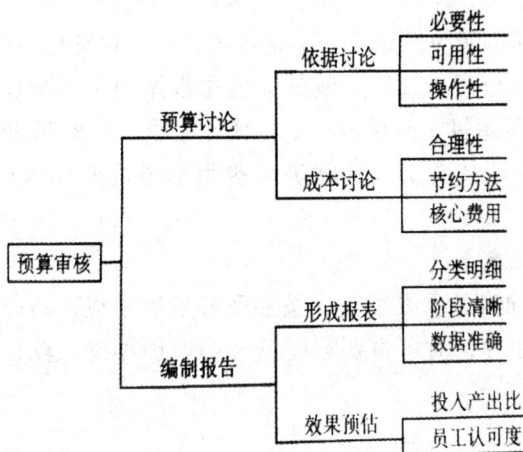

图 3-2 预算审核图

四、制定年度培训预算

（一）年度培训预算费用总量的调整

多数情况下，年度培训预算制定出来后，会与预算基准即人力规划中的年度培训预算的资源分配空间相冲突，必须进行调整，这样可以避免"盲目地根据比例确定预算总量后，大家没事也要编个项目来分钱、抢钱"的现象。常见的方法如下：①纵向比例参照法，即参照去年、今年与明年的发展趋势，以及公司的盈利状况和培训策略；②横向比例参照法，即参照同行业竞争对手的培训资源投入力度和回报率，考虑竞争对手发展阶段、现时竞争策略，再结合企业自身的能力评价和战略目标来确定总量。

（二）制定年度培训预算的五大方法

1. 总额分解法

以培训经费计提总额作为参考，按照公司管控模式、法人主体、业务发展阶段、员工培训的特点来预算公司和下级单位预算比例及费用余额。

2. 人头预算法

依据不同的人员层次及数量、不同的部门类型，参考往年数据确定人均培训经费额度，加权得出部门预算总额度，在本额度范围内由部门进行培训计划及预算的最终制定。

3. 参考线标准

公司根据历年培训经费决算结果，制定各类人员、培训项目的预算参考线，各部门按照此参考线进行经费预算。例如，公司根据历年经验规定基层管理人员外聘讲师培训费用不超过 1.5 万元 / 天，中层管理人员外聘讲师培训费用不超过 2 万元 / 天，新入职技能工人外聘讲师费用不超过 1 万元 / 天等，作为各部门经费预算的参照。

4. 培训内容重要程度

根据各部门提报项目的重要程度，按照业务发展重点、新业务、培训对象紧急程度等因素进行预算，对于重要程度低、培训预算投入较高的项目进行预算缩减。

5. 根据人员类别

按照人员类别，如管理人员、专业技术人员、国内营销人员、技能工人、海外营销人员等进行分类划分，再结合企业业务特点和培训关注重点确定各类人员经费投入比例，将此比例作为培训预算编制的参照。比如，制造企业，要重点向一线操作技能工人倾斜；互联网企业，则要重点向技术开发人员倾斜等。

对年度培训经费使用情况主要从培训经费政策执行情况、培训经费决算分类使用情况和经费管理存在的问题及解决办法等方面开展分析。培训经费季度、年度决算后，要进行培训经费使用效果分析评估，可以从预算完成率、各单位使用情况、培训对象类别投入度等方面进行分析，综合评价培训费用的使用效果。

五、培训预算的工作要点

（一）统计培训对象信息

培训对象不同，培训的方法也就不同，这会直接影响到培训预算费用的大小，因此统计培训对象信息是培训预算工作的第一要点。

（二）区分受训对象，合理划分投放比例

培训对象信息收集完毕后对培训对象进行区分，划分出低、中、高层培训人员及其相关名单，培训预算投放比例根据公司的发展方针和员工比例合理划分。

（三）确定内外训比例

国内企业现有培训体系尚不健全，大部分企业认同外部培训，却忽略了自身"造血机能"的建设与发展，因而徒增了大笔培训费用。根据国外经验，企

业内训将成为企业培训的发展方向。

（四）组建培训预算管理团队

整个预算制定过程必须要有专业财务人员、专业培训师、培训受益部门、培训实施部门参与，并组建临时性管理团队，共同协商，就受益部门需求、专业培训师意见、会计科目、培训实施难度等各方面问题进行具体协商达成一致，才能有效形成科学预算方案。同时培训预算管理团队还需要领导的支持和参与，帮助协调相关事宜。

（五）根据公司情况合理设定培训预算项目

培训预算项目涉及财务管理的便利性和科学性，同时涉及培训受益部门的切身利益，因此必须根据企业的实际情况进行合理设定。

（六）调查相应费用行情，合理规避费用风险

对于培训预算的最后审核是对培训预算合理性的严格审查，所以需要进行必要的市场调研，了解相应的费用行情，并引入"招投标"机制使培训预算更合理。

第四章　企业员工培训项目设计

第一节　培训项目设计概述

一、培训项目设计的概念

项目是培训与开发活动中的一个基本单元，项目设计好坏对于提高培训与开发的有效性具有非常重要的意义。项目设计（Program Design）指的是培训项目的组织和协调。一个培训项目可能包括一门或几门课程，每门课程都要上一次或几次课，因此培训项目设计包括了确定项目目标和设计特定的课程。

培训项目可以通过下述途径来进行开发：由培训教师准备；组织自行设计开发；从外部组织购买；从外部购买并按照组织的特定需求进行修改。当选择了由组织自行设计和开发一个培训项目后，就必须掌握和了解如何才能设计与开发一个有效的培训项目。

二、培训项目设计的内容

培训项目设计涉及过程的方方面面，其中包括培训内容、培训方法、培训师、培训对象、培训资源等。这些方面在培训项目中互相影响、互相牵制，因此，培训项目设计的内容必须顾及各个方面，以保证培训的顺利实施。

（一）培训内容的设计

培训内容的设计影响着培训的有效性。培训内容的选择不是按照管理层臆想的内容进行设定，而是要找出员工现有的工作水平与要求的工作水平的差距，进而设定培训的内容。因此，在进行培训项目设计之前必须做好培训前的员工需求分析，将需求分析的结果整理成报告作为安排培训内容的依据。

（二）培训方法的设计

随着管理理念的不断更新，培训方法也层出不穷。企业在开展培训时要根据员工具体的培训需求，运用合适的培训方法，而不是一味地追求新颖的培训方法，关键还是要配合培训内容、学员、场地、经费和时间的要求。

企业能够提供的培训资源不是无限的，因此企业在选择接受培训的员工时也要慎重。一般而言，学员可以是新员工、即将变换岗位的员工、负责重大项目的员工等。学员的确定可以方便企业有针对性地进行培训需求的调查和培训内容的设定。

（三）培训资源的合理分配和使用

企业在提供培训时涉及经费、时间、场地、工作任务等方面的安排。培训不是铺张浪费，而是为了让企业的经营更上一层楼。因此，培训的每一分钱都要用到点子上，使培训经费运用的性价比达到最大化。另外，培训涉及占用员工的时间，这样势必会在一定程度上影响员工按时完成工作任务。因此，企业在设计培训时必须合理安排员工的工作时间和工作任务完成的权责问题，避免因为培训而对企业造成不良影响。

三、培训项目设计的依据

培训项目设计的依据主要包括明确接受培训的岗位、分析培训岗位的培训需求、明确岗位培训的目标三个方面。

（一）明确接受培训的岗位

虽然企业内的每个岗位和员工都有进行培训的权利，但是企业可能没有足够的资源让每个岗位都同时接受培训。企业培训的岗位往往是根据目前企业主要的发展任务而确定的。但是，企业在确定接受培训的岗位时往往只将目光放在短期的工作培训需求上，而忽略了企业长远发展的培训需要。因此，企业在确定接受培训的岗位时要平衡企业短期目标和企业长期发展目标的培训需求。

（二）分析培训岗位的培训需求

确定需要接受培训的岗位后，就必须针对该岗位的员工进行培训需求分析。岗位的培训需求分析可以确定员工培训的内容和方向。

第一，要对该岗位的员工进行调研。员工对自己在岗位工作中的知识或者能力缺口比较清楚，知道自己在工作中有哪些缺失或者不足的地方。对员工进行调研，能进一步确定培训方向和培训重点。

第二，应该对该岗位员工的上下级进行调研。该岗位的员工往往会从主观层面讲述自己的工作难点，而其上下级可以从比较客观的方面对员工在该岗位工作中的不足进行比较清晰的阐述。

此外，通过员工的绩效考核也可以看出员工在工作中存在的问题，从而分析工作中的问题是否可以通过培训得到解决。

（三）明确岗位培训的目标

员工反映的培训需求或多或少会带有主观的色彩，他们可能会将工作需求和个人需求混为一谈。部分员工提出的培训需求并不是该岗位需要的，可能只是员工个人的培训愿望。为了保证培训效果在岗位工作中达到最大化，企业在进行培训项目设计和培训需求调研时，要明确岗位的发展目标和培训需求。只有明确该岗位的工作真正需要什么培训，才可以得到事半功倍的培训效果。

四、培训项目设计的原则

（一）实践发展原则

在设计培训项目时，首要的任务是给所要设计的培训项目进行定位。它有两个方面的含义：一方面是要确定培训项目的类别，另一方面是在层次上做出定位。由此确定培训项目和课程的目标，各个课程要素的选择也要以此为依据。

知识培训、技能培训和思想培训，这三个层次的培训是由表及里逐步深入且相互联系的。不同性质的培训，其深度也是不同的。由于知识和科技融合的趋势对人才的素质提出了新的要求——注重知识和技能转变为更注重态度、观念和心理，因此培训目标也要实现相应的转变：在传统的重视知识和技能培训的基础上，加强态度培训、观念培训和心理培训；由传统的注重培训目标的单一性和专业化转变为重视培训目标的综合性和多样化。

（二）非独立设置原则

现代企业对培训的理解、设计、实施，都与传统的培训不同，它的"培训项目设计"是一种全新的概念。它不独立设置，而是与组织的经营与发展结合在一起。在这种培训项目设计中，课程的目标就是组织经营的目标；课程的内容就是组织经营的内容；课程战略的选择主要就是营造一个让员工可能在实际经验中自己教育自己的环境，而且这个环境是管理者和领导者可以控制的；课程的培训方法是以自主学习为主，管理者与员工互动、员工与员工互动、大家经验共享的模式；课程的时间设计是组织发展的全过程；课程设计的"课堂"，就是这个组织活动的整个空间连同它所在的环境。

（三）因材施教原则

培训项目设计还要充分考虑组织特征和学习者风格。由于培训课程的主要接受者是成年人，他们有自己的经验和学习经历，都有自己惯用的学习方法，有与岗位工作紧密联系的学习需求，因此，培训的实施要尽量遵循成年人的认知规律，注意选择那此能调动他们学习积极性的培训策略和方式、方法，以增强培训的效果。

第二节　培训项目设计过程

一、确定培训项目的目标定位

培训目标的确定有赖于培训需求分析。通过培训需求分析，企业能够明确员工目前的工作状态，得出现有员工的工作能力和预期工作能力之间存在的差距。消除目标与现实之间的差距就是企业员工培训目标。

二、确定培训对象的需求

企业的资源是有限的，只有确定现实的培训需求才可以达到预期的培训效果，并将培训效果转化到工作之中。因此，需要在培训开始前确定培训对象的需求。

（一）组织分析

确定针对企业发展方向范围内的培训需求，以保证培训计划符合企业的整体目标与战略要求。

（二）工作分析

分析员工达到理想工作绩效所必须掌握的技能和能力。

（三）个人分析

确定哪些员工需要进行培训。

三、确定培训项目的内容

一般来说，培训项目的内容主要包括三个方面：知识培训、技能培训、态度和观念培训。

四、设计培训方法组合

员工的培训方法有多种，如角色扮演法、案例分析法、课堂讲授法。各种培训方法都有其自身的优缺点，为了提高培训质量，达到培训目的，往往需要结合各个不同岗位员工的工作性质将各种方法结合起来，灵活运用。

例如，角色扮演法是指培训师通过模拟各种现实工作情况，要求接受培训的员工设身处地地解决模拟情况的问题，从而达到培训的效果。这种方法比较灵活，但对学员和培训师的领悟能力要求很高。案例分析法是指通过一定的视听媒介所描述的客观存在的真实情景，让接受培训的员工进行思考分析，学会诊断和解决问题以及做出决策。课堂讲授法的主要形式是讲座和讨论，它是由最少的培训师指导最多学员的方法。这种方法成本比较低，但是无法做到因材施教。

五、设计培训项目效果评估方案

培训项目效果评估是对培训项目进行评价，主要目的在于通过对项目前后培训对象在素质和能力等方面的变化及提高程度进行观察和评价，以此确定某个培训项目的成效。

（一）计划

评估需求分析阶段是否对课程设置进行充分调查，覆盖率、调研方法是否适合等，分析资料是否正确地诠释，分析数据是否正确完整，等等。

评估培训目标是否清晰、明确，拟定的培训活动是否完整，是否经由培训可达成绩效标准，课程设置是否符合学员需求，等等。

（二）组织

准备评估包括学员是否适当甄选、讲师是否适当甄选、教材是否有助于课程目标的达成、课程时数与时间是否恰当、经费分配是否合理等关键问题，也可以对沟通（计划预通知是否到位、课前是否与讲师充分沟通）、资源是否到位（硬件设施是否完善）等做出评估。

培训教学评估包括课程定位、教材开发、教具设计、教学方式、教学效果、学员态度调查等，如教学过程中是否随时响应学员的需求、教材及教具的准备是否完善、课前是否与学员充分沟通等。

支持督导方面是否有效地进行管理，如现场秩序、现场支持、教学配合、其他流程控制等是否有预先控制措施或准备。

（三）结果

综合项目效益评价，整个项目中学员学习的成效一般通过考试等方式评价教学效果，通过学员行为改变（应该是内化阶段或成就阶段）来评价项目的长期效益。这方面的评估基本可以延长到培训项目后的一段时期。

组织需要改进的不足一般本着"有则改之、无则加勉"的原则来进行。

第三节　培训项目的实施

培训项目的实施工作主要是由人力资源培训与开发人员完成。当准备工作进展到一定阶段的时候，培训组织者就要把这些前期工作的成果汇总起来，并付诸实践。为了使培训顺利实施，还有一些需要注意的问题。

一、培训场所的选择与布置

与培训设计有关的一个重要问题是如何布置培训的环境。对在职培训来说，这个问题尤其重要，因为只有在舒适的环境中受训者才有可能集中精力学习。如果在职培训现场有很多干扰培训的分心刺激，比如噪音和电话铃声，那么受训者就必须设法消除或尽量减少这些分心物。在职培训也经常由于各种原因被打断，尤其是当受训者是上级领导的时候，这种情况就更为常见了。而培训的中断也是一种干扰。为了减少这种干扰，培训者可以在每天专门留出一段培训时间，或将培训安排在一个不会受干扰的地点来进行。此外，如果受训者是上级领导，他还可以在培训时间专门安排一个不接受培训的人来替他处理电话和各类请示。

如果培训是在教室里进行的，那么在布置环境的时候就要考虑很多因素了。

首先，座位的安排就是一个重要的问题，因为它会在培训者和受训者之间形成一种空间关系。比如说，如果教室里的椅子是纵向固定的，那么培训者在这种环境下的活动就会受到很大的限制，不过这种座位安排对讲座来说是很合适的，因为它有利于将受训者的注意力集中到讲座人身上。如果教室里的椅子是可以随意挪动的，那么培训者就可以根据具体的学习目标来安排座位。按一定的角度将椅子排成排，或者排成三角形或半圆形，这样在课堂讨论过程中受训者就可以看到对方，这种安排可以促进相互间的交流和反馈。一般来说，有扇形、U形、方桌形和圆桌形等座位摆放方式，目的是为了双向沟通与交流。

其次，受训者生理上的舒适程度对学习效果的影响也很大。室温过高或过低都不利于学习。待在一个闷热的房间里会让人感到疲倦，而屋子里太冷不仅会分散注意力，还会降低手指的灵活性。

最后减少物理分心物，比如昏暗的照明和物理障碍。关门或悬挂提示牌（"培训进行中请保持安静"）通常能够控制那些包括室外活动引起的噪音。如果室内光线不好，受训者在记笔记、阅读印刷物或辨认投影图像的时候就会觉得很困难。因此，要注意光线充足。另外，如果可能的话，培训者最好事先巡视一下培训的场地，看看有没有像柱子、固定隔板之类会妨碍培训的物理障碍。如果无法解决这些问题，最好是换一个更合适的地点。除此以外，培训者还需要考虑墙壁和地板的颜色及覆盖物，一般来说，铺地毯的房间会更安静一些，另外还要考虑椅子的款式，有没有反光的问题，有没有窗户（窗外的景色也是一种分心物）室内的音响效果如何，有没有必需的电源插座等等。另外，只要可能的话，投影屏幕的位置最好与书写板或活动挂图的位置错开，这样就可以同时使用投影和书写板或活动挂图。表4-1说明了组织在布置培训场所时应考虑的细节问题。

表4-1 培训场所布置需考虑的问题

噪音	检查空调系统噪音；检查临近房间和走廊及建筑物之外的噪音
色彩	清淡柔和的颜色
房间结构	使用近于方形的房间。过长或过窄会使受训者彼此难以看见、听见和参与讨论
照明	光源应主要是日光灯。白炽灯应分布于房间的四周，并且在需要投影时用作弱光源

续　表

墙与地面	会议室应铺地毯，使用相同的色调，避免分散注意力，只有与会议有关的资料才可以贴在墙上
会议室的椅子	椅子应有轮子、可旋转，并有靠背可支持腰部
反光	监察并消除金属表面、电视屏幕和镜子的反光
电源插座	培训者应能够方便地使用电源插座
音响	检查墙面、天花板、地面和家具反射或吸音的情况，与三四个人共同调试音响，调节其清晰度和音量

二、项目启动

当一切与培训有关的前期工作都已准备就绪的时候，下一步就要正式实施培训了。培训的前期工作包括准备可行的课程计划、装备视听或电脑设备、布置培训环境。到这个时候，培训者需要完成的一项重要工作就是让培训有一个良好的开端，并且一直保持下去。如果培训是分多阶段进行的，那么初始阶段的培训将会为后面的培训奠定基调。培训者应该让受训者对培训有一个明确的预期。首先需要给他们提供一份课程大纲，说明培训的目的、学习目标、内容主题，其次要说明要求大家遵守的课堂行为规范，比如不能迟到、要积极参与讨论、相互之间要多交流等等。在培训刚开始的时候就应该将课程大纲发到每个受训者手上并加以详细地解释，如果需要的话，再在后续的培训过程中定期加以重申和强化。

如果培训者事先不了解受训者的水平和学习动机，那么在培训刚开始的时候，除了要让受训者对培训形成一定预期，还要了解他们当前的专业水平和学习动机。一种办法是进行培训前测验或做预备练习，看看大家的起点如何。对于在职培训来说，这项工作尤为重要。与单纯了解受训者的动机相比，最好是同时能够做一些增强学习动机的工作。比如，可以询问受训者希望达到的目标是什么、实现这些培训目标有什么益处，对受训者关心或担心的问题表示关注，或者让受训者签署一份学习协议。

很多培训项目在刚开始的时候都会进行一些破冰的小练习，让大家相互熟悉并建立起和谐的人际关系。这项工作是很重要的。首先，许多培训都有这样一个"副产品"，就是让受训者有机会一起协同工作，结识其他部门的同事。

其次，就像团队工作一样，参加人力资源发展培训项目的人通常也会寻求社会对他们的接纳。比如，如果班里只有一两个"少数派"（在职位或性别等其他方面与其他受训者不同），他们可能会感到自己有些孤立，而这种感觉将对他们的学习造成负面的影响。对培训者来说，善于体察受训者的社会需求并能迅速采取措施增强他们的归属感，是一种很重要的能力。最后，培训者应竭尽所能营造一种相互尊重和开放的氛围。这样，受训者能更容易地得到自己需要的帮助。要想成功地组织群体会议、完成教学任务或更好地促进学员的学习，需要多种多样的技能。培训者需要多参考一些关于培训内容的资料，积极为受训者搭建学习平台、培养人际交往能力创造机会。

三、培训日程安排与其他准备工作

日程安排妥当与否直接关系到培训的效果，甚至决定了培训活动能否如期举行。企业在总结培训效果的时候，很少从培训日程安排的角度去反思，认为日程安排与培训教师、培训教材、资金资源等要素比较起来，似乎算不上什么，无须特别关注。事实上，培训日程安排绝不是所谓的"无足轻重，何须挂齿"之事，培训工作者应该高度重视。

（一）工作时间内与工作时间外的培训日程安排

培训安排无外乎工作时间内和工作时间外。企业在安排培训日程的时候，除了考虑成本以外，更主要的是要考虑培训的实际效果。通常来说，如果一味将培训活动安排在 8 小时工作时间以外，员工容易产生抵触心理，导致缺勤率高，参与程度低，培训活动过于被动；如果经常将培训活动安排在 8 小时工作时间以内，势必影响企业正常工作的开展，延迟了工作进度，造成企业整体运营成本增加。作为培训活动的组织者来说，应该掌握的基本原则是：在保证企业正常生产与经营活动照常进行的前提下，力求降低实施培训活动的成本（尤其是受训者的机会成本），提高培训活动的有效性，因此，培训活动安排在正常工作时间内抑或是安排在八小时工作时间外，并无定论。另一方面，具体在安排培训日程的时候，如果是将培训活动安排在正常工作时间内进行，也应注意具体的时间点。

企业培训工作者在确定并公示了培训日程后，要避免随意更改日程，因为每个员工工作任务都很重，参加一次培训活动需要许多的协调工作。另外，培训应该尽量遵守日程和时间安排，不要随意拖延。

（二）培训项目的其他准备工作

为了保证培训项目的顺利实施并取得预期的项目成果，培训组织人员还应重视与之相关的各项准备工作，如拟定并及时发布项目通告，制作培训手册，安排登记注册以及完成培训档案等。项目通告是用来告知目标受众有关培训项目的各项事宜，包括项目的目的、项目进行的时间和地点、参加项目需要具备的资格条件等。从发出项目通告到项目正式开始，要留出足够的时间，以便员工可以调整自己的工作安排，并提交相关的申请表。这一点尤其值得企业培训组织人员注意。许多企业在组织培训活动的时候，往往是在培训的前一天甚至是培训的当天，才发布培训通告，这样要么培训通告难以在较短的时间内传达到应该传达的人手中，要么即使是接到了培训通知，也难以协调手头的工作，这一现象反映了企业的培训工作缺乏系统性和整体安排。事实上，现在企业培训组织人员有多种可资利用的信息传递渠道，可以通过局域网发布培训信息，可以电话通知，也可以在企业的培训专刊上登文，总之，要把具体工作做细。制作项目培训手册并不困难，关键在于应该在合适的时机把这些资料发放至受训者手中。许多企业在组织培训的时候，尤其是邀请外部讲师实施培训的时候，由于没有和讲师协商好，往往在讲师到达企业的时候才获得培训材料，所以就来不及制作培训手册或培训教材，这样势必影响到培训效果，尤其是企业以前没有接触或比较陌生的培训内容。企业无论是利用内部讲师还是从外部聘请讲师，最迟应该在培训正式开始前2～3天将培训手册或培训教材发放至所有培训对象。

培训组织者应重视学员的报名等级工作，因为许多企业将参加培训以及培训过程中的纪律行为视为员工绩效考核指标之一，这也是企业进行员工个人培训档案管理的前期工作。如果企业将员工的受训情况与任职资格制度或是薪酬政策联系起来，培训管理者还应注意对报名参加培训的员工进行比较严格的资格审察。目前企业都很重视员工的职业生涯发展。因此，培训部门应该加强对员工参加各种培训开发活动的文档管理，最好是在企业的人力资源管理系统中构建员工培训模块，对员工参加的培训开发活动实施跟踪，员工的培训档案还是进行职务晋升、岗位变动的重要资料。另外，如果是送到外部培训，企业培训部门还应做好相应的差旅费用安排，协助受训者圆满完成培训任务。最后，就一个完整的培训项目而言，组织者还应做好整个培训项目的项目预算，项目结束之后，还应专门撰写项目实施报告。

四、培训的信息管理系统的建立

目前许多企业开发出了一套面向员工的教育及培训管理系统。它借助了目前最流行的 Web 和 Internet 技术，使用了最先进的数据库管理技术，因此能够为使用者提供准确、快速、安全的信息服务，同时具备功能强大、方便管理和易于使用的特色。员工只需使用浏览器即可完成查询和注册等全部操作。该系统能够记录、管理并向全体员工发布培训课程信息，如课程的内容介绍、时间及地点安排和培训费用等信息，同时记录员工的培训记录、出勤状况、培训计划等。该信息管理系统也可以记录员工在外部机构所接受的培训。利用该系统，员工还可以查询本培训机构和外部培训机构的培训及课程信息；查询培训记录及培训计划；在线登记报名，员工主管可以在线给予批示和回复意见；员工与主管参考相关的路径图和胜任力模型的相关信息制订培训计划，以便将来的培训管理和工作发展以报表的形式获取相应的课程信息培训记录及统计数据，以此协助其分析和制定下属的培训计划。

第五章　企业员工培训课程开发

第一节　培训课程开发的概述

一、培训课程的含义、特征及分类

（一）培训课程的定义

关于"课程"的定义，学术界的表述方法不下十几种，如：

（1）课程即教学科目。我国的《辞海》《中国大百科全书》，以及众多的教育学教材，均认为课程即学科，或者指学生学习的全部学科—广义的课程，或者指某一门学科狭义的课程。

（2）课程即有计划的教学活动。这一定义把教学的范围、序列和进程，甚至教学方法和技术的设计都列在其中。总之，把所有有计划的教学活动都组合在一起，以图对课程有一种较全面的看法。

（3）课程即预期的学习结果。这一定义在北美课程理论中有较大影响。一些学者认为，课程不应该是活动，而应该直接关注预期的学习结果或目标，把重点从手段转向目的。这要求事先制定一套有结构、有序列的学习结果；所有教学活动都是为达到这些目标服务的。

（4）课程即学习经验。美国教育家杜威（J.Dewey）根据实用主义的经验论，反对"课程是活动或预先决定的目的"这类观点。在他看来，手段与目的是一个连续体。由此推衍：手段与目的是同一过程的两个不可分割的部分。所谓课程，即学生的学习经验。

（5）课程即文化再生产。一些人看来，任何社会文化中的课程，事实上都是（也应该是）这种社会文化的反映，学校教育的职责是要再生对下一代有用的知识和价值。政府有关部门根据国家需要来规定所教的知识、技能等，专业教育者的任务是要考虑如何把它们转换成可以传递给学生的课程。

归纳上述的几种定义，我们可以简单地把课程分为广义和狭义两种。广义的课程是指为实现教育培训目的而选择的教育培训内容的总和。课程既包括所涉及的各类理论教学内容，又包括各种实际训练科目，还包括各门学科以及各种有目的、有计划、有组织的课外活动。狭义的课程是指针对某一门学科或某一培训活动而设计的教学内容。

同样，培训课程的含义也有广义和狭义之分。广义的培训课程是指为实现培训目的、目标所选择的培训内容的总和。狭义的培训课程是指某一职业科目或某项培训活动的培训教学内容。

（二）培训课程的特征

培训课程是直接为社会、为企业、为社会中的组织、为社会成员服务的。与教育的学科课程相比，培训课程的功利性非常突出，其目标是能够尽量在短期内转化为工作绩效。培训课程具有以下明显特征：

1. 培训课程的宗旨和目标，既具有突出的服务性，也有鲜明的经营性

与社会环境、与学员的密切联系，随时随地的协调适应，是培训课程的本质特征之一。培训既然是一种教育活动，又是社会生产的经济行为。因此，培训课程既要符合教育规律，要适应社会经济的发展，既具有教育活动的特征，有经济活动的成分。培训课程既具备了一般意义上课程的全部特征，又由于与社会经济的关系而显示出其个性。国家培训、社会培训要求培训课程以社会的政治效益与经济效益为主，强调的是它服务性的一面，而企业培训被视为企业经营活动的一个重要组成部分。职工培训是劳动力生产与再生产的必经手段，是一种生产过程。企业的培训经费是计入成本的，既然是一种生产投资，必然是要计算投入产出的。企业不可能投资去开发一个没有回报的培训项目，强调经济效益对培训课程的宗旨与目标来说，是首要的。因此培训课程的宗旨和目标有鲜明的经营性质。

2. 培训课程的内容，具有特殊的实践性和针对性

无论属于何种性质的培训课程，由于其共同的特点是目的明确、时间周期短，在课程内容的选择上均以针对性为主要特点。凡是培训课程，都不可能是通才教育，要在某段时间内完成什么样的课业，达到什么样的标准，要求是非常明确的。课程内容的安排也就必须有针对性。而且由于培训课程以培养学习

者的能力、转变他们的观念为重点，而提高实际能力和工作的最有效的途径是实践与经验。所以，在选择和编排课程内容时，设计者往往精心选择那些已被他人反复实践过的材料。于是，大量的案例被整理为培训教材，一些培训课程的大部分教学内容就是一系列有机组合的案例。

3. 培训课程的执行模式，更具灵活的经验性和权变性

由于培训课程的学习者大多为成人、经验者，所以不可能要求他们排除自身已经形成的经验中的某些习惯的影响去参与学习。在他们所拥有的经验中，有些对学习是有利的，有些则不然。那么，设计者在选择执行模式时，就要考虑因势利导，对不同的学习者，选择不同的执行模式，原则就是有利于引导他们利用有益的经验，注意克服某些经验对学习目前课程的负面影响。这是培训课程一般采取经验型的执行模式的原因所在。那么，为什么有权变性呢？这是由课程实施的模式引起的。班级授课制是目前一般课程学习的主要模式，培训课程也不例外。然而，成人学习者与学科课程学习者的最明显的不同点，是前者的个性化差异要大得多。这种个性的离散度之高，造成与班级授课制的统一执行模式产生很大的矛盾。于是，要想真正达到教学要求，就要让执行模式有充分的权变范围。也就是说，要准备选用不同的教学方法，或用几种方法的组合，去对付这种个性化差异，缓解课程的统一目标要求与学习者情况离散化之间的矛盾。

4. 培训课程的评价标准，有必然的功利性和时效性

无论是强调服务功能的国家培训、社会培训，强调经营效果的企业培训，都要讲究效益，没有效益的培训，国家、社会、企业与个人都不会去做的。衡量一个培训课程是否能够有效益（当然，这里讲的效益可能指的是政治的、经济的、社会的，或是综合的，效益的性质可以不尽相同），衡量的标准就必然是功利的。所谓功利性，就是要求有回报，这与一般学校教育中的学科课程的评价标准的区别是非常鲜明的，也可以说是迥然不同的。而且，功利目的要放在培训课程评价标准的首位，因为它可以成为描述培训课程本质特征的参数之一。让我们最后再来讨论评价的时效性。这里提到的时效性，是指课程评价的方式与标准要经常随着外部环境的变化而调整。时间不同、环境不同、条件发生变化，评价的方式与标准也肯定会不同，而不能像学科课程的评价那样，考试的方式与分数的标准保持不变。

（二）培训课程的类型

根据侧重点的不同，培训课程一般可以分为以下几种类型。

1. 学科课程

学科课程是以学科为中心而设计的课程，它通过从各学科中选择部分内容，然后确定一定的教学时间和学习期限来完成。学科课程的特点在于具有很强的科学性、系统性和连贯性。

2. 合科课程

合科课程实际上是学科课程的改进，它将几门相邻学科合并，既保留了学科课程分科教学的长处，又克服了学科课程内容过细的缺点，减少了教学科目。合科课程比较适合以培养员工综合素质为目标的企业培训。

3. 活动课程

活动课程亦称为经验课程，是一种与学科课程相对应的课程，它更多地注重实践层面，其特点是以学员的兴趣和动机为基本出发点；以学员自我发展为中心来组织培训课程科目；不预先规定应该学习的内容；在培训授课活动中，教师的作用仅仅是参谋和顾问；学员基本知识和技能的学习主要围绕各种活动进行，提倡从"做"中学。该类型的课程适合以发展个性、特长为目标的培训。

4. 集群式模块课程

集群式模块课程是在借鉴许多国际职业教育课程模式的基础上，结合中国国情，根据市场经济特点和成人教育内在规律研究开发出来的一种培训课程模式。它以提高受训者素质为目标，以岗位技能培训为重点，既强调相关职业通用知识与技能的传授，又强调特定职业和职位特定知识与技能的培养。集群式模块课程具有以下特点：

第一，课程结构分为两个部分。"宽基础"和"活模块"是集群式模块课程的两大结构。"宽基础"部分的课程集合了相关职业所要求具备的知识与技能。"活模块"部分的课程则专门针对某一特定职位所必备的知识和技能。

第二，课程设计强调两个侧重。集群式模块课程的设计思想是以职业资格为导向，从职业岗位的需要出发来组织教学内容。集群式模块课程在决定内容取舍时，既重视职业岗位的现实需要，又重视职业岗位的未来发展；既重视职业资格的导向，又重视基本素质的培训。

第三，课程实施倡导两个结合。集群式模块课程的实施倡导班级教学的组织形式与能力本位教学的组织形式相结合，基础知识教学和职业能力训练相结合。

二、培训课程的要素

培训课程与一般学科性课程相比,既有相同的因素,又有不同的因素。要特别注意的是,有些因素虽然名称相同,但内涵或含义不同。概括培训课程的基本要素,主要有以下内容:

(一)课程目标

课程目标是培训目标的具体化和培训中各阶段要达到的水平标准。课程目标经常用的行为表述术语,有"记住""了解""掌握""能够"等。职业培训课程目标的行为表述语则应更具操作性。

(二)课程内容

课程内容是培训项目实施计划中的"培调内容"的展开和细化,也是课程目标的载体。课程内容在组织上有范围和顺序两个问题需要重视。顺序是指课程内容在垂直方向上的组织,合理安排顺序,可使学生通过合乎逻辑的步骤不断取得学习上的进步;范围指对课程内容水平方向上的安排,范围要精心地限定,使内容尽可能对学习者有意义并具有综合性,而且要在既定的时间内安排。课程内容要体现以技能为主的教学原则。

(三)课程教材

教材是教学内容的表现形式,是根据教学目标和教学内容精心设计开发的。培训教材既包括文字性的,也包括实习设备和实习商品等。教材的形式也是各种各样,如多媒体教材、影视教材等。

(四)教学模式

课程的教学模式,主要指培训教学和操作训练方法的选择。培训教学模式要特别注意操作训练同理论教学的有机结合,要调动学员将学习的理论知识积极地、创造性地运用到操作训练中,以激发学习者的学习动机,使学员有主动再学习的兴趣。

(五)教学策略

教学策略是实现教学目标、保证教学质量的重要措施,是课程方案中的一个重要组成部分。一个被普遍运用的策略是"判断-指令-评价"。在这一策略中,教师分析受训者的学习进展情况,判断他们遇到了什么困难,对学习顺序的下一个步骤做出指令,当受训者完成指令后,教师做出评价,确定他们是否克服了困难,是否掌握了课程内容。

（六）课程评价

课程评价是控制培训进度和质量的重要内容。了解并确定学习者在多大范围内和程度上掌握了学习内容，在什么程度上达到了课程的行为目标，常常用诸如"A、B、C、D"或"优、良、中、差"等人们假定能表明某种程度的字母或文字来表示。

（七）教学组织

培训教学是面对成人的，要突出训练教学，因此，教学组织十分重要。它不像学科性教学简单地分组或分班，而是既要突出培训对象的特点，又要和实训灵活地结合，这是培训教学组织的重点。情景教学组织法就是很好的例证。总之，根据学员的学习能力"因材施教"的个性化教学，是培训教学组织的特色所在。

（八）课程时间

时间是不可再生的有限资源，无论是课程设计者，还是教师和学生，都要最大限度地利用它。课程设计者要巧妙地配置有限的课程时间，教师要使学生在整个课程执行期间积极地参与学习活动，把课堂时间看作是最有价值的。

（九）课程空间

这里的空间主要指教室和训练场所，也包括图书馆、实验室、展览室、艺术室、研讨室、运动场等。

（十）学员

由于培训活动的对象较为复杂，年龄、经历等基础素质不同，因此，课程开发必须先对学员基本状况进行分析，然后有针对性地提出课程目标、分层实现计划等。

（十一）教师

对教师的素质要求不仅是理论知识，更重要的是实践经验，最好是专业训练有素并具一技或多技之长的。

以上是构成培训课程的 11 个基本要素，其中与学科性课程因素明显不同的，是培训课程要素中还必须包括教师和学员。这是由培训教学的特点决定的。

三、培训课程开发的含义、特征和原则

（一）培训课程开发的含义

培训课程开发，是指依据培训目标要求，按照一定的程序和方法确定与培训目标相适应的培训教学内容、教学方式，最终形成培训课程文件的活动过程。

如果说培训是一个系统，培训课程就是支持这一系统的软件。培训课程设计相当于软件设计，培训课程开发相当于软件开发。

培训课程开发是一个过程，输出成果是一份培训课程文件，它与培训实施计划相匹配，是由课程目标、具体的培训内容、课程对象等一系列要素构成的一个系统。要输出形成这样的结果是一个寻找、发现、选择、挖掘、确定培训教学内容的活动过程。这个过程就是我们理解的培训课程开发。

课程开发不是随意的，它有着明确的目的性，就是为实现项目计划而开发相应的培训教学内容。培训项目目的、目标和培训内容，是培训课程开发的最直接因素，缺乏目的性，培训课程开发就会成为无源之水、无本之木。

（二）培训课程开发的特征

基于培训课程的特征，我们认为培训课程开发过程具有以下特征：

1. 以能力教学为核心的特征

职业培训最大特点是突出能力训练，知识、理论是能力训练的基础和补充。课程开发必须围绕职业能力这个核心，确保各项能力目标有相的课程或课程模块。

2. 以操作目标体系为框架的特征

能力教学必须通过训练过程，必须符合职业资格标准，以及劳动力市场和企业需求。要按照这些特点和要求，强化操作，淡化概念和推理，体现终身职业培训的思想。课程目标的分解和具体化都要体现以操作为主的原则。

3. 以满足共性与个性同步发展为主体的特征

课程设置能否与培训目标、层次相适应，符合能力（技能）发展规律，为受训者职业生涯发展奠定好的基础，关键是在满足共性需要的同时，必须重视个性化的课程开发，培训尤其如此。

4. 以动态化和灵活性为特征

培训课程从企业发展需求出发，以服务企业发展为宗旨。在市场经济条件下，市场多变，企业也多变。因此，职业课程开发必须体现动态化、灵活性的特点，做到与时俱进，才能实现有效服务。

（三）培训课程开发的原则

开发培训课程应遵循五个原则。

1. 一致性原则

开发某一培训课程，其课程目标应在符合企业培训课程体系总目标的前提下，与该培训目标保持一致。这是一条根本性、核心性和关键性的原则。

2. 系统性原则

应当在企业培训课程体系的基本框架内，开发针对某一培训项目或培训活动的培训课程。开发培训课程，必须全面体现培训项目或培训活动对培训课程的实际需要，把应当具备的课程门类或科目全部开发出来，并保证其要素的完备性系统性。

3. 技能性原则

培训课程，必须体现以职业技能为主，突出技能操作的特点，基础理论和专业理论知识科目都要服从和服务于技能训练需要。

4. 操作性原则

要在计划好的时间内达到培训的能力目标要求，就必须科学安排课程的实操训练或动手能力训练。将每一个训练科目细化后，分解到培训课程体系中。

5. 针对性原则

课程开发要在内容上切合企业与员工的实际需要，不仅要开发具有共性特点的通用性课程内容，更要开发符合某一特点岗位工作需要的、个性化突出的课程内容，从而真正起到通过课程学习解决岗位工作实际问题的作用。

特别需要强调的是，课程开发时，要充分考虑培训需求和受训者的兴趣、动机、学习风格等方面的种种因素，应对参训者的学习方式进行开发。坚持这点，就等于把握住了培训最本质、最具有决定性的一个方面，这也恰恰是培训课程开发的精髓所在。

四、常见的培训课程开发模型介绍

（一）ISD 模型

1. 基本内容

教学系统设计（Instructional System Design, ISD）是以传播理论、学习理论、教学理论为基础，运用系统理论的观点和知识，分析教学中的问题和需求并从中找出最佳答案的一种理论和方法。

ISD 模型注重对培训活动的有效分析、设计、规划和安排，该模型示意图如图 5-1 所示。

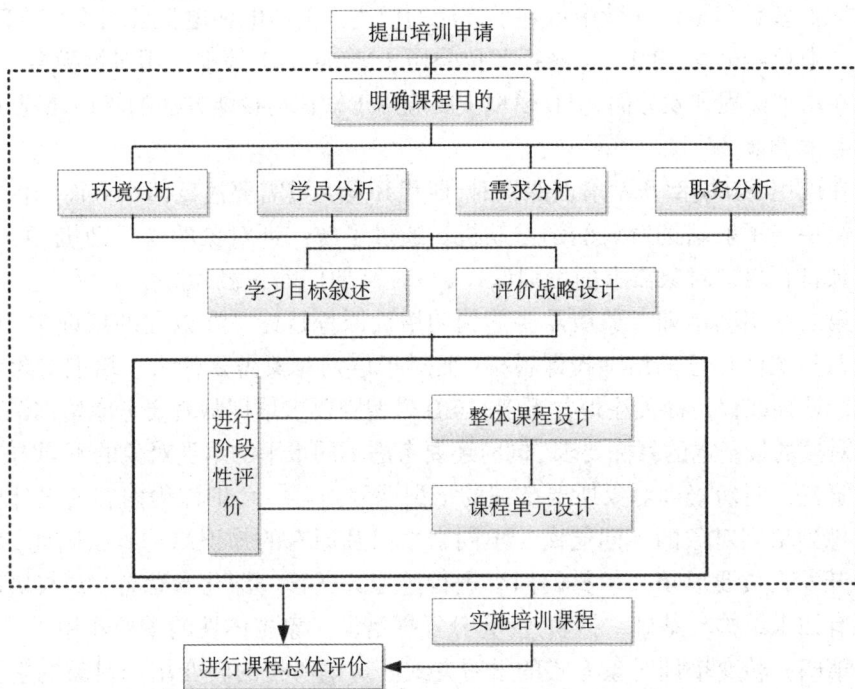

图 5-1　ISD 模型示意图

2. 应用流程

为保证课程开发的有效性，ISD 模型在实际执行过程中应遵循以下操作步骤，具体内容如图 5-2 所示。

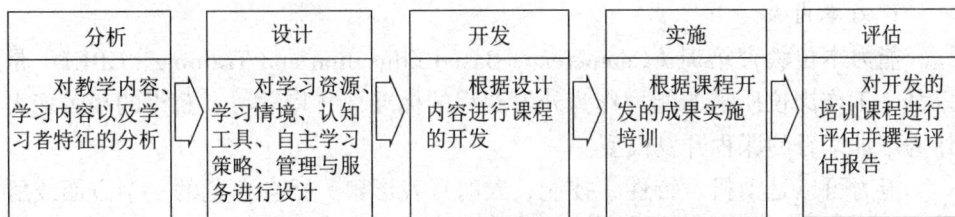

图 5-2　ISD 模型的操作流程

3. 应用范围

ISD 模型最早应用于军事和培训领域，如在第二次世界大战期间，美国曾经采用该模型训练士兵、指挥员等，英国军队也运用过该模型。20 世纪 60 年代该模型才逐渐被应用到学校教育中。目前，该模型在正规的学校教育、全民的社会教育和继续教育，以及工业、农业、金融、军事、服务等各行业、各部门的职业教育和培训领域中得到了广泛的应用。美国电话电报公司（AT&T）、国际商业机器公司 IBM）、摩托罗拉公司（Motorola）等都使用过该模型。

在培训课程开发方面，ISD 模型主要应用于知识与技能方面的培训课程开发。

4. 应用要点

在应用 ISD 模型开发培训课程时，课程开发人员需要注意四个方面的内容。

第一，了解培训对象的学习动机。通过了解培训对象的学习动机，可以设计更加符合培训对象需求的培训课程，以提高他们的积极性。

第二，明确培训对象所需要达到的培训课程目标。在以往的培训中，培训师通常只关注自己的培训授课目标，而对于培训对象需要什么、培训对象可能达到的培训课程目标关注得并不多。ISD 模型则要求培训师既要考虑培训课程对培训对象的最基本的目标要求，同时还要考虑不同水平的培训对象的不同需求。

第三，明确培训对象所要掌握的培训课程内容。培训课程内容的设计要充分考虑到培训对象的不同层次、不同水平以及原有的知识结构等，因此，培训课程开发人员要对培训教材的内容进行挖掘、迁移、深化和综合，并与培训对象原有知识结构和基础"接轨"，充分发挥培训对象主体性的重要作用。

第四，转变培训对象方式的学习方式。这里所指的转变培训对象的学习方式，是指从单一、被动的学习方式向多样化、主动的学习方式转变。其中，主动探索、合作交流和操作实践都是重要的学习方式，这种转变能体现培训对象"学习主体"的地位。

（二）CBET 模型

1. 基本内容

能力本位教育培训（Competency Based Education and Training，CBET）是以某一工作岗位所需的能力作为开发课程的标准，并将学习者获得的相关能力作为培训宗旨的课程开发模型。

能力可以是动机、特性、技能、人的自我形象、社会角色的一个方面或所使用的知识整体。因此，能力是个人履行职务所需的素质准备。通过培训，可以使人的潜能转化为能力。

能力本位指的是从事某项工作所必须具备的各种能力系统，一般由 1 ～ 12 项综合能力构成，而每一项综合能力由若干专项能力构成，一项专项能力又由知识、态度、经验和反馈构成。

CBET 模型的实质是以能力为基础的培训，是以能力培养为中心的培训体系，具体内容如图 5-3 所示。

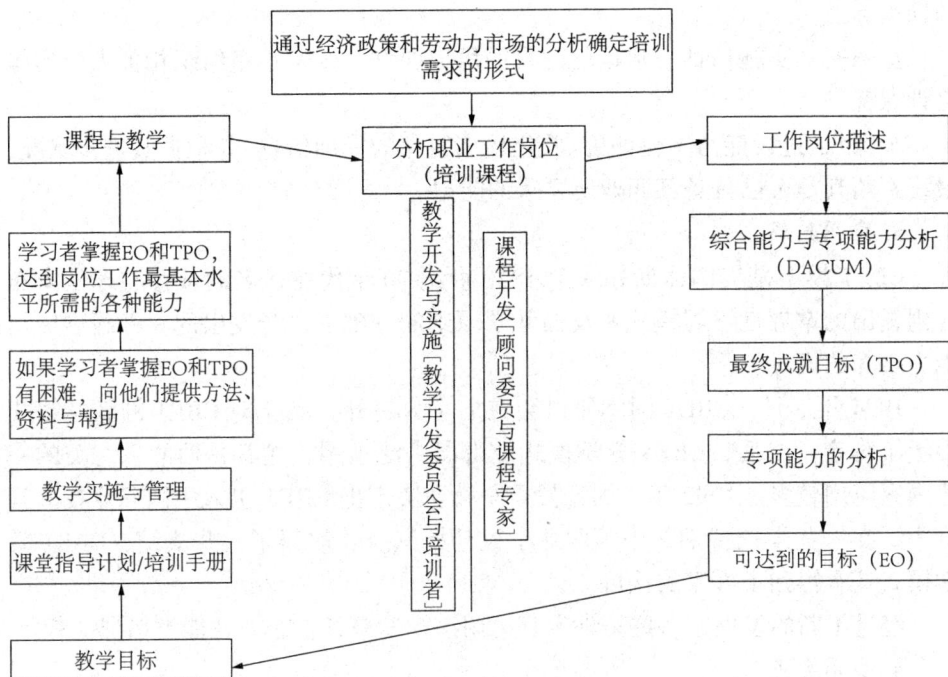

图 5-3　CBET 模型示意图

2. 应用流程

为保证课程开发的有效性，CBET 模型在实际执行过程中应遵循以下操作步骤：

步骤一：成立培训课程开发小组。相关人员召集在企业长期从事某项职业工作、具有丰富实践经验的优秀管理人员、技术人员或相关专家组成培训课程开发小组。

步骤二：培训课程调查与分析。课程开发小组组织进行某职业培训课程开发调研，调研的主要对象为从事某项工作的人员。

步骤三：确定综合能力。课程开发小组通过调研与分析，列出某职业所需的综合能力。

步骤四：分解综合能力。课程开发小组借助 DACUN（课程开发）表将每项综合能力分为多项专项能力。

步骤五：分析专项能力。列出 DACUN 表后，将每一个专项能力分解为学习步骤、必备知识、所需资料、要掌握的特殊技巧、工作态度、注意事项等。

步骤六：开发培训课程。依据 DACUN 表，设计和开发学习内容，编制培训课程标准。

步骤七：实施培训。根据已开发的培训课程，开发小组组织相关人员实施培训课程。

步骤八：进行能力本位评价。收集培训对象的受训信息，并根据其进步状况，最终判断其是否已具备某职业所要求的能力。

3. 应用范围

CBET 模型是美国休斯顿大学于 20 世纪 70 年代在著名的教育心理学家布鲁姆提出的掌握性学习模式和反馈教学原则的基础上，开发出的一种新型突出能力培养的模式。

1994 年 5 月，CBET 国际研讨会在加拿大召开，大会对 CBET 的教学模式给予了肯定。之后，CBET 教学模式被得以广泛采用，尤其是西欧、北美的一些国家应用较多。1992 年，国家教委职教司决定把 CBET 引入中国职业技术教育中，在一些学校特别是中等职业学校开始试点并取得了一些成绩，CBET 教学模式基本得到了大家的认可。

经过不断的发展，一些培训专家运用该模型来开发企业技能类培训课程。

4. 应用要点

一是要正确理解职业能力。CBET 模型中的职业能力不再简单理解为操作技能或动手能力，还包括知识、技能、态度、经验等为胜任职务所需的全部内容的综合能力。

二是要确定与职业有关的各项能力。在培训课程开发前，要确定与职业相关的各项能力，即相关知识、技能和工作态度。

三是将能力标准完全转化为课程目标。课程开发人员的认识不足导致其设计的培训课程内容与能力标准联系不大，能力标准不能完全转化为培训课程目标。因此，在开发某职业培训课程前，课程开发人员必须全面认识该职业所要求的能力标准。

四是培训之前向培训对象说明应具备的能力以及考核标准使培训对象在培训前了解自己应具备的能力及考核标准。

（三）ADDIE 模型

1. 基本内容

ADDIE 模型就是从分析（Analysis）、设计（Design）、发展（Develop）、

执行（Implement）到评估（Evaluate）的整个过程。培训课程开发人员利用此模型需掌握的知识领域很广，一般包括学习理论、传播理论、接口设计、应用软件、信息系统以及人力资源发展等。

2.应用流程

ADDIE 模型主要包含三个方面的内容，即要学什么（学习目标的制定）、如何去学（学习策略的应用）、如何去判断学习者已达到学习效果（学习考评实施）。

ADDIE 模型的操作步骤及内容如图 5-4 所示。

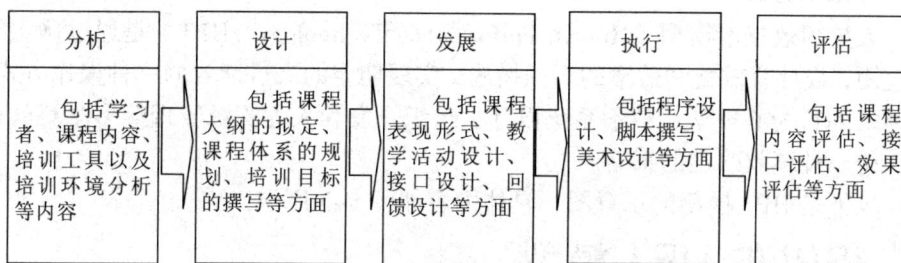

分析	设计	发展	执行	评估
包括学习者、课程内容、培训工具以及培训环境分析等内容	包括课程大纲的拟定、课程体系的规划、培训目标的撰写等方面	包括课程表现形式、教学活动设计、接口设计、回馈设计等方面	包括程序设计、脚本撰写、美术设计等方面	包括课程内容评估、接口评估、效果评估等方面

图 5-4　ADDIE 模型的操作步骤及内容

（1）分析（Analysis）：内容包括学习者分析、课程内容分析、培训工具分析、培训环境分析等。

（2）设计（Design）：内容包括课程大纲拟定、课程体系规划、培训目标撰写等。

（3）发展（Develop）：内容包括课程表现形式、教学活动设计、接口设计、回馈设计等。

（4）执行（Implement）：内容包括程序设计、脚本撰写、美术设计等。

（5）评估（Evaluate）：内容包括课程内容评估、接口评估、效果评估等。

3.应用范围

ADDIE 模型是从 ISD 模型中衍生出来的。因此，在培训课程开发方面，ADDIE 模型的应用范围与 ISD 模型的应用一致，主要应用于知识与技能方面的培训课程开发。

4.应用要点

在应用 ADDIE 模型时，课程开发人员应注意以下两点内容。

第一，把握教学设计理论、各种教学设计模型（SD）与 ADDIE 模型三者之间的关系。从 20 世纪 70 年代起，教学设计领域开始用系统方法构建教学设计模型，Kemp（1977）.Dick&C 模型、Smih&Ru 模型（1993）等。教学设计模型是教学设计理论的精简形式,它为培训教学活动过程提供了可视化途径,具有操作特点。

虽然以上各种教学设计模型的要素排序和侧重点不尽相同,但它们体现出共同出设计特征,即都经历分析、设计、开发、实施、评价五步。

第二,正确理解 ADDIE 模型中的"评价"。ADDIE 模型中的"评价"不仅仅是对培训效果的评价,还包括了对培训教材的评价。

(四)HPT 模型

1. 基本内容

人员绩效技术模型(Human Performance Technology,HPT)是通过确定绩效差距,设计有效益和效率的干预措施,实现期望的人员绩效的一种操作方式。它涉及到行为心理学、教学系统设计、组织开发和人力资源管理等多学科的理论,是一种绩效改进的策略。

以下是 HPT 模型的示意图,具体内容如图 5-5 所示。

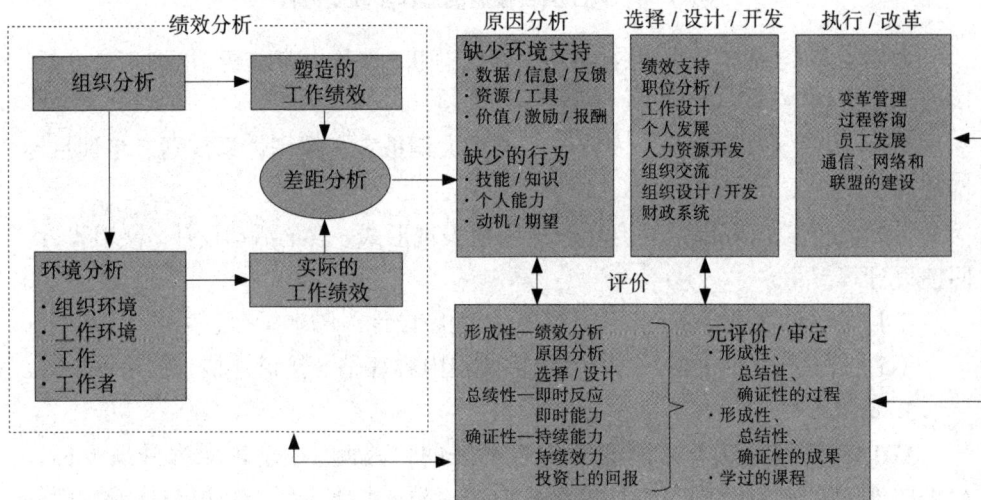

图 5-5　HPT 模型示意图

HPT 模型强调绩效的提高,这体现了工作环境的复杂性和各要素之间的关联性,为 HPT 模型使用者有效提高绩效提供了明确的操作步骤。

2. 应用流程

为保证课程开发的有效性,HPT 模型在实际执行过程中应遵循以下操作步骤(图 5-6)。

绩效分析	差距分析	设计／开发	执行	评估
包括组织分析、岗位分析以及环境分析等内容	对产生绩效差距的原因进行分析	包括绩效支持、员工发展、组织交流、人力资源、财政方面的开发设计	包括管理改革、过程咨询、员工发展、通信、网络、联盟等内容	包括对形成性、总结性等方面的评估

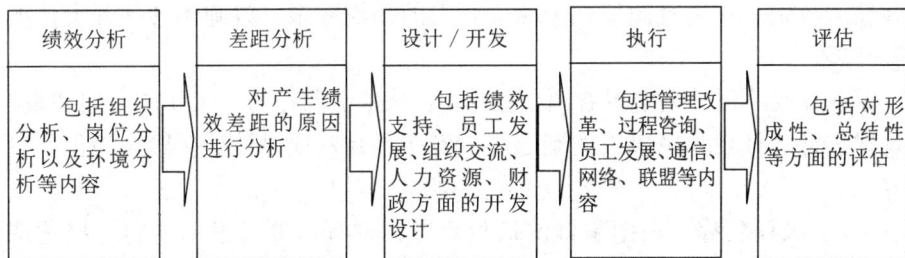

图 5-6　HPT 模型的操作步骤

3. 应用范围

在企业培训课程开发方面,HPT 模型的应用范围要广一些,它包括知识类、技能类、态度类等三类培训课程。

4. 应用要点

在用模型开发课程时,课程开发人员需要注意两个要点:一是要清楚绩效问题;二是要弄清楚实际绩效与期望绩效的差距。

在进行干预选择或设计时,应综合考虑。

当发现员工所具备的知识或技能达不到要求时,培训是首选的干预方式,如果将激励(对注重技能或知识提高的员工进行奖励)与培训结合起来,培训的效果就会更好,因为自觉主动的学习与被动学习相比,前者更有助于知识的掌握和记忆。

第二节　培训课程开发的流程及方法

一、培训课程开发的流程

培训课程开发的工作流程一般包括制订课程开发计划、进行课程需求分析、撰写课程大纲、开发课程教材、阶段试用评估修订。

(一)制订课程开发计划

制订课程开发项目计划是实施课程开发的第一步,是确保有效完成课程开发任务的基础,应先于所有的课程开发工作步骤。课程开发项目计划制订工作输出的成果是一份获得批准的项目计划。项目计划一经批准,将有助于指导课程开发人员把工作和资源聚焦于课程开发的预期成果，以确保各项开发任务的顺利开展。

课程开发项目计划主要有两个用途：一是指引课程开发工作的方向和重点；二是促进课程开发相关决策的制定。一份课程开发项目计划一般应该包括以下内容：

（1）课程名称。根据掌握的信息，考虑课程所要开发的内容，描述课程名称（如果描述课程名称困难，也可以假定课程名称）。

（2）课程目的。课程目的是描述对课程预期的一般结果，与课程目标不同，课程目的是不可衡量的，一般从学习对象、组织要求、学习内容以及学习结果四个方面进行描述。

（3）培训对象。培训对象指本课程的参加对象及听课的对象是谁。

（4）课程开发周期。课程开发周期指的是完成课程开发所用的时间，即记录课程开发的起始日和结束日，初步计算所用时间。

（5）培训课程内容。依据项目设计方案以及已经掌握的初步信息，初步拟定的培训课程中应该涉及的主要学习内容。

（6）课程开发团队。指的是与参加课程开发工作的成员名单、角色定位和责任分工。

（7）开发进度计划。包括项目工作分阶段的工作任务、交付成果、完成时间等。

（8）开发经费预算。预计开发课程所需要的经费。

（二）分析课程需求

培训课程分析是培训开发流程的重要步骤，是培训课程调查与研究的阶段。

1.课程需求分析的目的

课程分析阶段的总体目的是确定受训人员必须掌握的、用来执行符合课程预期成效的分内工作的知识和技能。想要完成课程需求分阶段的工作，必须搜集学员、工作任务、培训环境等方面的相关信息。

培训课程分析，要确定三个方面信息：第一，受训者培训需求是什么；第二、培训结束后；受训者应该根据项目确定的课程意图做些什么；第三，受训者需要学习哪些知识技能来弥补差距。此外，培训课程分析还可以识别教学环节中的瓶颈问题，教学工具的适用性、师生互动情况以及开发成果与预期成果之间的绩效差距。

课程需求分析阶段输出的成果资料主要用于：

（1）提供课程内容事实依据；

（2）说明培训内容的设计结构；

（3）揭示培训课程开发计划中的差距、疏忽及不足；

（4）说明培训中必需的知识与技能；

（5）使培训课程开发人员为培训课程开发流程的下一个阶段——制定课程目标做好准备。

2. 课程需求分析的内容

培训课程分析的内容主要有三个方面：受训学员分析、工作任务分析和培训环境分析。

（1）目标学员分析：目标学员分析是指通过访谈目标受训人员、现场观察、问卷调查等方法来了解培训前受训人员的知识、技能和能力水平的过程，分析结果汇总在受训人员分析报告内。

进行受训学员分析主要是将员工工作结果、工作能力与期望值或应实现的目标进行比较，以确定哪些员工需要培训，并在培训内容设计时有针对性地加强他们欠缺的地方。只有做到清晰地分析和准确地把握学员的需求，才能做到课程尽可能地满足学员需求、达到培训的目的和效果，而从根本上避免那种为培训而培训的盲目性。

（2）工作任务分析：主要是通过对工作任务和岗位职责的研究，找出和明确从事某项工作的具体内容和完成该工作所需具备的各种知识、技能和能力，以进一步修订完善培训项目计划，最终确定培训项目的具体课程内容。

（3）培训环境分析：是指对开展培训的环境进行分析，是确定开展培训的具体环境与条件，并且预计要有什么样的管理措施才能保证课程的顺利开展，它影响课程内容的设计和教学方法的选择，培训环境分析具体包括以下几点：

一是设备条件分析：主要分析实施培训所需的培训地点和培训设施，如实训教室、实训设备等。

二是限制条件分析：主要分析课程进度安排、教学设施、成本、器材等的局限性，以确保培训所必需的资源随时可支配使用。

三是引进与整合：主要说明将课程引进并整合到现有培训课程中的步骤和方法。

四是器材与媒体可用性：主要说明课程开发与交付所必需的器材和媒体。

五是先决条件：说明受训人员在授课前所必备的许可证、资格证书、结课程或经验等，其中包括审查先决条件的方法及不满足先决条件会产生的后果等。

（三）确定课程目标

课程目标是指在培训课程结束后，希望受训人员通过课程学习能达到的知识、技能和能力水平。制定课程目标，就是为学员制订在培训课程结束时可以实现的行为方向指针和程度标准。确定课程目标是整个培训课程开发流程的重点和难点。

在课程开发中，课程目标的作用十分重要。因为它不仅是选择课程内容的依据，也是课程实施与评价的基本出发点。严谨的课程目标才能作为合理的课程测试的依据。确定正确的课程目标的意义在于目标运用。目标运用主要体现在以下八个方面：

第一，有助于学员了解到，接受培训后自己需要达到的标准和努力的方向；

第二，为课程设计提供了方向和原则；

第三，为课程设计者确定培训内容和培训方法提供了依据；

第四，为培训师制作教材和教具提供了标准；

第五，为课程的介绍和宣传提供了依据；

第六，为评价和检查学员通过培训在知识、技能和态度上的改变与改进提供了依据；

第七，有助于及早判断出培训可以做到和做不到的事情，进而消除不切实际、无法实现的目标；

第八，确定培训师的职责。

确定课程目标的具体工作步骤如下：

（1）确定培训目的。

（2）对培训目标进行划分，区分主要目标和次要目标，区别对待两者。

（3）对培训目标的各分目标进行可行性分析，根据企业培训资源状况，对那些不可行的目标做适当的调整，确立课程的目标。

（4）对课程目标进行层次分析，即明确各个课程目标的内在联系，安排其实施顺序。

（四）设计培训课程

在明确课程目标后，设计培训课程大纲。培训课程大纲就是依据确定的课程目标，对培训课程的内容和方式提出整体性的初步设想。设计培训课程大纲的作用如下：为培训课程确定了一个方向和框架，整个培训课程将围绕着这个框架进一步充实和延伸；为培训课程教材的开发提供依据和指引。

1. 确定课程教学内容

（1）确定课程的内容范围。课程内容开发是培训开发流程中最具创造性的阶段，也是最耗费时间的步骤。应该从以下几点原则出发考虑课程大纲的撰写，以设计出适合受训者学习的课程：

一是受训人员需要知道学习的目的和原因；

二是受训人员感觉有现实或迫切的需要就会去学；

三是受训人员对学习内容的实用性和结果尤其关注；

四是受训人员喜欢将新知识与经验作比较；

五是受训人员在轻松、愉悦和友爱的环境下学习效果更好；

六是受训人员喜欢按自己的方式和进度学习，期望知道效果；

七是受训人员易产生精神疲倦。

（2）确定课程内容的顺序。内容的编排要符合课程的目标和学员的需求。有时根据这样的要求分析出需要学习的内容很多，但是考虑到实际的需要，考虑到组织培训投资效益的因素，有必要对所需培训的内容做一个优先的排列，通过排列把所包含的很多不切实际的历史资料和其他不适用或无用的内容剔除掉。具体来说，应按照下列指导原则使内容适合课程的目标和学员的需求：

一是根据互为依据的课题进行编排；

二是按照问题由易到难的顺序来编排；

三是按照问题的出现频率、紧迫性和重要性进行编排。

2. 选择课程教学方法

培训课程的教学方式方法多种多样，如讲授法、研讨法、案例分析法、练习法、角色扮演法等。提倡培训师选择不同的方式来实施所设计的方案。因此，设计培训课程时，设计者可以提出具体的建议，培训师可在具体实施授课时，根据授课内容的需要灵活选择使用不同的授课方法，只要能有效地达到授课目的，可以自由选择并综合运用。而要注意的是，上述几种方式在一次授课过程中往往不是单一使用的，而是可以加以组合应用。

（五）开发培训教材

培训教材是指供给参与培训的学员所使用的学习材料，有时又称为讲义。通过培训教材，学员可以熟悉培训课程的整体框架，掌握培训的主要内容。通常，培训教材由下列内容构成：课程意图、学习目标、主要课程、估算出的每个课程历时的课程路径图、成功完成该课程的要求、相关的参考资料。培训教材是无定式可言的，只要做到知识要素齐全，能体现知识点的逻辑联系和理论体系即可。

（六）课程试讲修订

课程试讲修订的目的在于对所设计的课程内容进行实操性演练，判断课程设计是否达到预计的培训目标，实现有效的培训效果。课程试讲修订实施的具体内容如表5-1所示。

表 5-1　课程试讲修订实施的具体内容

实施事项	事项说明
采用方式	小规模内部试讲，按照正式授课的要求开展试讲和研讨
参加人员	内部培训师，受训人员代表，外聘课程专家、培训管理人员等
关注内容	授课风格是否恰当、授课逻辑是否严谨，课程模板是否适用、课程时间是否合理、课程内容选择是否合理
实施研讨	课程试讲完毕后，由参加试讲的人员根据对试讲的感受提出改进意见，由试讲人员汇总意见后实施课程改进，在听取课程意见时，要有选择性地倾听受训人员意见，并充分考虑企业对培训的要求
说明	若授课对象包含不同层级、不同部门的人员，可以针对不同的受训人员安排多次试讲

二、培训课程开发的主要技术

（一）课程需求调研

培训课程需求调研是培训课程开发中最耗时也是最重要的一项工作。调研对象的选取和调研过程的把控都会影响需求调研的效果。

1. 培训需求调研的基本步骤

（1）确定调研内容和调查对象。在正式调研开始前确定调研内容，根据掌握的资料信息以及疑问点，确定要调研的内容，完成访谈纲要。根据调研内容和职责分工，确定被调查对象。为准确全面地获取信息，可以采取360度访谈法，即访谈培训对象及其上、平、下级。

样本量的确定是一个难点，一方面没有理论的依据，具体选取多少百分比的样本量较合适，另外，不能够得到相关部门的配合，样本量的确定只能尽力而为，往往不能满足需求。

（2）选择调研方法。根据不同的调研内容和被调查对象特点，选择合适的调研方法。针对高层及重点调研对象采用一对一访谈，其他调研对象可采用小组访谈。另外，问卷调研可作为辅助调研方法，因问卷调研不好掌控，通常会受到被调研对象配合和重视程度的影响，很难准确地收集信息，所以这种调研方法可以作为辅助方法为访谈法提供进一步的补充和支持。若课程开发项目团队对培训对象的工作内容不熟悉，需利用现场观察，现场观察法较耗时，但可以从专家角度发现培训对象工作中亟待解决的问题，确定培训重点。

（3）调研进度安排。在正式调研前，与调查对象、培训委托人就调查方法和进度进行充分沟通，得到他们的确认和支持后，方可进行调研。

（4）调研实施。为保证调研效果和有效记录，一般调研都是采取一个主调研人和一个助手搭配进行，主调研人负责提出问题、深入挖掘问题、分析确认回答等。而助手主要负责记录，保证调研信息结果的完整。

调研一般在相对安静、不被打扰的环境中进行，尤其是访谈式调研，要保证调研过程不会被打扰。访谈式调研由主调研人组织和控制整个调研进程，把握好进度，控制节奏。

在调研过程中，一定要保持记录的完整性，因为在调研结束后唯一能够全面体现调研成果的只有记录。

（5）撰写课程开发需求分析报告。调研结束后，需要对调研记录进行整理与加工。通过对调研记录的分析，确定课程内容设计方向，并从中提取课程所需案例。同时，根据调研结果应当输出调研报告，输入到课程开发过程中。课程开发需求分析报告内容包含并不限于以下内容：

一是背景描述：需求调查的大背景、公司现状分析。

二是问题描述：在背景下产生的特定问题，即描述公司标准与公司现状之间存在的哪些差距；问题的描述需建立在调查结果之上。

三是调查结果分析：根据需求调查的结果（数据结果或访谈结果），对问题产生的普遍性和特殊性进行详细分析；

四是差距分析：根据调查结果，分析受训者技能现状与标准评估之间的差距，以及差距产生的原因分析；

五是确定培训需求：描述问题解决的必要性和紧急性；针对问题，提出相关解决方案，描述培训需求，确认培训方向。

2.培训课程需求调研方法的选择

（1）培训课程需求调研的方法。进行培训需求分析的方法有多种，且各有优劣，具体如表 5-2 所示。培训师可以根据课程开发项目特点进行选择。

表 5-2 培训需求分析方法对比表

方　法	说　明	优　点	缺　点
调研问卷法	将有关事项转化成问题以问卷形式进行调查	成本低； 信息比较齐全； 可大规模开展	针对性强； 很难收集具体信息； 难保证回收率
访谈法	可根据访谈的对象和内容灵活变换形式	方式灵活； 信息直接； 易得到支持和配合	主观性强； 分析难度大； 需要高水平访谈员
现场取样法	包括拍摄和取样	资料直观、真实	实施设备成本高； 可能以偏概全；
观察法	到员工的工作岗位上了解员工的具体情况	可以得到有关工作环境的信息； 所得资料与培训需求相关性较高	可能会影响观察对象的行为方式； 观查结果只是表面现象
小组讨论法	选择有代表性的成员组成小组进行讨论	全面分析； 允许当场发表不同观点	持续时间长； 讨论需要保证组织性和结构性
档案资料法	利用现有文件资料综合分析培训需求	耗时少； 成本低； 信息质量高	不能显示解决办法； 需要分析专家

续　表

方　法	说　明	优　点	缺　点
关键事件法	以影响较大的事件来收集培训需求信息	易于分析和总结	事件具有偶然性；易以偏概全
自我分析法	通过个人情况来判断自己的培训需求	信息真实、直接	只代表个人情况

（2）确定需求分析方法时应注意的问题。

第一，培训需求分析方法的选择应主要取决于培训本身的要求。课程开发人员必须首先依据自身条件，再结合各方法的优点和缺点，最后确定培训需求的分析方法。实际工作中，在确定培训课程需求调研方法时有以下三点建议：

①多种方法混合使用。选择两种或多种方法进行组合，可以弥补缺点，提升效果；

②允许自由意见。允许培训对象就他们认为重要的问题自由发表意见；

③做好充分准备。分析进行之前一定要明确目标，找准关键数据和关键人。

第二，不同的企业使用调研分析方法的侧重点也有所不同。例如，一个20人的小企业通过访谈就可以知道每个员工的基本培训需求和岗位差距；而一个2000人的企业的培训需求调查靠访谈却很难实现，而用调研问卷法则更容易，也更能了解到普遍情况。又如，在具体方法的使用过程中，调研问卷和访谈法都是自上而下进行，由于职务、工作等缘故，被访对象反映的问题不一定是真实情况，因此就没有现场取样的方法那么直观和可靠；但是现场取样方法在使用的时候也有一定的局限性，不能覆盖企业管理的各个层面。

因此，在实际操作中，可以结合自身特点，综合利用各种方法进行培训课程需求分析，得出培训课程需求结论。

（二）课程目标设计

1.课程目标描述的分类

根据课程内容可以将课程目标划分为认知目标、情感目标和技能目标三大类，各目标还可分为若干层次，具体的内容详见表5-3。

表 5-3　课程目标类型一览表

目标类型	层 次	定 义
认知目标	知 识	能识别和再现学过的知识和有关材料
	理 解	能掌握所学的知识，抓住事物的实质
	应 用	能把所学的知识加以应用
	分 析	分解所学的知识，找出构成的要素
	综 合	能把各个元素或部分组成新的整体
	评 价	根据一定标准对事物进行判断
情感目标	接 受	愿意注意特殊的现象或刺激因素
	反 应	自愿地对刺激因素进行回应
	价值判断	对特殊的对象、现象或行为形成一种自己的价值观
	信 奉	一直按照内发的、稳定的价值体系行事
技能目标	模 仿	在他人的指导下，能够运用简单的技能
	操 作	经过反复练习，能独立地完成一项工作
	熟 练	能准确、自主地完成一项技能或任务
	创 作	具有了创造新动作、新技能的能力

2. 课程目标描述的要素

课程目标是一种文字陈述。一个完整的课程目标应包括行为主体、行为动词、行为条件和执行标准四个要素，简称 ABCD 形式。

A（Actor）：行为主体，也就是培训课程的受众是谁。

B（Behavior）：行为动词。通过培训后学员能做什么，行为有哪些变化。通常，陈述常用的开头语是"学员将能…"，行为动作应该用"说明""执行""计算"等这样的行为动词来描述。

C（Condition）：行为条件，说明上述学习行为在什么环境、什么条件下产生，如"在角色扮演期间""在模拟工作条件下"或"在接受观察期间"等。

D（Degree）：执行标准。也就是说达到要求行为的程度和最低标准。例如"以

80%的精确度"或"每一项都要达到最低的满意程度"。

举例，我们组织内训师学习课程开发技能课程，课程目标可以这样描述：课程结束后，内训师能利用所学的课程开发技能进行课程开发，开发出来的课程100%通过课程委员会的审核。

课程目标的描述包括学员的行动、执行的条件以及执行的标准三方面的内容。

（1）学员的预期行动。在对学员的预期行动进行描述时，应注意行为动词的运用。不同类型的课程目标应该采用不同的行为动词。表5-4列出了一些认知性目标的行为动词，表5-5列出了一些动作目标的行为动词，表5-6描述了一些定义性目标的行为动词，表5-7描述了在设计目标过程中应采用和避免的一些行为动词。

表5-4　描述认知性目标的行为动词

对学员期待的水平	选择最恰当的动词，描述所期待的学员的行为		
1.知识／理解 （记忆并认识事实）	·分类 ·说明 ·认识 ·命名	·定义 ·掌握 ·换言 ·选定	·举例 ·连接 ·罗列 ·陈述
2.应用 （把所学的知识应用到新情景中）	·选择 ·作用 ·润色 ·证明	·计算 ·执行 ·解释	·组装 ·预见 ·应用
3.分析 （以资料为基础进行分析和分解）	·分析 ·区分 ·对照 ·表示	·分类 ·区别 ·批评	·比较 ·试验 ·分离
4.综合 （把已分析的要素综合成新的结构或组织）	·排列 ·讨论 ·设定 ·组织 ·表示	·结合 ·公式化 ·摘要 ·收集	·构成 ·一般化 ·写出 ·关联

表 5-5　描述动作性目标的行为动词

对学员期待的水平	选择最恰当的动词，描述所期待的学员的行为		
动作的描述	·调整 ·移动 ·执行 ·计划 ·连接 ·提示	·排列 ·替代 ·均衡 ·说话 ·制动 ·产出	·组装 ·表现 ·形成 ·移动 ·摆姿势 ·用身姿表现

表 5-6　描述定义性目标的行为动词

对学员期待的水平	选择最恰当的动词，描述所期待的学员的行为		
1. 接纳及反应 （对事件或活动倾注关心并给予响应）	·应答 ·喜欢 ·敏感 ·完成	·注意 ·接纳 ·倾听	·醒悟 ·记录 ·反应
2. 价值化 （提出实施见解）	·接纳 ·显示 ·决定	·假定 ·参与 ·增加	·采取 ·影响
3. 组织化 （接纳别人的价值后下结论、站在对方的立场上或拥护他人的观点）	·联合 ·寻找 ·判断	·决心 ·相关联 ·选定	·形成
4. 特性化 （当特定的价值、信念与行为相一致时，把那种价值观念作为个人特性）	·实施 ·改正	·交换 ·行动	·开发 ·实现

表 5-7 行为动词对照表

应采用的行为动词		应避免的行为动词	
选择	对比	喜欢	决定
指出	评级	信赖	明白
定义	显示	亲密	概念化
描述	告知	思考	学习
省略	翻译	理解	把握
编排	解释	通过……，意识到……	
制作	配套	在……方面增长知识	
计划	操作	对……增加理解	
设计	辩护	对……意识减弱	

（2）执行条件。描述课程目标时，应该对学员进行该项工作所需要的条件进行详细的说明。表 5-8 是对执行条件的部分介绍。

表 5-8　执行条件及其说明

条件的形态	说　明
图表 / 图形	图表、图纸、照片、地图、图表和资料等
实物	计算器、机械类、测量仪器和工具等
数据	数据、公式和术语等
实际人物	扮演顾客的学员、扮演负责人的讲师等

（3）执行标准。描述课程目标时，应该对达成绩效的标准进行详细的说明。表 5-9 是对部分标准的说明。

表 5-9　执行标准

标准形态	说　明
速度	秒、分、时、日等
数量	"全部""至少10个""10个中的9个"等
百分比	100%、99%、85%、80% 等

标准形态	说　明
样式	检查清单、产品测定工具等
选择解决方案	最适合、最低费用、最大利益等
比较	与专家相比、与投票相比、与小组成员相比等
判断	10 次中 9 次与专家意见一致
意见	更积极、意志坚定、有反应地、综合地、没有反对等

3.课程目标描述应注意的问题

培训课程目标的描述要紧紧围绕培训课程目的来进行。在描述培训课程目标时，应注意以下四个点：

第一，目标适度：培训课程目标是培训学员学习后要达到的标准，因此，要根据实际情况进行客观描述；

第二，表达准确：培训课程目标的语言叙述要专业、准确、到位，避免产生歧义；

第三，尽量简化：一门培训课程的课程目标数量不要太多，最多不要超过 10 个，3 ～ 5 个为宜；

第四，目标量化：对于技能类培训课程要将希望获得的技能转化为目标，并尽量用定量的语言叙述，以便可以评估培训学员应做到何种程度。

（三）课程纲要设计

课程纲要设计就是确定课程内容和教学方法。

课程纲要设计时要先把每个课程细分为多个模块，然后具体模块设计，也就是说对整个课程进行细分。一般课程分为 3 ～ 6 个模块，每个模块再分为 2 ～ 4 个单元，每个单元再细分为内部具体活动。

课程、模块、单元与活动等概念的定义虽不相同，但其表达的意思相近。本书阐述的课程纲要设计过程中参照以下定义。

◆课程：能够实施集中培训的一个单位。

◆模块：课程内能够达成1～2个最终目标，所需要的时间为2～8小时不等。

◆单元：达成1～2个具体目标，1小时左右的学习单位。

1.设计课程内容

设计课程内容时应采用逻辑学和心理学两种方式。逻辑学是指根据合乎目标的具体规则与概念来编制内容；心理学的方式是指设计课程内容时应安排学员先接触到具体的内容，然后才是抽象的内容。

（1）课程内容选择的标准。在选择课程内容时，可参照以下四个标准进行：一是充分体现提高学员整体综合素质的目的；二是充分体现课程目标的要求；三是真正适应培训对象的发展；四是充分反映最新的理论成果。

（2）课程内容选择的方法。按照培训目标要求和不同的课题性质，培训课程内容的选择大致有以下几种方法。

方法一：选择移植法。

选择移植法是指将普通学校、职业学校的现有课程内容有选择地加以调整后移植过来，开发成培训课程。所谓有选择地加以调整移植，不是原封不动地套用（这样就谈不上开发），而是按需要调整内容的范围、程度，定性定量论述的比例等，选择需要的部分并做适当补充。这种做法比较多地运用于有计划地补缺、拓宽、更新知识和能力的课程。

方法二：能力中心法。

能力中心法即以课程要求达到提高某项工作能力（技能）的目标为中心，围绕这一中心选择、确定直接为之服务的内容，包括与提高该项工作能力直接有关的基础理论知识、专业知识、职业道德、相关知识、操作要求、程序、方法、能力（技能）训练等。若要提高对某项产品技术改造的能力，还需选择新知识、新技术和有关科学技术发展动态趋势的内容。

方法三：任务分析法。

这是欧美流行的一种编制职业培训课程的方法，我们可以参照运用这种方法来选定某些课程开发的内容。具体做法是按以下顺序逐步分解：岗位职责→任务→完成每项任务的操作步骤→完成每一操作步骤所需要的知识与技能。而后，对各项任务每个操作步骤所需的知识和技能进行综合分解（图5-7）。

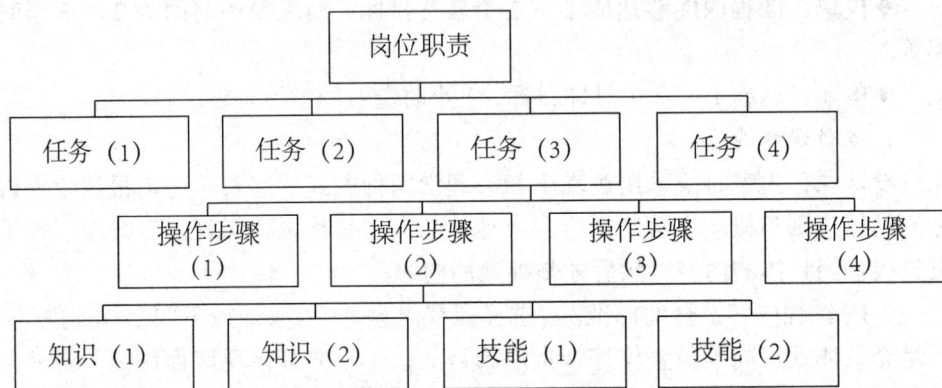

图 5-7　任务分析图示

这也是一种以能力（技能）为中心选定课程内容的方法，但它是在岗位任务分析的基础上再确定能力（技能）点的。

不论采取何种方法确定课程内容，一定要针对教育对象的切实需要，否则，即使课程的题目选得很好，也不能达到应有的效果。

（3）划分课程模块和单元。大多数培训都是以改进工作和提高绩效为目的的，课程内容应当具有一定的逻辑性，所以课程设计人员可将培训内容安排成若干个可行的模块和单元。

为了把培训课程变成可以进行教学的成品，把全部内容"模块化""单元化"至关重要。尽量把内容组织成模块、单元的形式。课程内容模块化、单元化的好处在于：一是遵循了培训内容逐步展开的逻辑进程；二有利于更改培训内容。

2. 编排课程内容顺序

选择好所有的培训课程内容之后，要安排培训课程的先后顺序。

（1）编排课程内容顺序的原则。课程设计人员在进行课程内容编排时，可参考以下三个原则进行：一是从简单到复杂，即从容易理解的现象或事物入手，引导学员逐渐理解复杂的现象或事物；二是按照客观事物发展顺序，即课程单元内容编排时，需要按照事物本身发展的顺序进行讲解；三是从已知到未知，即让学员先接触熟悉的话题，待其理解力达到一定水平之后就比较容易接受陌生的内容。

（2）编排课程内容顺序的方式。培训课程内容的顺序编排主要有以下几种方式。

第一，按工作程序安排。

即按工作顺序或操作步骤安排课程内容的先后顺序，使教学程序与工作或操作程序一致。这种方式适合于某些岗位工作能力（技能）培训课程。具体做法是：先排出工作顺序，而后依次安排好进行每一项工作步骤所需的知识和技能。如关于讲解怎样开展岗位培训的课程，其内容的编排方法为：①列出开展岗位培训工作的步骤：编制岗位规范；②编制计划大纲教材，落实教师、教学场地等；③开展教学；④进行考核；⑤发证。

一些技能培训的课程内容也可这样编排：先将操作步骤分解成为按顺序进行的相对独立的几个步骤，而后按操作步骤逐一安排"应知"和"应会"的内容。有的还可配上操作顺序图，使学员一目了然。对有些原先缺乏规范化操作步骤的技能，可以从本企业有关操作人员中选出最优秀者，分析、分解其操作步骤，并经过研究使之更科学化。确定好规范的操作步骤，再相对应地编排对应的课程内容。

第二，按知识系统安排。

对一些知识补缺、拓宽、更新类课程，主要按照知识本身的逻辑系统和认识的基本规律安排课程内容。要注意由浅入深，由易到难，使学员循序渐进。但同时要求少而精，突出重点和关键内容。对重点、难点，要适当加强其内容份量，其它内容则力求浓缩。

第三，大分段与小分段——按知识传授、能力训练和考核内容安排。

一些以提高工作能力（技能）为目标的课程，要安排好知识传授与能力训练、考核的内容，可以采用两种方法：

一种是"大分段"。即将课程内容分为依次衔接的三大段：知识传授→能力训练→考核。如某操作工岗位培训课程的安排为：应知教学内容→应会训练内容→考核内容。

另一种是"小分段"。即将课程目标所要求的、帮助受训者提高的各项能力（技能），分为相对独立又互相联系的各个单元，在各单元中分别依次安排知识传授、能力训练和考核的内容。

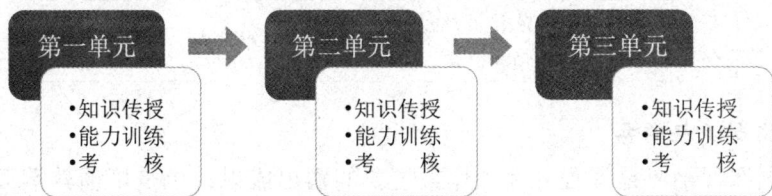

图5-8　小分段

一般来说，课程内容可以分解为多项能力（技能）者，可以采用"小分段"

的办法，也可在"小分段"之后，再进行总复习与考核。

3.选择课程教学方式

在完成对模块、单元各要素的设计后，就需要确定课程的授课方法。合适的教学方法能够帮助学员理解授课内容、加深记忆并产生共鸣。

一般而言，课程单元内容的讲授可以划分为讲授、案例、演练、研讨、游戏、活动等。但在实际授课过程中，各种讲授类型通常是综合运用的。

各种授课方法的优点与缺点如表5-10所示。

表5-10　各种授课方法的优点与缺点一览表

授课方法	优　点	缺　点
演讲	信息丰富，应用条件宽松，能够全面表达内容	内容较多，学员不易消化，与学员之间的互动交流机会不够，容易使学员感到枯燥
讨论	参与性较强，能够加深认识和理解，帮助解决实际问题	容易离题，对主持者要求较高，培训师讲授的机会较少
游戏	活跃气氛，激发学员参与兴趣，寓教于乐	较难掌控，对场地的要求较高，占用时间较多，同课程主题联系不密切
故事	通俗易懂，主题明确，适用性强，易操作，易吸引学员注意力	较难创新，对参与者的表达能力和演绎能力要求较高
测试	能够在短时间内收集广泛信息，容易操作和实施，时间易控制	对测试题目的编写要求高，结论要求的准确性高
活动	激发学员参与兴趣，引发创新思维	对活动的掌控要求较高，耗费时间较长
图表	简捷、直观，视觉对比的效果好	素材或数据的收集比较困难，对讲师分析能力要求较高
影视	形象生动，起到示范作用，容易模仿，容易被学员记忆和感受	制作的难度大，对讲师的点评要求高

4.编制课程纲要

培训课程纲要是课程开发工作最重要的输出成果，也是培训教学工作中非常重要的教学文件。

一份完整的课程纲要，其构成通常包括课程描述和纲要内容两大部分。

（1）课程描述。课程描述是指有关培训课程的基本信息，包括项目名称、课程名称、课程时间、目标学员的基本要求、培训的主要目的、课程的主要目标、课程时间、场地安排、预先准备的条件以及培训者来源。

（2）纲要内容。课程纲要概括地描述培训的主要内容（如模块、单元）、方法、时间间隔等具体设计细节。这种课程纲要使培训课程设计进一步细化，相当于教师教学中的备课简案。目前发现，国内很多教师培训课程方案通常不提供课程纲要，课程设计缺乏标准化，课程的实施依赖培训者个人对培训需求、培训目标的理解，这在很大程度上影响了培训的实效性。

课程设计的指导思想是要贯彻和体现培训的项目目标，使项目目标通过一系列的课程内容能够转化为受训学员的行为表现和绩效要领。因此，课程设计的第一步是要仔细研究培训的项目目标。通常情况下，为了实现某一具体的培训项目目标，需要安排几个单元的培训课程。也就是说，在这一步我们要根据项目目标，确定培训课程将分几个单元进行，并确定每一单元的授课主题。下面是一个实际示例。

【案例】

某企业人力资源部基于绩效考核十分混乱的现状，策划了"绩效考核与绩效管理——以战路为导向的企业 KPI 指标体系设计"的专题培训。经过仔细研究，本次培训项目的项目目标确定为三个基本要点，即希望培训结束后企业的管理人员：①能够明确阐述绩效考核和绩效管理的重要作用；②掌握设定绩效考核指标的基本流程，并在人力资源部门专业人员的协助下建立部门员工的绩效考核指标体系；③能够准确表达自己在绩效考核与绩效管理中的基本职责，并灵活运用于管理实践中。

基于上述三个培训目标，课程设计人员将这次培训活动分为三个单元：

第一单元，绩效考核指标体系建设。

第二单元，绩效考核与绩效管理及其结果运用。

第三单元，管理人员在绩效考核与绩效管理中的基本职责。

确定了课程单元之后，下一步工作是要细化每一单元的授课内容，即确定每一单元的授课大纲，明确每一单元的主要授课内容。例如，在本案例中，课程设计人员认为在第一单元中要详细介绍绩效考核指标体系的制定流程和方法，为此，应该明确以下几个授课要点：第一，何谓 KPI 指标体系；第二，企业为什么要基于战略来确定分层分类的 KPI 考指标考核体系；第三，如何建立分层分类的 KPI 考指标考核体系。

按照上述方法，可以确定每一单元的授课大纲，至此，关于这次培训活动将要讲授内容，已经有了大致的安排，但是还没有形成一个明晰的课程计划。

事实上，课程计划是培训者用来传达培训活动的基本内容和先后顺序安排的一份清单。因此，它除了要明确指出培训活动的课程名称、学习目的、包含的主题之外，还需要明确目标学员是谁，培训的时间安排，培训活动如何安排实施，以及其它一些细节问题。下表5-11所示的课程纲要是本案例所介绍的企业的一个实际例子。

表5-11　课程计划

课程描述
项目名称：如何进行有效的绩效考核与绩效管理
课程名称：绩效考核与绩效管理——以战略为导向的企业KPI指标体系设计
课程时间：6小时
课程目的：
1.能够明确阐述绩效考核和绩效管理的重要作用；
2.掌握设定绩效考核指标的基本流程；
3.能够准确表达自己在绩效考核与绩效管理中的基本职责。
目标学员：各级管理人员
前期准备：
受训者：整理、收集部门绩效考核与绩效管理中的问题
培训者：熟悉绩效考核指标设计流程，准备研讨案例
培训教室要求：座位按扇形摆放
所需资料和设备：电脑、投影仪、白板、话筒

纲要内容				
课程模块	课程单元	教学方式	需要时间	材料/媒体
绩效考核指标体系的制定流程和方法	何谓KPI指标体系	讲授	0.5小时	讲义/投影
	企业为什么要基于战略来确定分层分类的KPI考指标考核体系；	讲授案例	1小时	讲义/案例/投影
	如何建立分层分类的KPI考指标考核体系	讲授讨论	1.5小时	讲义/投影
……				

三、培训课程开发应注意的问题

培训课程是培训的主要依托，因此，培训课程的质量将会直接影响培训效果的好坏。在培训课程开发过程中，可导致三方面问题的产生，值得注意避免。

（一）培训课程开发时，未进行针对性的培训需求调查

拿到调研结果之后就要将调研的内容进行去粗取精，去伪存真的分析，整理出关键的问题点，考虑哪些是培训可以解决的问题，哪些不是，然后结合资源情况有针对性地列出本次培训的重点内容。做出课程开发的方案。

进行问题整理时特别要注意抓学员共性的问题、抓主导性的问题，不要期望一次培训解决所有问题。培训方案贵在创新、贵在针对性强。

（二）制定的培训课程目标不合理或含糊不清。

课程目标决定课程内容。课程内容的设计是围绕课程目标来进行的。通常，培训无效的原因在很大程度上是由于制定的课程目标不合理或含糊不清造成的。

（三）设计的培训课程内容逻辑关系混乱不清。

一门课程好不好，很重要的一点就是课程内容有清晰的脉络与结构，即逻辑结构清晰。因此，课程开发中要特别注重课程的逻辑结构设计，从而大大提高讲师授课的流畅性和学员学习的有效性。

第三节　培训课程体系的设计

一、培训课程体系的含义

根据《辞海》的表述，体系是"若干有关事物互相联系、互相制约而构成的一个整体"。

培训课程体系是指与企业培训各项培训活动及其目标相适应的培训课程的集合体,它包括诸多既相互联系、又相对独立,辩证统一、纵横排列的课程科目。这一概念可以从以下两个方面加以理解：

（一）培训课程体系的开发设计与培训目标活动相关联

没有培训需求，就不会有培训项目和培训活动，因而也不会有培训课程开发。培训课程是培训项目的核心所在。

一般企业的培训课程体系都是分类分层构成的（狭义）。见表5-16。

表5-12　一般企业的培训体系框架

培训类别	培训层次
新员工培训	
操作人员培训	高级技师、技师、高级工、中级工、初级工
管理人员培训	企业领导人员、中层管理人员、基层管理人员
财务、人力、行政专业人员	高级职称、中级职称、初级职称
工程技术人员	高级职称、中级职称、初级职称

每一培训课程的设置又对应于一个特定的工种、专业等级或一项培训活动，并服从和服务于该工种、专业等级或培训活动所确定的目的、目标。

（二）培训课程体系具有合理的结构和内在的逻辑性

企业培训课程体系中的培训课程，具有合理的构成结构和内在的逻辑关系。诸多培训课程之间既相互联系，又相对独立，一般具有非单一性，有的还具有一定的层次性，统一服务于培训课程体系的总体目标。

二、培训课程体系设计的原则

企业培训目标一经确定，就必须研究、开发、构建一个与企业目标相适应的课程体系开发方案。确定这一方案，必须根据培训目标所界定的规格、层次及其职业岗位职责任务，科学合理地组合课程结构、具体课程及其课程目标。

企业培训课程体系的设计应遵循以下六个基本原则。

（一）目的性原则

课程的目的一定要明确，要与企业培训的总目标相一致，并必须服从和服务于企业培训总目标，支持企业培训总目标的实现。

（二）实践性原则

实践能力提升的一个重要支撑点是实践教学。因此，设置课程既要充分体现岗位资格所需要实践的环节、内容，又要体现交叉复合岗位和职业的实践内容、形式，还要体现各种实践的可操作性。

（三）超前性原则

企业教育培训必须以市场为导向，并按照教育培训发展规律开发、设计课程。这就要求课程设置必须对未来经济、技术的发展趋势、未来人才市场的需求做出准确分析和预测，使培训课程开发具有超前性。

（四）多元性原则

现代职业劳动界限的超越和对劳动者知识结构的需求，要求职业培训必须使受训者具有跨岗位、跨职业的能力。满足这种需求，就要开发多元化课程，如开设必修课、必选课、选修课、活动课等。

（五）基础性原则

基础性原则强调在课程开发时，注意开发学员的基本功，即基本能力训练和基本知识学习。另外，还要重视开发的基础性工作。基础不牢，既难以超前，又难以实现多元性。

（六）灵活性原则

灵活性原则强调内容的动态性和开发方法的灵活性。在专业知识、技能操作、结构比重组合上，要从实际出发，突出客观实际需要。没有个性化，就没有灵活性。灵活性重在与时俱进，动态地开发和实施。

三、企业培训课程体系的设计

（一）岗位族系划分

对组织岗位族系划分是实施各项管理工作的前提，组织中健全的岗位族系划分能够帮助员工明确自己的岗位角色、职业发展目标等。

对岗位族系划分应考虑的要素有以下几种。

1. 岗位序列

在组织中，根据员工所从事工作的项目及内容的不同，对职责相近、知识技能要求类似的岗位进行归类组合，即为岗位族系。组织中常见的岗位族系包括管理类、职能类、技术类、营销类、操作类等。

2. 岗位等级

岗位等级是指组织中岗位之间相对价值的体现，是在岗位分析的基础上划分的，与岗位任职的资历与能力等无关。岗位等级的划分依企业实际情况而定，但涵盖范围从最高管理者到基层人员的所有岗位。

3. 岗位职责

岗位职责确定是指依据岗位分析，基于岗位的职务与责任的统一，由权利和责任两部分构成。

4. 岗位任职资格

岗位任职资格是对某个岗位的人员所需要的学历、知识、技能、能力、经验、资历等的细化描述。

5. 岗位评估

岗位评估主要包括对岗位在组织中所体现出来的价值进行评估的指标、标准和方法等。

6. 岗位职业发展

岗位职业发展是对岗位的任职人员未来在组织中的职业发展方向和职业发展通道的描述。

（二）能力识别建模

能力识别建模是指对组织中各级岗位的任职资格进行分析、确定，形成岗位人员的选择、培养标准，并在此基础上建立标准素质模型。能力识别建模的步骤如下。

1. 步骤一：明确组织发展的战略目标

组织的发展战略目标是能力识别建模的根本依据，分析影响组织战略目标实现的关键因素，研究组织面临的竞争和挑战，据此提炼出组织要求各岗位员工应具备的能力，从而建立起符合组织文化及环境的岗位能力模型。

2. 步骤二：确定要分析的目标岗位

组织战略计划的实施往往与组织中的关键岗位密切相关，因此在能力识别建模时，应首先选择那些对组织战略目标实现发挥关键作用的核心岗位作为目标岗位，分析目标岗位要求任职员工应具备的能力特征，从而构建符合岗位特征的能力模型。

3. 步骤三：界定目标岗位绩优标准

对目标岗位的各项构成要素进行全面绩效评估，区分员工在目标岗位绩效优秀、绩效一般和绩效较差的行为表现,再将界定好的绩优标准分解细化到各个具体的任务要项,从而识别任职者产生优秀绩效的行为特征。

4.步骤四：选取样本组

根据目标岗位的能力特征要求,在从事该岗位工作的员工中随机抽取绩效优秀员工(3-6名)和绩效一般员工(2-4名)作为样本组。

5.步骤五：收集整理数据信息

收集整理数据信息是建模的核心工作,获取样本组有关能力特征数据资料的方法一般有行为事件访法、专家数据库法、问卷调查法、个人访谈法、小组座谈发等,并将获得的信息与资料进行整理和分析。

6.步骤六：定义岗位能力

根据对目标岗位的数据资料整理,重点对实际工作中员工的关键行为、特征,对思想和感受有显著影响的行为过程或片断进行分析,发掘绩优员工与绩效一般员工在处理类似事件时的反应及行为表现之间的差异,从而有效识别导致关键行为及其结果并具有显著区分性的能力素质,并对识别到的能力素质做出规范定义。

7.步骤七：划分能力素质等级

定义目标岗位能力素质的所有项目后,应对各个能力素质项目进行等级划分,并对不同的能力素质等级做出行为描述,初步完成能力识别建模。

8.步骤八：建立能力素质模型

结合组织发展战略、经营环境及目标岗位在组织中的地位,将初步建立的能力素质模型与组织、岗位、员工三者进行匹配和平衡,构建并不断完善岗位能力素质模型。

（三）课程分类分级

根据组织岗位族系的划分和岗位能力模型等,可有针对性地将课程划分为不同的类型和不同的学习层级。

1.课程分类标准

课程分类的标准可根据组织的实际情况而定,一般的分类标准有按部门或岗位职能分类、岗位性质分类、按员工服务时间分类等,具体如表5-17所示。

表 5-13　课程分类标准及内容

按岗位职能	按岗位性质	按服务时间
■生产管理类课程 ■市场营销类课程 ■采购管理类课程 ■人事行政类课程 ■……	■企业管路类课程 ■技术研发类课程 ■行政职能类课程 ■一线操作类课程 ■……	■新进管理人员类课程 ■新进操作人员类课程 ■新进大学生类课程 ■在职人员类课程 ■……

2 课程分级标准

课程分级可按组织中人员的层级进行，也可针对组织中同一级别的人员任职工作时间长和职业发展目标进行，表 5-18 列举了上述两种分级标准。

表 5-14　课程分级标准

按组织中人员层级划分	按同一级别人员的任职时间划分
1.针对企业高级管理者的课程 2.针对企业中层管理者的课程 3.针对企业基础管理者的课程 4.针对企业一般职员的课程 5.针对企业一线操作人员课程	1.中层经理人一级课程 2.中层经理人二级课程 3.中层经理人三级课程 4.中层经理人四级课程 5.中层经理人五级课程

（四）构建学习地图

学习地图（Learning Map）是指企业基于岗位能力而设计的员工快速胜任学习路径图，同时也是每一个员工实现其职业生涯发展的学习路径图和全员学习规划蓝图。

学习地图构建的基础工作之一就是课程分层分类，企业根据员工不同的岗位胜任能力和职业发展路径的要求，将现有的学习内容分为新员工学习内容、普通员工学习内容、管理路线学习内容、专业路线学习内容等。根据员工的职业发展路径设计晋级学习内容，根据岗位核心职能的相似程度，设计横向发展学习内容等，从而形成企业员工清晰的学习路径。

（五）企业培训课程体系实例

表5-15　某企业培训课程体系框架

岗位序列及等级／课程类别及名称	管理系列				技术系列				职能系列			操作系列			销售系列				后勤系列
	总裁	总监	经理／首席	主任	首席	主任	特／高级	中／技师	经理／长	主管／师	专员／员	高级	中级	操作员	首席	资深	高级	咨询师／专员	保安／保洁／厨房
一、新员工培训课程																			
行业发展趋势	√	√	√	√	√	√	√	√	√	√	√	√	√	√	√	√	√	√	
企业文化	√	√	√	√	√	√	√	√	√	√	√	√	√	√	√	√	√	√	√
职业生涯发展规划	√	√	√	√	√	√	√	√	√	√	√	√	√	√	√	√	√	√	√
……	√	√	√	√	√	√	√	√	√			√	√	√	√	√	√	√	√
二、基础能力课程																			
2.1 企业文化类																			
文化理念价值观	√	√	√	√	√	√	√	√	√	√	√	√	√	√	√	√	√	√	√
新老见面会		√	√	√		√	√	√		√	√		√	√		√	√	√	√
榜样现身会	√	√	√	√	√	√	√	√	√	√	√	√	√	√	√	√	√	√	√

续　表

课程类别及名称 ＼ 岗位序列及等级	管理系列			技术系列				职能系列			操作系列			销售系列				后勤系列
	总裁	总监	经理	首席	主任	特/高级	中/技师	经理/长	主管/师	专员/员	高级	中级	操作员	首席	资深	高级	咨询师/专员	保安/保洁/厨房
2.2 行业规范类																		
行业操作规范 A		√	√	√	√	√	√	√	√	√	√	√	√	√	√	√	√	
行业操作规范 B		√	√	√	√	√	√	√	√	√	√	√	√		√	√	√	
……																		
2.3 健康心态类																		
阳光心态	√	√	√	√	√	√	√	√	√	√	√	√	√	√	√	√	√	
情绪管理	√	√	√	√	√	√	√	√	√	√	√	√	√	√	√	√	√	
2.4 客户服务类																		
VIP 消费心理学	√	√	√	√	√	√		√	√		√			√	√	√	√	√
VIP 服务礼仪	√	√	√	√	√			√	√		√			√	√	√	√	√
社交礼仪	√	√	√	√		√		√			√			√		√	√	√
……																		

续　表

岗位序列及等级 课程类别及名称	管理系列					技术系列		职能系列			操作系列			销售系列				后勤系列
	总裁	总监	经理	首席	主任	特/高级	中/技师	经理/长	主管/师	专员/员	高级	中级	操作员	首席	资深	高级	咨询师/专员	保安/保洁/厨房
2.5 职业素养类																		
企业员工职业形象	√	√	√	√	√	√		√	√	√	√	√	√	√	√	√	√	√
商务礼仪	√	√	√	√	√	√	√	√	√	√	√	√	√	√	√	√	√	√
职业道德	√	√	√	√	√		√	√	√	√	√	√	√	√	√	√	√	√
职业思维与行为	√	√	√	√	√	√		√	√	√	√	√	√	√	√	√	√	
拓展训练	√	√	√	√	√	√	√	√	√	√	√	√	√	√	√	√	√	
2.6 产品知识类																		
X产品知识介绍	√	√	√	√	√	√	√	√	√	√	√	√	√	√	√	√	√	
Y产品知识介绍	√	√	√	√	√	√	√	√	√	√	√	√	√	√	√	√	√	
Z产品知识介绍	√	√	√	√	√	√	√	√	√	√	√	√	√	√	√	√	√	
2.7 工作方法类																		
有效沟通	√	√	√	√	√	√	√	√	√	√	√	√	√	√	√	√	√	
有效授权	√	√	√	√	√	√		√	√					√	√			
时间管理	√	√	√	√	√	√	√	√	√	√	√	√	√	√				

续　表

岗位序列及等级 / 课程类别及名称	管理系列				技术系列			职能系列			操作系列			销售系列				后勤系列
	总裁	总监	经理	首席	主任	特/高级	中/技师	经理/长	主管/师	专员/员	高级	中级	操作员	首席	资深	高级	咨询师/专员	保安/保洁/厨房
压力管理	√	√	√	√	√	√		√	√		√	√		√	√			
创新思维	√	√	√	√	√	√	√	√	√	√	√	√	√	√	√	√	√	
工作计划	√	√	√	√	√	√		√	√		√	√		√	√	√		
谈判技巧	√	√	√	√	√	√		√			√			√	√			
员工辅导	√	√	√	√	√	√		√	√		√	√		√	√			
2.8 战略要求类																		
内训师培训	√	√	√	√	√	√		√	√		√	√		√	√	√	√	
课程开发	√	√	√	√	√	√		√	√		√	√		√	√	√		
新产品知识	√	√	√	√	√	√	√	√	√	√	√	√		√	√	√	√	
产品组合知识	√	√	√	√	√	√		√	√	√	√	√		√	√	√		
流程再造	√	√	√	√	√	√	√	√	√		√	√		√	√			
企业发展愿景	√	√	√	√	√	√		√	√		√	√		√	√	√	√	
2.9 基础管理能力类																		
有效执行	√	√	√	√				√			√				√			

续　表

岗位序列及等级 / 课程类别及名称	管理系列			技术系列			职能系列			操作系列			销售系列				后勤系列
	总裁	总监	经理/首席	主任	特/高级	中/技师	经理/长	主管/师	专员/员	高级	中级	操作员	首席	资深	高级	咨询师/专员	保安/保洁/厨房
目标管理	√	√	√	√	√	√	√	√	√	√	√	√	√	√	√	√	
项目管理	√	√	√	√			√			√			√	√	√		
从技术到管理			√	√	√		√	√		√			√				
管理者思维模式		√	√	√			√			√			√	√	√		
会议管理	√	√	√	√			√	√		√	√		√	√	√		
成本管理	√	√	√				√						√				
预算管理	√	√	√	√			√			√			√	√			

三、专业技术课程

3.1 销售接待类

	总裁	总监	经理/首席	主任	特/高级	中/技师	经理/长	主管/师	专员/员	高级	中级	操作员	首席	资深	高级	咨询师/专员	保安/保洁/厨房
引导销售													√	√	√	√	
咨询销售													√	√	√	√	
电话销售													√	√	√	√	

续 表

岗位序列及等级 课程类别及名称	管理系列			技术系列				职能系列			操作系列			销售系列				后勤系列
	总裁	总监	经理	首席	主任	特/高级	中/技师	经理/长	主管/师	专员/员	高级	中级	操作员	首席	资深	高级	咨询师/专员	保安/保洁/厨房
3.2 技术操作类																		
X产品操作类				√	√	√	√											
Y产品操作类				√	√	√	√											
Z产品操作类				√	√	√	√											
3.3 运营类																		
门店管理类		√	√															
营销策划类		√	√															
数据分析类								√	√	√								
四、领导力课程																		
4.1 人才甄选类																		
组织架构	√	√																
岗位设计		√	√															
六步组合模型解读	√	√																

续表

岗位序列及等级＼课程类别及名称	管理系列 总裁	管理系列 总监	管理系列 经理/首席	技术系列 主任/首席	技术系列 特/高级	技术系列 中/技师	职能系列 经理/长	职能系列 主管/师	职能系列 专员/员	操作系列 高级	操作系列 中级	操作系列 操作员	销售系列 首席	销售系列 资深	销售系列 高级	销售系列 咨询师/专员	后勤系列 保安/保洁/厨房
辨认识人	√	√															
4.2 团队建设类																	
360领导力	√	√															
团队学习	√	√															
团队建设	√	√	√														
4.3 战略决策类																	
战略管理	√	√															
组织设计	√	√															
……	√	√															
4.4 塑造竞争力类																	
6S管理体系		√	√														
非财务人员财务管理			√														
流程再造		√															

续　表

岗位序列及等级＼课程类别及名称	管理系列			技术系列			职能系列			操作系列			销售系列			后勤系列
	总裁	总监	经理/首席	主任	特/高级	中/技师	经理/长	主管/师	专员/员	高级/员	中级	操作员	首席/资深	高级	咨询师/专员	保安/保洁/厨房
……	√		√													
4.5 企业文化类																
正直诚信	√		√													
企业文化塑造	√	√	√													
……																

第六章　企业员工培训的方法

第一节　培训方法概述

　　培训的效果最大化根植于培训方法的适用与高效。良好的培训方法不仅能够实现企业人力资源开发的目标，而且能够有效地激发员工的积极性和创造力，从而为实现企业的战略目标奠定基础。企业在选择培训方法和技术时，要注意结合自身的行业特征、培训内容及目标，在仔细分析了各种培训方法与技术的特点后，从中选取出最具有针对性、也最为有效的一种或多种培训方法的复合形式。

　　根据培训所涉及的对象，培训方法包括个体层面、团体层面和组织层面三大类。个体层面的培训着重于个体知识、技能（或能力）和素质的提高；团体层面的培训着重于团队的建设；组织层面的培训主要着重于学习型组织的建设。

一、个体培训

　　个体层面的培训方法依据培训过程中培训者与受训者互动关系的特点，又可以分为演示法和传授法两大类。

（一）演示法

　　演示法是指受训者被动地接收信息的一种培训方式。演示法包括课堂教学法、远程教学法和视听教学法。这些方法有助于讲解新技能、新知识，传递新信息以及教授不同问题的解决方法或程序等。

1. 课堂教学法

　　课堂教学法是培训者利用课堂传授的方法进行培训的一种方式。虽然新兴的教学辅助设备不断涌现，培训者经常借助于录像和计算机等辅助讲解系统之类的新技术，但是课堂教学法一直以其最低的成本、最少的时间耗费，向最大量的群体传送信息的特征，而成为最受欢迎的培训方法之一。课堂教学的不足在于，缺少受训者的主动参与和积极反馈，培训师无法确定受训者的掌握程度。除此之外，培训的内容往往与实际工作情境联系不够紧密。因此，在课堂教学过程中，应尽可能多地使用一些贴近受训者实际工作的案例，为学习和培训成果的转化创造机会。

2. 远程教学法

远程教学法指将学习内容通过远距离传输到达学员的学习地点，以供学员学习。由于采用的设备不同而有多种不同的具体形式，如广播、电视、因特网等。目前通过因特网进行培训是最常用的远程培训方式，这与培训内容容易更新、电脑的普及、因特网技术不断改进和网页界面越来越友好有很大的关系。

远程教学法由于具有可以克服空间上的距离、节省时间、在一个特定的时间宽度内能不定期、持续地接受培训以及学员更易接近电子数据库等众多优点而受到越来越多组织的青睐。计算机行业巨子 IBM 就是成功地开展远程化培训的典型例子。IBM 培训部将各分部员工所需培训内容进行编辑制作成电子教材后在内部局域网发布，供学员随时随地上网进行自我培训或集体培训，节约了大量的培训费用，有效地降低了产品成本，收到了良好的培训效果。

实践表明，利用网络开展远程化培训方便、效率高，能满足各种行业的需要。另外，远程化培训利用网络实现跨地区、跨国联网，既满足了异地培训的需要，又比较容易地获取各种新的知识和信息，大大减少了有关培训的支出。

3. 视听教学法

视听教学就是利用投影、幻灯和录像等视听手段进行教学的一种方法。它被广泛运用在提高受训者的沟通技能、面谈技能和客户服务技能等培训中。在这些视听手段中，录像是最常用的培训方法。当然，录像很少被单独使用，它总是以课堂教学为依托，作为其有益的补充，向受训者展示真实的工作经历或实践操作的过程。在行为塑造培训中，录像也是非常重要的教学辅助手段之一。

视听教学法应用非常广泛，这与它以下的特点是分不开的：①灵活性。培训师可以按照授课安排和受训者的理解程度，灵活调整课程内容的播放和课程进度。②真实性。通过录像，受训者可以亲临问题现场，接触到真实的困难和压力情境。③一致性。培训内容是客观再现，不会受到培训师兴趣和情绪等主观因素的影响和限制。④再现性。培训师将受训者的表现用录像的形式记录下来，使受训者可以更加客观地进行自我评价，而不至于把不良绩效片面地归因于外部环境和人员。

（二）传授法

传授法要求受训者积极参与培训，包括师带徒法、行为示范法、案例研究法、情景模拟法、角色扮演法以及敏感性训练法等。传授法适用于有关"某种特定技能的学习""如何将知识和技能转化为实际的工作行为"以及"人际关系"方面的培训。在此类培训中，受训者可以亲历任务执行全过程，切身体会整个过程中所遇到的各种问题。

1. 一对一培训法

一对一培训法是一种常用的培训方法，在这种培训方法中，培训者和被培训者一对一结对，单独传授，也就是传统的"传、帮、带"和"师徒制"。培训过程包括培训者描述、培训者演示和被培训者在培训者的监督下练习三个环节。当然，在此种培训方法中还可以补充各种文字材料、录像带和其他资料。

一对一培训法有明显的优点。首先，花费的成本低，在培训过程中，学员边干边学即"干中学"，几乎不需要格外添置昂贵的培训设备。其次，培训与学员工作直接相关。因为，学员在培训中使用的设备或所处的环境一般与以后工作过程中的非常相似，甚至是相同的。再次，培训者能立即得到培训效果的反馈。最后，这种培训方法比较灵活，培训者可根据情况变化随时调整培训内容和方式。

一对一培训方法也有三方面的不足。第一，在许多组织中一对一培训并没有周详、系统地设计，而是较为随意地进行。换句话说，组织运用此法开展培训工作较为草率。第二，运用一对一培训法进行培训时，培训内容常常是一些简单、常规、机械式的操作。例如，简单的机械操作、档案管理和简单的清洁工作适合用一对一培训法进行员工培训。第三，组织中也许找不出合适的培训者。例如组织内没有精通 CAD（计算机图形设计）的人，就不能用一对一培训法开展这项培训工作。

2. 行为示范法

行为示范法是培训者向受训者演示一个或一组关键行为，然后让受训者实践这些关键行为的一种培训方法。行为示范法是以社会学习理论为理论依据的，适用于学习某一种技能或行为。这种培训方式在实施期间进行的活动主要包括介绍与演示、技能准备与开发以及应用规划。利用行为示范法的培训项目，通常包括以下几个阶段：明确关键行为、设计示范演示、提供实践机会以促使培训成果的转化。

开发行为示范项目，关键在于示范演示（即为受训者提供了进行实践的一组关键行为）的设计。有效的示范演示大都具有以下六个特征：①演示能清楚地展示关键行为，演示过程中的音乐和场景不会对受训者观看和理解关键行为形成干扰；②示范者对于受训者来说必须是可以信赖的；③对关键行为要提供详细的解释和说明；④每种关键行为都重复两遍，要向受训者说明示范者采用的行为与关键行为之间的关系；⑤最后要总结回顾所有的关键行为；⑥最好同时呈现正确使用和错误使用关键行为的两种模式，并具体做出说明和比较。

3. 案例分析法

案例分析法又称个案分析法，指培训过程围绕一定的培训目的，把实际工作中的真实情景加以典型化处理，形成供学员思考分析和决断的案例，让学员以独立研究和相互讨论的方式，提高其分析解决问题的能力的培训方法。该方法是由哈佛大学开发完成的，被哈佛商学院用于培养高级经理和管理精英的教育实践，逐渐发展成为今天的"案例培训法"。用于"案例培训法"的案例具有三个特点：内容真实（为了保密，有关的人名、组织名、地名可以改用假名），基本情节不得虚假，有关的数字可以乘以一个适当的系数加以放大或缩小，相互间的比例不能改变；案例中必须包含一定的管理问题；案例的编写应针对具体的培训内容。

案例培训法的优点：直观，易于让学员认同；学员积极地参加讨论，不仅能从讨论中获得知识、经验和思维方式上的益处，还能增强人际交往能力，培养学员向他人求教的精神和美德；学员能够获得分析案例所需的信息和方法，在应用这些方法和知识的过程中，通过对案例的情况进行分析而得到锻炼。但案例法也有不足之处：案例所提供的情景毕竟不是真实的情景，有的甚至与真实情况相去甚远，限制了案例培训效果；编写一个好而适用的案例不容易做到；实施案例培训法需要较长的时间，其成本让许多组织无法承受。

4. 情景模拟法

情景模拟法是一种模仿现实中真实的工作和生活场景的培训方法。情景模拟使受训者可以看到他们的决策在一种人工的、没有风险的环境中所可能产生的影响，经常被用来向受训者传授生产和加工技能，以及管理和协调人际方面的技能。情景模拟是对工作中的物理环境、机器设备等的一种复制，使受训者能够在仿真的环境中学习，有助于学习成果的顺利转换。情景模拟还可以开发管理技能，并且在培训中及时反馈和纠正一些不良的管理方式，使未来的管理者站在一个更有利的起点上。

情景模拟领域最近所出现的进展是虚拟现实技术的应用。虚拟现实是一种能够为受训者提供三维空间学习体验的计算机技术。通过使用特定的设备或者观察计算机屏幕上的现实模型，受训者可以在虚拟的环境中移动并且与环境中的各种构成部分发生互动。

5. 角色扮演法

让受训者在一个情境中扮演部分角色的管理开发方法称为角色扮演。下面介绍一个有名的角色扮演活动——《新卡车难题》（New Truck Dilemma）：

你作为一个电话装配工小组的领导而出场，你的每个下属都开一辆车分别去自己工作的地方。问题是，每过一段时间，就有一辆新车来替换旧车，但是，你要决定替换谁的。由于每个人都有权利使用新车，所以你觉得每次都很难办。因而每次决定之后，多数下属都觉得你错了。现在，你又遇到同样的问题，一辆新车刚刚被分配到你的小组。为了做出决定，你将这个问题提交给小组决定。你要告诉大家新车来了，由大家讨论决定如何分配才公平。

这样，稍稍将剧情讲给学员之后，就可以开始。如果人人都很投入，一定会有一场激动人心的讨论。这是一种发展领导能力的技术。

角色扮演比较经济，但却可以发展许多新技能。如果可能，还可以改变剧本进行一些实验，如让一个人扮演强硬的决断者，看看这样会怎么样？通过这种扮演，人们心中得到了真实的感受。其实这也是敏感性训练的一种方法。

角色扮演的缺点是费时太多，而且如果没有充分准备，可能达不到完全投入的效果。还有些人认为这种方法太幼稚，或者原先参加过，有不好的感受，因此不乐意参加。所以采用这种方法时一定要小心才行。

6. 敏感性训练法

敏感性训练法，又称"T小组"（T=training）/"恳谈小组"或者"领导能力训练"，这是一种有争议的主管人员培训方法。敏感性训练的目标一般包括：使受训者能够更好地洞悉自己的行为，明了自己在他人心目中的"形象"，更好地理解群体活动过程，通过群体活动培养判断和解决问题的能力。

在敏感性训练过程中，受训者之间进行着朴素的交流，而且受训者还可以从培训者和小组成员那里，获得对自己行为的真实反馈。小组成员的反馈，应该是坦率、直接的，而这也成为了许多专家、学者批评的焦点。对它的批评主要来自以下四个方面：（1）受训者可能会因无法适应培训中所受到的挫折而产生心理上的伤害；（2）敏感性训练可能会侵犯个人隐私，由于群体压力及动力的影响，参与者暴露自己的程度很可能超过原先的打算；（3）一些培训者可能不具备指导容易引起感情冲动的课程的能力；（4）小组训练的结果是否切合实际需要，尚需质疑。

二、团队建设法

团队建设法常被用来提高和改善团队或群体的工作绩效，提升不同团队之间的互动，建立新的团队。它有助于受训者分享各自的经验和观点，培养对团队的认同感，客观评价自己以及周围同事的优缺点，领悟动态人际关系的力量以及加强不同团队之间的联系。对于群体性要求较高的企业或部门来说，这类培训非常重要。团队建设法主要包括拓展训练法和行动学习法。

（一）拓展训练法

拓展训练是指通过专业的机构，针对企业团队现状，设计相应培训课程。拓展训练通常利用崇山峻岭、瀚海大川等自然环境，通过精心设计的活动达到"磨炼意志、陶冶情操、完善人格、熔炼团队"，增加受训者快乐能量的培训目的。

拓展训练法是指通过结构性的户外活动开发受训者的协作能力和领导能力的一种方法。

拓展训练起源于第二次世界大战。当时，盟军在大西洋的船队屡遭德国纳粹潜艇的袭击。在船只被击沉后，大部分水手葬身海底，只有极少数人得以生还。英国的救生专家对生还者进行了统计和分析研究，他们惊奇地发现，这些生还者并不是他们想象中的那些年轻力壮的水手，而是意志坚定、懂得互相支持的中年人。经过一段时间的调查研究，了解情况，专家终于找到了这个问题的答案：这些人之所以能活下来，关键在于这些人有良好的心理素质。于是，提出了"成功并非依靠充沛的体能，而是强大的意志力"这一理念。当时德国人库尔特·汉恩提议，利用一些自然条件和人工设施，让那些年轻的海员做一些具有心理挑战的活动和项目，以训练和提高他们的心理素质。后其好友劳伦斯在1942年成立了一所阿德伯威海上训练学校，以年轻海员为训练对象，这是拓展训练最早的一个雏形。

第二次世界大战以后，在英国出现了一种叫作Outward Bound的管理培训，这种训练利用户外活动的形式，模拟真实管理情境，对管理者和企业家进行心理和管理两方面的培训。

拓展训练由于新颖的培训形式和良好的培训效果，很快就风靡了整个欧洲的教育培训领域并在其后的半个世纪中发展到全世界。训练对象也由最初的海员扩大到军人、学生、工商业人员等各类群体。

1970年，中国香港出现了外展训练学校。

拓展训练以独特的培训模式和新颖的培训项目给国内的培训领域带来了前

所未有的震撼。经过短短几年的发展，培训机构犹如雨后春笋般的增长。据北京一拓展师培训中心整理的数据显示，在国内比较正规且形成规模的拓展培训机构已有 328 家，而参与组织拓展训练或"类拓展训练"的机构，包括户外运动俱乐部、管理咨询公司等已超过千余家。

1999 年，我国拓展训练在经历了四年的发展和提高后，和学校教育在培训活动中有了第一次亲密接触。北京大学、清华大学的 EMBA 学员也把拓展纳入课程体系之中，让学生到拓展培训公司参加拓展活动。几乎在同一时期，中欧国际工商学院、中山大学岭南学院、浙江大学、中国工商管理学院、暨南大学等学校的 MBA/EMBA 教育中，也纷纷把拓展作为指定课程内容。

随着拓展的发展与普及，它也在不断地完善与细化中。拓展课程的设置与安排都是针对学员的要求而精心策划的，最终的目的是让他们把训练中得到的应用到工作中去。这也是拓展这一新生物存在的真正意义。在这种完善细化的过程中，出现了一些新的趋势，也正是这些新趋势所共有的特点，成了拓展的本质特征。

管理培训为主导的拓展，是一些拓展训练公司针对企事业单位而策划的。为了挖掘员工的潜能与激情，提高领导与主管们的管理技术水平，从而使团队更加团结、更加有凝聚力，继而创建企业文化，培养团队精神和团队行为意识，最终为企业创造高绩效的工作打造氛围。

休闲旅游为主导的拓展，主要是为了提高都市人的生活质量，在余暇时间走出城市，走进大自然去愉悦身心、享受生活。一些拓展训练公司会将他们安排在专门的拓展场地和休闲活动场所中去边玩边练，边练边学。这有时也被认为是"体验旅游"。

课程教育为主导的拓展，则是一些拓展训练公司以学校课程为主要开展方式，以心理、管理学和体育学科为载体，进行有针对性的教学。绝大多数学校以体育课为主，在当前的素质教育、健康教育、人本教育和"三自主"关于"放开"和"开放"的思想指导下，社会上时尚的、新兴的、有用的新运动形式走进体育课堂，拓展以此为契机进入课堂，以弥补传统学校体育的某些不足，从而培养出更多身心健康、有较强社会适应能力，有较强创新思维的人才。

（二）行动学习法

行动学习法（Action learning，又译作"行动学习"），英国管理思想家雷格·瑞文斯（Reg Revans）于 1940 年发明，并将其应用于英格兰和威尔士煤矿业的组织培训，因此，雷格·瑞文斯也被尊称为"行动学习之父"。

所谓行动学习法培训，就是透过行动实践学习。即在一个专门以学习为目的的背景环境中，以组织面临的重要问题为载体，学习者通过对实际工作中的问题、任务、项目等进行处理，从而达到开发人力资源和发展组织能力的目的。

行动学习法实际是一种看似复杂实则简单的概念。它是如此简单，以至于其蕴藏的力量多年来一直被人们所忽视。行动学习之于商业管理方面的基本概念就是：人们获得管理经验的最好方法是通过实际的团队项目操作而非通过传统的课堂教学。行动学习法的目的不仅是为了促进某一具体项目或个人的学习发展，更致力于推动组织变革，将组织全面转化成"一个学习系统"。

虽然瑞文斯及其思想在英国本土并没有受重视，但在近至比利时，远至南非的广大其他国家却备受推崇。行动学习法的拥护者中包括著名的通用电气首席执行官杰克·韦尔奇和美国南航空公司总裁赫布·凯莱赫（Herb Kelleher）。通用电气推行的"成果论培训计划"实际就是一种行动学习法，而后者更是在公司实践商业动作中首先推行行动学习理论的先驱。

为了说明行动学习法，瑞文斯使用了一个简单的公式表达，即：L=P+Q。

行动学习法中的学习（L）是通过把已经掌握的相关专业知识（P）与提出深刻问题的能力（Q）相结合来完成的。

三、学习型组织的建设

创建学习型组织是一种新近崛起的、全新的培训方法。它通过培养整个组织的学习气氛，充分发挥员工的创造能力和学习热情，使组织的整体绩效大于个人绩效总和。学习型组织的建设将培训从被动行为转变为提高企业的核心竞争力而采取的主动行动，从而拓展了培训的意义和作用，为整个培训方法融入了新的理念和内涵，让整个培训系统焕然一新，使培训真正走入了组织的战略层面。

（一）学习型组织的概念

等级权力控制是以等级为基础，以权力为特征，对上级负责的垂直型单向线性系统，它强调"制度＋控制"，使人"更勤奋地工作"，达到提高企业生产效率、增加利润的目的。权力控制型企业管理在工业经济时代前期发挥了有效作用，它对生产、工作的运行和有效指挥具有积极意义。但在工业经济后期，尤其是进入信息时代、知识时代以后，这种管理模式越来越不能适应企业在科技迅速发展、市场瞬息万变的竞争中取胜的需要。企业家、经济学家和管理学家们都在探寻一种更有效的能顺应发展需要的管理模式，即另一类非等级权力控制型管理模式，学习型组织理论就是在这样一个大背景下产生的。

学习型组织最初的构想源于美国麻省理工学院佛瑞斯特教授。他是一位杰出的技术专家，是 20 世纪 50 年代早期世界第一部通用电脑"旋风"创制小组的领导者。他开创的系统动力学是提供研究人类动态性复杂的方法。所谓动态性复杂，就是将万事万物看成是动态的、不断变化之中的，仿佛是永不止息之流。1956 年，佛瑞斯特以他在自动控制中学到的信息反馈原理研究通用电气公司的存货问题时有了惊人的发现，从此致力于研究企业内部各种信息与决策所形成的互动结构，究竟是如何影响各项活动的，并回过头来影响决策本身的起伏变化的形态。佛瑞斯特既不做预测，也不单看趋势，而是深入地思考复杂变化背后的本质——整体动态运作的基本机制。他提出的系统动力学与目前自然科学中最新发展的混沌理论和复杂理论所阐述的概念，在某些方面具有相通之处。1965 年，他发表了一篇题为《企业的新设计》的论文，运用系统动力学原理，非常具体地构想出未来企业组织的理想形态——层次扁平化、组织信息化、结构开放化，逐渐由从属关系转向为工作伙伴关系，不断学习，不断重新调整结构关系。这是关于学习型企业的最初构想。

彼得·圣吉是学习型组织理论的奠基人。作为佛瑞斯特的学生，他一直致力于研究以系统动力学为基础的更理想的组织。1970 年在斯坦福大学获航空及太空工程学士学位后，彼得·圣吉进入麻省理工学院斯隆管理学院攻读博士学位，师从佛瑞斯特，研究系统动力学与组织学习、创造理论、认识科学等融合，发展出一种全新的组织概念。他用了近十年的时间对数千家企业进行研究和案例分析，于 1990 年完成其代表作《第五项修炼——学习型组织的艺术与实务》。他指出现代企业所欠缺的就是系统思考的能力。它是一种整体动态的搭配能力，因为缺乏它而使得许多组织无法有效学习。之所以会如此，正是因为现代组织分工、负责的方式将组织切割，而使人们的行动与其时空上相距较远。当不需要为自己行动的结果负责时，人们就不会去修正其行为，也就无法有效地学习。

《第五项修炼》提供了一套使传统企业转变成学习型企业的方法，使企业通过学习提升整体运作"群体智力"和持续的创新能力，成为不断创造未来的组织，从而避免了企业"夭折"和"短寿"。该书一出版即在西方产生极大反响，彼得·圣吉也被誉为 20 世纪 90 年代的管理大师，未来最成功的企业将是学习型企业。学习型组织的提出和一套完整的修炼的确立，实际上宣告整个管理学的范式在彼得·圣吉这里发生了转变。正是在这个意义上，不少学者认为，《第五项修炼》以及随后的《第五项修炼·实践篇》《变革之舞》的问世，标志着学习型组织理论框架的基本形成。

（二）学习型组织建设的必要性

学习型组织理论认为，在新的经济背景下，企业要持续发展，必须增强企业的整体能力，提高整体素质；也就是说，企业的发展不能再只靠像福特、斯隆、沃森那样伟大的领导者一夫当关、运筹帷幄、指挥全局，未来真正出色的企业将是能够设法使各阶层人员全新投入并有能力不断学习的组织——学习型企业。

成功的学习型企业应具备六个要素：一是拥有终身学习的理念和机制，重在形成终身学习的步骤；二是多元反馈和开放的学习系统，重在开创多种学习途径，运用各种方法引进知识；三是形成学习共享与互动的组织氛围，重在企业文化；四是具有实现共同目标的不断增长的动力，重在共同目标不断创新；五是工作学习化使成员活化生命意义，重在激发人的潜能，提升人生价值；六是学习工作化使企业不断创新发展，重在提升应变能力。

创建学习型企业意义在于四个层面。第一，它解决了传统企业组织的缺陷。传统企业组织的主要问题是分工、竞争、冲突、独立，降低了组织整体的力量，更为重要的是传统组织注意力仅仅关注于眼前细枝末节的问题，而忽视了长远的、根本的、结构性的问题，这使得组织的生命力在急剧变化的世界面前显得十分脆弱。学习型组织理论分析了传统组织的这些缺陷，并开出了医治的"良方"——"五项修炼"。第二，学习型组织为组织创新提供了一种操作性比较强的技术手段。学习型组织提供的每一项修炼都由许多具体方法组成，这些方法简便易学，此外，圣吉和他的助手还借助系统思考软件创建起实验室，帮助企业管理者在其中尝试各种可能的构想、策略和意境的变化及种种可能的搭配。第三，学习型组织理论解决了企业生命活力问题。它实际上还涉及企业中人的活力问题。在学习型组织中，人们能够充分发挥生命的潜能，创造出超乎寻常的成果，从而由真正的学习体悟出工作的意义，追求心灵的成长与自我实现，并与世界产生一体感。第四，学习型组织提升了企业的核心竞争力。过去讲的企业竞争力是指人才的竞争，学习型组织理论讲的企业竞争力是指企业的学习力。在知识经济时代，获取知识和应用知识的能力将成为竞争能力高低的关键。一个组织只有通过不断学习，拓展与外界信息交流的深度和广度，才能立于不败之地。人们可以运用学习型组织的基本理念，去开发各自所置身的组织创造未来的潜能，反省当前存在于整个社会的种种学习障碍，使整个社会早日向学习型社会迈进。或许，这才是学习型组织所产生的更深远的影响。

尽管学习型组织的前景十分迷人，但如果把它视为一贴万灵药则是危险的。事实上，学习型组织的缔造不应是最终目的，重要的是通过迈向学习型组织的种种努力，引导一种不断创新、不断进步的新观念，从而使组织日新月异，不断创造未来。

（三）学习型组织的建设模型

1. 建立愿景

（Building Shared Vision）：愿景可以凝聚公司上下的意志力，透过组织共识，大家努力的方向一致，个人也乐于奉献，为组织目标奋斗。

2. 团队学习

（Team Learning）：团队智慧应大于个人智慧的平均值，以做出正确的组织决策，透过集体思考和分析，找出个人弱点，强化团队向心力。

3. 改变心智

（Improve Mental Models）：组织的障碍，多来自个人的旧思维，例如固执己见、本位主义，唯有透过团队学习，以及标杆学习，才能改变心智模式，有所创新。

4. 自我超越

（Personal Mastery）：个人有意愿投入工作，专精工作技巧的专业，个人与愿景之间有种"创造性的张力"，正是自我超越的来源。

5. 系统思考

（System Thinking）：应透过资讯搜集，掌握事件的全貌，以避免见树不见林，培养综观全局的思考能力，看清楚问题的本质，有助于清楚了解因果关系。

学习是心灵的正向转换，企业如果能够顺利导入学习型组织，不只能够达到更高的组织绩效，更能够激活组织的生命力。

（四）建设学习型组织的要点

学习型组织的建设，通常需要着重解决以下问题。

1. 改善组织环境

传统组织的政治环境是建立"学习型组织"的最大障碍，因此，要想建立一个真正平等的、个人畅所欲言的、新的、开放的组织环境，就必须克服传统政治环境的障碍。但要超越传统组织建立一个开放的组织环境并不容易，因为组织总是处于一个更大的环境系统之中，组织环境受到更大的政治、经济和文化背景的制约。因此，我们能尽力去做的就是在组织的小环境中营造一个良好的氛围，从建立组织的共同愿景开始，使人们超越私心，共创一个公开、真诚交流和无阻碍的组织环境。

2.克服学习障碍

组织环境得到改善并不能使学习的效果得到及时的显现。这主要是由于在组织学习方面还存在着许多障碍，具体包括以下几个方面。

（1）经验学习方式。依靠经验来学习的结果往往令我们失望。人们总是习惯于观察自己身边的事物，然后发现问题并解决问题。但是，在组织情境下，某部门的决策对其他部门的影响往往要等上一至两年才能显现。因此，当发现问题时，单靠经验学习方式很难找到真正的原因，更无从谈起找到了有效的解决方法。

（2）本位主义障碍。组织学习一定要从系统的角度出发，不能固守自己的小部门，要努力克服本位主义的毛病。如果组织的一些部门不舍弃本位主义的心态、不去关心与本部门暂时无关的影响，那么经过一段时间，这些所谓无关的影响可能会成为一种致命的因素。

（3）忽视内部障碍。有些组织管理者总是一味地将问题归咎于外部因素的变动，将全部精力放在预测或跟随外部变化上，往往忽略了组织内部最根本的问题。所以，在针对问题寻找"源头"时，组织应该认真反思，主动从自身的角度去寻找问题之所在。

3.建立学习型机构

学习型组织的建立除了需要组织在主观上重视之外，还要把学习真真切切地纳入组织结构中去，形成一套健全而有效的组织学习机制，从而充分保证学习型组织各项修炼的持久展开，保证传统组织向现代学习型组织的顺利转变。

（五）建立学习型组织的步骤

1.评估组织的学习文化

要建立学习型组织，首先需要评估组织本身的学习文化，良好的学习文化是建构学习型组织的基本要素。柯莱恩与桑德斯提出三十六个要项，作为评估组织学习文化的依据，其中有六项要点极具意义，分别为在组织中有正式结构与非正式结构计划鼓舞成员彼此分享学习成果，组织能为解决问题与学习而计划，组织的每一个层级中学习是被期望且受鼓舞的，人们对组织怀有远景并且能去适应工作形态，组织能够鼓舞成员并提供资源促使成员成为自我导向的学习者，了解自己与他们的学习形态借以促进沟通和组织的学习。

2.增进组织的积极性

当我们用高压与逼近的方式来经营组织时，通常所带来的往往是成员的反抗。相反的我们若以温暖与和蔼的态度去对待成员，则组织将会展现出其开放性与协调性。

3. 在工作场所能安然地思考

安全是人类基本的需求，同时亦为个人与组织在每个成长与发展阶段中所不可或缺。创造安全的学习环境需具备三项必要备件。（1）共识的结构：组织能建立起一个完善的体制，有良好的规范，促使成员能展开具影响力的行动。（2）教育：促进成员接受教育，并且支持他们的问题。教育乃意味着帮助成员成功，而非帮他们做事。（3）解决问题的能力：将解决问题当作是一种生活方式。

4. 奖励冒险

每一项新的危机都是学习的机会，可促使组织获得更多的成功。适当的危机是进步与成功的原料。在组织中建立冒险的文化，是组织继续生存与发展的要素之一。

5. 协助成员成为彼此的学习资源

组织中的成员彼此构成了相互学习的最大资源，在组织中倘若能善加运用，则往往可在提升组织效能上发挥出极大的效用。在这方面可先经由成员的自我评价，以深入反思其本身的各项能力与专长，再经由小组资源目录的建立，以帮助成员了解彼此的才能，并据而达到相互学习、共同成长的目的。

6. 运用学习能力到工作上

在工作场所中，成功的学习具有三种特质：学习须与工作相结合；学习须具有启发性；学习亦即发现。

7. 描绘组织的远景

在组织中需能清楚地描绘出其未来的发展远景，以作为成员共同努力的方向与目标。而组织的远景需凝聚群策与群力由成员共同建立。

8. 将组织的远景融入生活

学习型组织深受行动理论的影响，强调将组织的远景转化为行动，并进一步深入到整个生活中。

9. 连接系统

学习型组织强调思考，柯莱恩与桑德斯认为组织可朝历史记忆、目标、规则、继续进步、反馈、组织中的人员行为等六个方向建立其系统理论。

10. 明示组织未来努力的方向

将上述所有的步骤放在一起彻底实行，并接受任何挑战的机会。同时对于组织未来的发展有明确的方向。

经由上述的探讨，可以发现若要创造出一个现代化的学习型组织，则在组织中至少需建立起"工作学习化、学习工作化"的观念与做法。

第二节　培训方法的比较与选择

马歇尔曾指出："所有的投资中，最有价值的是对人本身的投资"。员工是企业实现战略目标和发展的基石与资本。而培训，是员工获取知识、提高技能、改善行为方式的重要手段。对企业而言，有效的培训可以减少企业内部管理成本，提高生产效率，增强企业的竞争力。那么，企业如何选择培训的方法呢？

一、选择培训方法时应考量的因素

在企业培训方法中，对师资要求最高的是传统讲授法，要求企业投入最多的是模拟训练法和管理者训练法，交互性最好的是头脑风暴法、模拟培训法。各种培训方法均有自身不同的优缺点，也有不同的应用场景和范围。选择培训方法时，除对培训方法本身需扬长避短外，还应着重考量如下几个方面的因素。

（一）培训目的

培训方法是为培训目的服务的。要评价培训方法是否有效，就必须使其符合企业培训的根本目的。因此，为实现培训目的，不能一味强调选择正确的培训内容，而必须将其与恰到好处的培训方法结合起来，做到"双管齐下"。比如，培训目的是使员工知悉某种操作方法会导致安全事故，那么模拟培训法和角色扮演法不能被采用，而讲授法虽然费用低、操作简便，但其缺乏互动，其效果应该不如采用案例分析法更能使员工印象深刻。所以，一方面，要防止出现采用"满堂灌"式的单向培训，或者长篇大论式的简单说教；另一方面，应不断创新培训方法，努力在员工需求和企业培训目的上找到契合点，以激发员工高效地完成培训任务。

（二）培训内容

内容决定形式，形式展示内容，且一同为实现目的服务。培训内容的不断更新，必然引发培训形式的调整与创新。人学习了知识，并不能说明他能很好地参与生产活动，这其中还需要一个对事物、对知识的认知和实践的过程。培训内容的系统性、复杂程度不一样，所采用的培训方法也应不一样。比如，对理论性强的培训内容，宜采用讲授法和研讨法，甚至将两者与实践法相结合起，使受训员工能做到"从理论中来，到实践中去"，从而使培训效果最大化。

知识培训涉及理论和原理、概念和术语、产品、规章制度等介绍，可以选择课堂讲授、演示法、视听法、多媒体教学等方法。

技能培训涉及生产、销售的实际工作和操作能力，要求学员自己动手实践，通过不断纠正来达到掌握实际操作能力的目的。可选择角色扮演、操作示范、模拟演练、一对一指导等方法。

态度培训涉及观念和意识的改变，以及言行和心态的改变，可以选择角色扮演、游戏互动、教练技术、拓展训练等方法。

（三）受训员工不同需求和个性差异

根据不同学生的性格、资质和禀赋，施以不同的教育方法，这就是孔子的"因材施教"。企业培训也一样，要取得良好的培训效果，也要学会因材施教。不同年龄、岗位和层次的员工，其思想和技能水平也不同，他们对培训内容的认知和学习的能力呈差异化。随着时代的进步，员工个性化的差异和需求越来越突出，必须注意这种个性差异和需求，尽可能创造条件为他们提供个性化服务。

因此，要根据上述差异特点，从实际出发，有的放矢地选择培训方法，与时俱进地增强员工培训的针对性和实效性，为取得良好培训效果奠定基础。

基层人员负责一线具体的操作工作，工作性质要求学员接受的培训内容要具体且实操性强。比较适合的培训方法有课堂讲授、模拟演练、操作示范、一对一辅导等。

中基层管理者在一线负责管理工作，其工作性质要求其接受如何与一线工作人员和上层管理者进行有效沟通的培训。比较适合的培训方法有课堂讲授、案例分析、角色扮演等。

中高层管理者主要负责组织的计划、控制、决策和领导工作，其工作性质要求其接受新观念和新理念，制定战略和应对环境变化等培训。像了解最新动态的讲授法和激发新思想的研讨法，以及激发创新的拓展培训法等培训方法比较适合。

（四）培训成本

培训成本，是选择培训方法时另外一个应考虑的重要因素。企业规模较小时，其培训预算不足，难以实施大规模的培训计划，选择系统性和复杂性程度高的培训方法往往不可行。选择培训方法前，可合理预计培训后可能产生的效果（或先行开展部分培训再评估实际效果），如果其效果确实能极大地促进员工技能提升、提高企业效益，且该效果与成本成合理比例，则该培训方法可以采用。

（五）组织形式

人数较多的话采用讲授法比较适合。如果采用角色扮演的话显然是不适合的。

培训场地大的，可以选择一些互动性强的方法，如游戏法、角色扮演等；如果场地小的话，可以采用小组讨论、讲授等方法。

培训时间充足的可以采用案例法、游戏法；时间比较紧的话可以采用课堂讲授法等。

二、选择培训方法的程序

各种培训方法的特点各异，选择不同的培训方法，会对培训效果产生较大程度的影响。不同企业发展阶段采取不同的培训内容。为达到培训目的，在综合考量如前所述的重要因素后，培训组织者可按下图的程序选择培训方法：

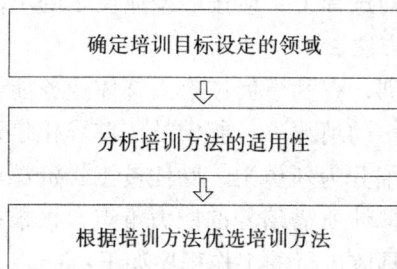

确定培训目标设定的领域

⇩

分析培训方法的适用性

⇩

根据培训方法优选培训方法

图6-1　选择培训方法的程序

第一步，确定培训活动的领域。有了明确的目标才不会在选择中迷失方向。应对培训的领域进行整理分析及分类，与培训课程相匹配，研究选择适当的培训方法和培训技巧，以达到相应的培训目标。

第二步，分析培训方法的适用性。培训方法必须与培训需求、培训课程及培训目标相匹配，且要考虑培训对象的要求，对培训需求及培训方法分类进行匹配。

第三步，根据培训要求优选培训方法。优选出来的方法应使培训方法的选择有针对性；使培训方法与培训目的、课程目标相适应；使培训方法与受训者群体特征相适应；使培训方法与企业的培训文化相适应；使培训方法与培训的资源（包括设备、资金）等相适应，以最终建立科学的培训体系。

三、企业选择培训方法的实践

随着社会的发展，企业员工的个性化差异表现为培训需求的差异化，特别是在管理和技术行业人才培训方面。企业管理者必须注意这些个性差异和需求，需尽可能创造培训条件为人才提供更好的培训服务。

第一，企业应结合员工学习发展工作面临的挑战和培训的发展趋势，构建新的培训方法发展体系。

传统培训不考虑能力差别而进行统一培训，课堂授课是主要的传统学习方式，这导致学习的价值仅限于企业本身，员工被动式地学习，培训缺乏系统的知识管理体系和平台等劣势。企业培训应转变为以能力为基础的进行定制化培训，为实现最佳的培训效果匹配多样化的学习方式。应让员工积极主动地学习成长，并积极将知识用于实践，以建立起具备现代化的高效知识管理系统和全景式平台。

第二，在培训方法的选择上，应按照企业员工的不同层级，为员工的精细化培养选择恰当的培训方法。

精细化的管理及培训，有利于促进员工整体业务能力和服务素质的提升。在实现员工"岗位成才"的情况下，制定员工差异化培训体系。根据岗位价值生命周期规律，将员工细分为新员工、胜任员工、资深员工、基层管理人员四个层级。明确不同细分群体所需培养的能力重点，再根据能力特征选择有针对性的差异化培养方案。具体进行的工作程序如下：

首先，梳理体系，即按照新员工、胜任员工、资深员工、基层管理人员四个层级细分群体所需培养的能力重点，梳理出相匹配的课程体系，有针对性地实施差异化培养。其次，优化新员工培训体系，延长培训周期，加强业务培训和工作岗位实习，加大岗前淘汰力度，强化心态引导和服务要求；规范到岗后培养引导，定期跟踪考核，提高人员输出质量。此外，还应建立上岗培训常态机制，加强基层管理员工的管理专业技能和服务素质，建立沟通、分享平台，打造一支管理能力强、执行力高的基层管理员工团队。

第三，利用科学的培训方法培养专业创新人才。

企业要在培训中灵活运用现代培训手段，提高培训质量及效率，不能千篇一律地采用传统的培训方式，如传授型培训方法等。每种培训方式都各有优点和适用范围，关键在于培训组织者要充分地与培训师沟通，并结合培训的目的、内容及受训员工不同需求和个性差异，灵活地选择培训方式。

培训方法是影响培训效果的关键因素，是培训系统的重要组成部分。合理匹配培训方法与培训需求、培训课程及培训目标，有助于优化培训管理流程，有助于系统、科学地选择培训方法，使培训发挥更大的效益。笔者将培训方法选择的理论应用于企业培训的实际情况，并归纳出若干差异化培训的解决方案。但是，欲以一种培训方法取代另一种培训方法，既不可能也不现实。只有综合、科学地运用各种培训方法，"因材施教""因势利导""因地制宜"，才能使培训方法行之有效。

第三节　新技术在员工培训中的应用

一、新技术给培训方法带来的机遇与挑战

（一）新技术给培训方法带来的机遇

1.降低公司培训成本

新技术的普及和推广可以降低公司的培训成本。对于企业培训来说，员工培训的很大一部分费用主要用于新课程的开发制作以及聘请培训师两个部分，根据观察发现企业有许多程序化、标准化、流程化的培训可以通过新技术来完成，例如新员工的入职培训过程中有一些规章制度和岗位基本职责的介绍等，这类培训内容大多是规范化的，一般不会随着时间的推移不断变化，那么我们就可以运用新技术将开发制作好的课程导入到网络或 AI 程序中，通过网络学习或者 AI 辅助的方式一次性投入相关的制作费用，供员工循环使用，不仅节约了公司聘请培训师部分的成本，而且节约了公司开发课程的时间成本。

2.精准定位员工需求

大数据技术在现代新技术发展过程中的应用最为广泛，大数据以其信息量大和数据分析快速而被大家熟知。在企业培训方面，通过大数据的运用可以更加精准地定位员工的培训需求，提取员工最需要的培训内容进行培训，还可以寻找更加适合员工的培训方式以及课程，增强培训效果，减少前期因培训调研不准确而造成的培训效果不佳以及资源浪费等问题。

3. 顺应网络时代特点

新技术时代的来临让互联网成为每个人生活中不可或缺的一部分，运用新技术进行企业培训可以更加贴近现代人的生活方式，更多地考虑员工的学习习惯，顺应网络学习的特点，进行网络课程的开发和培训，激发员工对培训学习的兴趣和热情，让培训的实行更加有趣有效。例如利用网络新技术开发的 E - learning 体系就是将学习资料上传到公司网站上，员工通过网络进行学习，这种新型的学习方法符合分散式学习的新趋势，员工可以灵活地选择学习的时间以及地点，并且通过网络图片、影音等增加培训的趣味性，提高学员的学习效率。

（二）新技术给培训方法带来的挑战

1. 投入成本大，对小型企业培训不适用

由于现阶段新技术还在不断发展的过程中，技术的开发应用不够成熟，很多企业都比较缺乏经验，没有参考的案例学习，所以使用新技术进行新的培训方式探索过程中会耗费企业很大一部分资金以及精力，从课程的开发再到全面推广的运用，如何将新技术与培训最优融合，使员工运用新技术达到更好的培训效果等问题都需要大量的资金支持。如果一味地追求新技术的应用会让企业陷入盲目创新的怪圈之中。最后，有一些企业规模较小，对于员工的培训更应该以务实为主，对于使用新技术进行培训工作的必要性应该进行风险性评估，不能盲目地应用造成资源浪费等。

2. 员工信息安全不能保障

信息时代，员工的信息安全以及公司的信息安全至关重要。新技术的使用会给企业培训工作带来很多便利，但与此同时，由于网络的高覆盖性和低私密性，员工以及公司的信息安全问题存在极大的隐患。公司运用大数据对员工进行培训就需要将公司的部分信息以及员工的信息导入到网络中，一旦这些数据流失，对于企业的发展和员工个人都会造成一定的损失，可见网络技术安全已经成为新时代网络发展过程中必须要注意和解决的问题了。

3. 缺少实际沟通感知

随着新技术网络信息时代的来临，人与人的沟通大多通过电脑或机器完成，这样的培训模式颠覆了传统面对面沟通的情景，培训人员只能通过数据对培训进行评估，这样的方法使培训缺少了一些"人情味"，培训师没办法真正地接触员工了解实际情况，在培训中出现的问题，问题的解决方案以及对培训效果的监督都成为新技术时代培训方法上带来的挑战。

二、新技术在培训中的应用

近年来，以计算机技术、网络技术、远程技术和虚拟技术等为代表的新技术，开始广泛地应用于员工培训，特别是一些已经实现跨区域连锁经营的酒店，由于追求培训的规范化、标准化、同步化、远程控制化和反复化，对基于新技术的培训方法十分重视。

（一）交互式视频培训法

交互式视频培训法是以计算机为基础，综合文本、图表、动画及录像等视听手段来培训员工的方法。交互式视频通过与计算机主键盘相连的监控器，让受训者以一对一的方式接受指导，进行互动性学习，受训者可以用键盘或触摸监视器屏幕的方式与培训程序互动起来，培训内容可存储在影碟或可读式光碟上。这种方法可以用于指导技术程序和人际交往技能。

交互式视频培训法可以使受训者自我控制学习内容和学习进度；培训内容具有连续性，能实现自我导向和自定进度的培训指导，内置的指导系统能及时提供指导和进行信息反馈；在线服务能监控受训者的绩效，受训者也可自己得到绩效反馈。但是，交互式视频培训法的课程软件开发费用昂贵，如果不能快速更新培训的内容，可能会影响培训效果。

（二）远程培训

远程培训是为分散在不同地域的企业员工提供同时进行学习的一种培训方式。远程培训通常采用两种技术使学员之间进行双向沟通：一种是通过网络设备，对处在不同地域的受训者进行培训；另一种方式是通过独立的个人计算机进行培训，只要拥有个人计算机，员工就可随时接受培训。培训课程的材料及讲解可通过互联网或可读光盘分发给受训者，也可通过企业内部网或局域网实现资源共享。

远程培训不受时间和空间的限制，节约成本，同时还能提高培训管理的效率，实现自我导向和自我学习，尤其适合连锁经营的酒店集团，利用这种方法可以为虚拟现实、动感画面、人际互动、员工之间的沟通以及实时视听等提供支持。目前，酒店业主要是利用这种技术向员工提供关于标准操作规程、新店筹备、技能培训以及专家讲座等方面的信息。

（三）虚拟现实法

虚拟现实是指可为受训者提供二维学习方式的计算机技术。将模拟现实技术运用于情景模拟领域的方法即虚拟现实法，这种培训方法通过使用专业设备和观看计算机屏幕上的虚拟模型，以及利用技术来刺激受训者的多重知觉，让受训者感受模拟环境，并同虚拟要素进行沟通。在虚拟现实中，受训者所获得的知觉信息数量、对环境传感器的控制力，以及受训者对环境的调试能力都会影响其"身临其境"的感觉。

（四）利用微信平台向员工提供微课

开发在线"培训信息"发布平台。平台由培训主管部门每日维护，滚动公布培训的时间、地点和主要培训内容，有利于及时跟踪员工动向，加强培训监督。在"培训信息"在线公告平台的基础上，借助相关信息输入平台，升级建立了员工培训电子检索系统，实现了单输入、多平台使用。培训电子检索系统通过输入公司名称、员工姓名、培训课程名称或培训主要内容等关键字，检索相关培训信息。

通过互联网技术，建立在线微课，把信息化融入培训"前、中、后"的全过程。员工在线填写《培训需求调查》，后台自动汇总统计形成培训需求的"大数据"，相关领域专家或业务技术骨干"申报项目"并编制培训方案。因此，为了满足员工的培训需求，企业可以利用微信平台为员工提供微课程。对此，企业可以建立一个微信公众号进行培训，在公众号中为员工提供培训学习功能、培训计划查询功能、培训进度查询功能等不同的功能。为了满足员工对培训课程的多样化需求，企业可以把培训内容设置为音频、视频、图片、文字等形式，让员工选择自己感兴趣的形式，在不同的环境中进行学习。

第七章 企业培训外包

第一节 企业培训外包概述

一、培训外包的概念和特点

（一）什么是培训外包

外包（Outsourcing）是指组织把自己做不了的、做不好的事交给专业公司去完成，利用他们的专长和优势达到降低成本，提高生产率和增强竞争力的管理模式。

完全外包是指企业将整个培训业务（包括制定培训计划、设计课程内容、确定培训时间、提供培训后勤支持、培训设施管理、选择培训讲师以及培训课程评价等）交给企业外的培训机构来实施。

部分外包只是将部分培训任务交给培训机构来实施。

内部外包是指将整个培训职能交给本企业的人力资源部来实施，或者是聘请专家来企业进行培训，它是内部培训的一种优化形式。

外部外包是将培训职能交给外部培训承包商。

（二）培训外包的特点

（1）专业化水平更高。

（2）对人力资源要求更高。

（3）低成本，高附加值。

（4）有利于突破企业原来的管理模式限制，给员工带来新思想和新意识。

（5）低消耗，无污染，并且不受地域的限制。

（6）成果无形化，难以量化评估。

二、培训外包的起源

20世纪70年代，由于遭受到源自OPEC石油危机的并发冲击，北美企业的外部营运环境顿时变得复杂起来。加之由于社会不断进步促使法律法规不断完善，企业迫于对政府福利保障制度实施的压力，不得不比从前更加关注员工的安全与健康，这样一来，企业事务性的人事行政工作变得越来越繁杂。外包是由GrayHamel和C.K.Prahalad于1990年首先提出的，外包的核心理念是"做自己做得最好的，其余的让别人去做"。培训外包作为管理外包的一种，分为完全外包与部分外包。完全外包是指企业将整个培训业务（包括制定培训计划、设计课程内容、确定培训时间、提供后勤支持、设施管理、选择讲师以及课程评价等）全部交给企业外的培训机构；部分外包只是将部分培训任务交给培训机构去做。

为了应对外部变革的环境变迁，企业可以寻求两种选择，一是将这些事务性的人力资源工作划分给不同的岗位，让负责该岗位的主体去实施、处理；另一种是通过将这些新兴人力资源业务予以外包的形式，选择让专业性的人力资源服务公司来完成这些事务性的工作。

是否决定签约、外包，可以用决策学科的方法论来加以评估、判定。首先，要确定现有人力资源项目或职能对于机构的使命来说，是不是至关重要的。如不是，就需要评估、考虑要结束、放弃该项人力资源职能或项目了。若该项目或职能对于机构来说，是至关重要的，那么要评估该项业务是由企业内部完成还是外包出去由专业服务商来完成，哪种效果会更好一些。如外包出去效果好，就要考虑把该人力资源项目或职能，放手让外包服务商去做。假如由内部来做，效果会更好，接下来的工作应该是寻求有没有更好的途径，以通过减少成本或改善绩效的办法，来提升人力资源的运作绩效。

市场上盛行的猎头公司也属于为企业提供人力资源业务的外包服务商。并且，英法等国新近出现的快速人员服务公司，花费大量时间投资在寻找、保留、培训自己及合作伙伴的人力资源，就是专门为企业提供人力资源外包服务的。而事实也一再证明了，如果要让企业保持长盛不衰的核心竞争能力，那么，就不妨把对于一些外包商可以更好完成的事情，毫不迟疑地外包出去。这样，企业便可以专注于自己的核心竞争力，从而能够极大地提升自己在人力资源管理范围的竞争能力。

尽管由于在企业长远发展战略规划与组织规模架构上存在的巨大差异性，导致了各企业在人力资源外包业务实际展开的进程中出现了很大的差异。但是对于绝大部分企业而言，培训外包业务主要还是集中于旨在降低成本和聚焦于其核心竞争能力的层面上。

三、培训外包的动因理论

（一）战略管理观点

1.企业资源

各个企业拥有不同的资源，企业中的资源都具有差异性，如企业的知识和技能等，这些异质的资源给企业带来了竞争优势。企业只有发展那些稀缺的，不容易被别的企业模仿的以及不可替代的优质资源，才可以在竞争市场中保持优势。

2.核心竞争力

企业核心竞争力就是企业组织持续有效的资源以适应外部环境、领先竞争对手，以创造超额客户价值来保持竞争优势的处于核心地位的关键能力。

3.价值链

企业价值链是指企业用来进行设计、生产、营销、交货以及对产品起辅助作用的各种活动的集合，是企业创造利润和获得核心竞争力的各项活动的集合，是企业内部各项活动的联系。

（二）经济学观点

1.交易费用

第一，外包关系的建立，使得企业和接包商建立联盟，也减少了相关的交易费用。

第二，外包可以减少企业内部培训的官僚主义。

第三，培训外包减少了人力资源部经理隐瞒绩效的问题，外包绩效大于内部培训，同时还节省了费用。

2.契约关系

第一，契约的本质是自愿协作和自由合意。

第二，企业与培训机构之间的契约关系一般有以下特点：持有一定的合作态度，追求长期的交易激励，并且着眼于未来的收益。

（三）社会学观点

1. 社会交换论

·社会交换论认为人类的相互交往和社会联合是一种相互的交换过程。

·社会交换论的基本研究领域包括价值、最优原则、投资、奖励、代价、公平和正义等。

·培训外包是企业与培训承包商之间相互作用的一种关系体现，双方之间充分利用了彼此的核心能力，实现了资源的交换，进而达到优化配置。

2. 制度观点

·制度为社会提供稳定性和规则，是与活动资源相联系的。

·培训外包是组织制度的一种安排，这种制度安排可以使发包企业获取更大的收益，为社会创造更多的财富，同时也丰富了员工的知识，使社会更加和谐。

四、培训外包分类

（一）主题式培训外包

主题式培训按照企业需求，围绕培训目的（主题），紧密结合企业的实际情况，为企业量身定制个性化的培训解决方案，通过组织和调度各类培训资源，为企业提供更具有针对性、实效性的管理培训服务，解决具体问题，满足企业需要。通过系统的企业需求研究，从专业的角度为企业针对性的课题规划并协助推动实施，指导企业化解矛盾、规避风险、提升绩效、解决问题。主题可根据企业实际情况确定，如：基础管理年、成本管理月、质量管理月、文化管理年。也可根据企业存在的主要瓶颈问题进行专题设计突破。如：现场管理改善、服务水平提升、领导团队建设、销售能力提升、员工满意度提升、执行力塑造提升、主管技能提升等。

（二）年度式培训外包

年度式培训是根据培训需求分析，结合客户战略目标及人力资源战略，拟定培训战略规划，并拟定经济有效的年度培训计划。作为专业的企业管理咨询机构将以其专业知识和集团采购的优势，协助客户以低成本组织实施其内部师资无法完成的培训课程，保证培训计划的达成。

第二节　企业培训外包的实施和管理

一、培训外包选择的流程

培训外包选择的流程主要就是引导企业如何选择合适的接包商，即培训承包商，以保证培训的效果和企业培训工作的顺利实施。

（一）培训需求分析

培训需求分析是指在规划与设计每项培训活动之前，由培训部门采取各种办法和技术，对组织及成员的目标、知识、技能等方面进行系统的鉴别与分析，从而确定培训必要性及培训内容的过程。培训需求分析就是采用科学的方法弄清谁最需要培训、为什么要培训、培训什么等问题，并进行深入探索研究的过程。它具有很强的指导性，是确定培训目标、设计培训计划、有效地实施培训的前提，是现代培训活动的首要环节，是进行培训评估的基础，对企业的培训工作至关重要，是使培训工作准确、及时和有效的重要保证。

1. 目的

培训需求分析的目的有以下几种。

（1）确认差距。培训需求分析的基本目标是确认差距，它主要包括两个方面：一是绩效差距，即组织及其成员绩效的实际水平与绩效应有水平之间的差距，它主要是通过绩效评估的方式来完成的。

（2）改变原有分析。原有分析基本是针对组织及其成员的既有状况而进行的。当组织面临着持续动态的变革的挑战时，原有需求分析就可能脱离组织及其成员的实际状况，因而改变原有分析对培训显得尤为重要。

（3）促进人事分类系统向人事开发系统转换。需求分析的另一个重要作用便是能促进人事分类系统向人事开发系统的转换。人事分类系统在制定关于新员工录用、预算、职位升降、工资待遇、退休金等政策方面非常重要，但在工作人员开发计划、培训、解决问题等方面用途有限，当培训部门同人事分类系统的设计与资料搜集密切结合在一起时，这种系统就会变得更加具有综合性和人力资源开发导向。

（4）提供可供选择的解决问题的方法。培训需求分析可以提供一些与培训无关的选择，如人员变动、工资增长、新员工吸收、组织变革，或几个方法的综合，选择的方式不同，培训的分类也不一样。现实中，最好把几种可供选择的方法综合起来，使其包含多样性的培训策略。

（5）形成一个信息资料库。培训需求分析实际上是一个通过各种方法技术搜集与培训有关的各种信息资料的过程，经由这一过程，可以形成一个人力资源开发与培训的信息资料库。

（6）决定培训的成本与价值。如果进行了系统的培训需求分析，并且找到了存在的问题，分析人员就能够把成本因素引入到培训需求分析中去。

（7）为获得组织对培训的支持。创造有利条件组织支持贯穿培训的全过程之中，没有组织支持，任何培训活动都不可能顺利进行，也不可能获得成功。通过培训需求分析，可以使有关人员认识到组织存在的问题，发现组织成员知识、能力和技能的差距，了解培训的成本和价值，从而为获得组织支持创造条件。

2. 培训需求的分析方法

可以用来进行培训需求分析的方法有许多种，在这里主要介绍9种可供选择使用的培训需求分析方法：访谈法、问卷调查法、观察法、关键事件法、绩效分析法、经验判断法、头脑风暴法、专项测评法和胜任能力分析法。

（1）访谈法。这是一种大家都了解的方法，就是通过与被访谈人进行面对面的交谈来获取培训需求信息。应用过程中，可以与企业管理层面谈，以了解组织对人员的期望；也可以与有关部门的负责人面谈，以便从专业和工作角度分析培训需求。一般来讲，在访谈之前，要求先确定到底需要何种信息，然后准备访谈提纲。访谈中提出的问题可以是封闭性的，也可以是开放性的。封闭式的访谈结果比较容易分析，但开放式的访谈常常能发现意外的、更能说明问题的事实。访谈可以是结构式的，即以标准的模式向所有被访者提出同样的问题；也可以是非结构式的，即针对不同对象提出不同的开放式问题。一般是把两种方式结合起来使用，并以结构式访谈为主，非结构式访谈为辅。

采用访谈法了解培训需求，应注意以下几点：①确定访谈的目标，明确"什么信息是最有价值的、必须了解到的"；②准备完备的访谈提纲。这对启发、引导被访谈人讨论相关问题、防止访谈中心转移是十分重要的。③建立融洽的、相互信任的访谈气氛。在访谈中，访谈人员需要先取得被访谈人的信任，以避免被访谈人产生敌意或抵制情绪。这对保证收集到的信息的正确性与准确性非常重要。

另外，访谈法还可以与下述问卷调查法结合起来使用，通过访谈来补充或核实调查问卷的内容，讨论填写不清楚的地方，探索比较深层次的问题和原因。

（2）问卷调查法。这也是一种为大家所熟知的方法。它是以标准化的问卷形式列出一组问题，要求调查对象就问题进行打分或做是非选择。当需要进行培训需求分析的人较多，并且时间较为紧急时，就可以精心准备一份问卷，以电子邮件、传真或直接发放的方式让对方填写，也可以在进行面谈和电话访谈时由调查人自己填写。在进行问卷调查时，问卷的编写尤为重要。

编写一份好的问卷通常需要遵循以下步骤：①列出希望了解的事项清单；②一份问卷可以由封闭式问题和开放式问题组成，两者应视情况各占一定比例；③对问卷进行编辑，并最终形成文件；④请他人检查问卷，并加以评价；⑤在小范围内对问卷进行模拟测试，并对结果进行评估；⑥对问卷进行必要的修改；⑦实施调查。

（3）观察法。观察法是通过到工作现场，观察员工的工作表现，发现问题，获取信息数据。运用观察法的第一步是要明确所需要的信息，然后确定观察对象。观察法最大的一个缺陷是：当被观察者意识到自己正在被观察时，他们的一举一动可能与平时不同，这就会使观察结果产生偏差。因此，观察时应该尽量隐蔽并进行多次观察，这样有助于提高观察结果的准确性。当然，这样做需要考虑时间和空间条件是否允许。

在运用观察法时应该注意以下几点：①观察者必须对要进行观察的员工所进行的工作有深刻的了解，明确其行为标准，否则无法进行有效观察；②进行现场观察不能干扰被观察者的正常工作，应注意隐蔽；③观察法的适用范围有限，一般适用于易被直接观察和了解的工作，不适用于技术要求较高的复杂性工作；④必要时，可请陌生人进行观察，如请人扮演顾客观察终端销售人员的行为表现是否符合标准或处于何种状态。

（4）关键事件法。关键事件法与我们通常所说的整理记录法相似，它可以用以考察工作过程和活动情况以发现潜在的培训需求。被观察的对象通常是那些对组织目标起关键性积极作用或消极作用的事件。确定关键事件的原则是：工作过程中发生的对企业绩效有重大影响的特定事件，如系统故障、获取大客户、大客户流失、产品交期延迟或事故率过高等等。关键事件的记录为培训需求分析提供了方便而有意义的消息来源。关键事件法要求管理人员记录员工工作中的关键事件，包括导致事件发生的原因和背景，员工特别有效或失败的行为，关键行为的后果，以及员工自己能否支配或控制行为后果等。

进行关键事件分析时应注意以下两个方面：第一，制定保存重大事件记录的指导原则并建立记录媒体（如工作日志、主管笔记等）；第二，对记录进行定期分析，找出员工在知识和技能方面的缺陷，以确定培训需求。

（5）绩效分析法。培训的最终目的是改进工作绩效，减少或消除实际绩效与期望绩效之间的差距。因此，对个人或团队的绩效进行考核可以作为分析培训需求的一种方法。

运用绩效分析法需要注意把握以下四个方面：第一，将明确规定并得到一致同意的标准作为考核的基线；第二，集中注意那些希望达到的关键业绩指标；第三，确定未达到理想业绩水平的原因；第四，确定通过培训能够达到的业绩水平。

（6）经验判断法。有些培训需求具有一定的通用性或规律性，可以凭借经验加以判断。比如，一位经验丰富的管理者能够轻易地判断出他的下属在哪些能力方面比较欠缺，因而应进行哪些内容的培训。又如，人力资源部门仅仅根据过去的工作经验，不用调查就知道那些刚进入公司的新员工需要进行哪些方面的培训；再如，公司在准备将一批基层管理者提拔为中层干部时，公司领导和人力资源部门不用做调研，也能大致知道这批准备提拔的人员应该接受哪些培训。再比如，在企业重组或兼并过程中，有关决策者或管理部门不用调研，也能大致知道要对相关人员进行哪些方面的培训。

采取经验判断法获取培训需求信息在方式上可以十分灵活，既可以设计正式的问卷表交由相关人员，由他们凭借经验判断提出培训需求，又可以通过座谈会、一对一沟通的方式获得这方面的信息。培训部门甚至可以仅根据自己的经验直接对某些层级或部门人员的培训需要做出分析判断。那些通常由公司领导亲自要求举办的培训活动，其培训需求无一不来自公司领导的经验判断。

（7）头脑风暴法。在实施一项新的项目、工程或推出新的产品之前需要进行培训需求分析时，可将一群合适的人员集中在一起共同工作、思考和分析。在公司内部寻找那些具有较强分析能力的人并让他们成为头脑风暴小组的成员。还可以邀请公司以外的有关人员参加，如客户或供应商。

头脑风暴法的主要步骤如下：第一，将有关人员召集在一起，通常是围桌而坐，人数不宜过多，一般十几人为宜；第二，让参会者就某一主题尽快提出培训需求，并在一定时间内进行无拘无束的讨论；第三，只许讨论，不许批评和反驳。观点越多、思路越广越好；第四，所有提出的方案都当场记录下来，不作结论，只注重产生方案或意见的过程。

事后，对每条培训需求的迫切程度与可培训程度提出看法，以确认当前最迫切的培训需求信息。

（8）专项测评法。专项测评是一种高度专门化的问卷调查方法，设计或选择专项测评表并进行有效测评需要大量的专业知识。通常，一般的问卷只能获得表面或描述性的数据，专项测评表则复杂得多，它可通过深层次的调查，提供具体而且较系统的信息，如可测量出员工对计划中的公司变化的心理反应以及接受培训的应对准备等。由于专项测评法操作要求极高，并需要大量的专业知识作支撑，企业一般是外请专业的测评公司进行。然而，使用外部专业公司提供专项测评，会受到时间和经费的限制。

（9）胜任能力分析。胜任能力是指员工胜任某一工作所应具备的知识、技能、态度和价值观等。许多公司都在依据经营战略建立各岗位的胜任能力模型，以为公司员工招聘与甄选、培训、绩效考评和薪酬管理提供依据。

基于胜任能力的培训需求分析有两个主要步骤：第一，职位描述：描述出该职位的任职者必须具备的知识、技能、态度和价值；第二，能力现状评估：依据任职能力要求来评估任职者目前的能力水平。

使用这一方法的企业或培训经理普遍认为，当职位应具备的能力和个人满足职务的实际能力得到界定后，确定培训需求就变得容易了。

最后，运用这些方法分析培训需求时，你需要慎重考虑每一种被使用的方法的具体使用效果：其中的一些方法本身就可能无法得出"全面客观"的结果；而其中的另一些方法则需要你"用到位"才可能产生"全面客观"的结果。

3. 培训需求分析的实施途径

（1）做好培训前期的准备工作：①建立员工背景档案；②同各部门人员保持密切联系；③向主管领导反映情况；④准备培训需求调查。

（2）制定培训需求调查计划。培训需求调查计划应包括以下几项内容：①培训需求调查工作的行动计划；②确定培训需求调查工作的目标；③选择适合的培训需求调查方法；④确定培训需求调查的内容。

（3）实施培训需求调查工作。

制定了培训需求调查计划以后，就要按计划规定的行动一次开展工作。实施培训需求调查主要包括以下步骤：①提出培训需求动议或愿望；②调查、申报、汇总需求动议；③分析培训需求。分析培训需求需要关注以下问题：a.受训员工的现状；b.受训员工存在的问题；c.受训员工的期望和真实想法。汇总培训需求意见，确认培训需求。

（4）分析与输出培训需求结果：①对培训需求调查信息进行归类、整理；②对培训需求进行分析、总结；③撰写培训需求分析报告。

（5）如何撰写好分析报告。需求分析结果是确定培训目标、设计培训课程计划的依据和前提。需求分析报告可为培训部门提供关于培训的有关情况、评估结论及其建议。培训需求分析报告包括以下主要内容：①需求分析实施的背景，即产生培训需求的原因或培训动议；②开展需求分析的目的和性质。撰写者需说明此活动实施以前是否有过类似的分析，如果有的话，评估者能从以前的分析中发现有哪些缺陷与失误；③概述需求分析的方法和过程。说明分析方法和实施过程可使培训组织者对整个评估活动有一个大概的了解，从而为培训组织者对分析结论的判断提供一个依据；④阐明分析结果；⑤解释、评论分析结果和提供参考意见；⑥附录，包括收集和分析资料用的图表、问卷、部分原始资料等，加附录的目的是让别人可以鉴定研究者收集和分析资料的方法是否科学，结论是否合理；⑦报告提要，提要是对报告要点的概括，是为了帮助读者迅速掌握报告要点而写的，要求简明扼要。

（二）合理选择培训工作外包

外包决策应根据现有工作人员的能力以及特定培训计划的成本而定。例如，公司如果正处在急速发展期且急需培训员工时，可以适当考虑外包某些或全部培训活动；当公司处于精简状态时，可以将整个培训职能外包出去，或只将培训职能的部分工作（如培训）外包出去。

（三）起草项目培训计划书

在做出外包培训决策之后，应当给服务商起草一份项目计划书。此项目计划书中应具体说明所需培训的类型水平、将参加培训的员工以及提出一些有关技能培训的特殊问题。项目计划书起草应征求多方意见，争取切合企业培训的要求。

（四）选择适合的服务商并寄送项目培训计划书

起草完项目培训计划书后，就要寻找适合的外包服务商并签订合同。一旦将公司人力资源开发（培训）的职责委托给公司外部的合作伙伴，就意味着要对其专业能力、文化兼容性及表达技巧有一定程度的信心。外包活动中双方的这种高度匹配能确保质量，也能确保有效对接、顺畅沟通、合理成本以及最终成功。

（五）考核并决定培训服务商

在与培训服务商签订有关培训外包合同之前，可以通过专业组织或从事外包培训活动的专业人员来了解、考查该服务商的证明材料。在对可选择的全部对象都做过评议之后，再选定一家适合自己的服务商。

（六）外包合同的签订

与培训服务商签订合同是整个外包程序中最重要的一个环节。在签订合同之前，应先让自己的律师审查该合同，并请专业会计或财务人员审查该合同以确定财务问题以及收费结构；且合同中必须注明赔偿条款，如培训效果不佳或不符合企业的时间要求等。签订合同时也最好让企业里一名最善于谈判的成员一起去谈判，以确保公司的利益。

（七）及时有效地与外包培训服务商进行沟通

计算机软件培训是最经常被外包出去的培训活动，公司必须让员工了解培训情况并为他们提供这个重要领域的及时而有效的培训。因此进行有效而及时的沟通就成了保证外包活动成功的关键。沟通应当是即时的和持续不断的，应当收集并分析员工对每项外包培训计划质量的反馈。

（八）监督并控制培训质量

在培训活动外包之后，还要定期对服务费、成本以及培训计划的质量等项目进行跟踪监控，以确保培训计划的效果。这需要建立一种监控各种外包培训活动质量和时间进度的机制。

二、挑选培训服务商的标准

（一）考查培训服务商的名声及经验

取得相应证明人名单，对培训服务商的声誉和经验指数进行全面的调查，以确定是否与其进行合作。通过对培训服务商的信誉及经验的调查，来证明它有能力在企业确定的时间表内提供企业所需要的培训。

（二）获取相关的信息、数据

考查该服务商的专业及业务活动水平的情况，如：该服务商是否对本企业的项目计划书要求做出了正确和简洁的回复？他是否提供了不相关的信息？要求服务商提供能说明其长期以来持续、有效益和有效率的业绩的文件。

（三）确认财务稳定性

要求服务商提供信用证明，以了解该服务商在财务上是否稳定。如果所选择的培训服务商面临破产的危险，那么企业也会因此而蒙受动荡与混乱的考验，组织者不得不再经历一次提供项目计划书要求的过程，这对于公司来说是一项巨大的损失。

（四）核实培训服务商的人员招聘与培训的能力

核实该培训服务商是否拥有一个招聘和培训自己雇员的系统，因为在长期培训活动的过程中，服务商不可避免会出现人员变化，因此拥有该系统可以保证其能快速补充新人。

（五）具备共享价值观

要求培训服务商理解本企业的价值观和文化并进行描述。在进行培训活动时须按照企业的价值观方式实施培训计划。

知名猎头烽火猎聘认为随着企业的成长，新的角色和新的培训需求会不断涌现出来，对此企业不但要制定长期战略规划，还要根据该规划去评价这些培训活动，使每个合作伙伴都想要千方百计地努力发展这种合作关系，使之达成互惠互助的目的。

三、培训决策模型

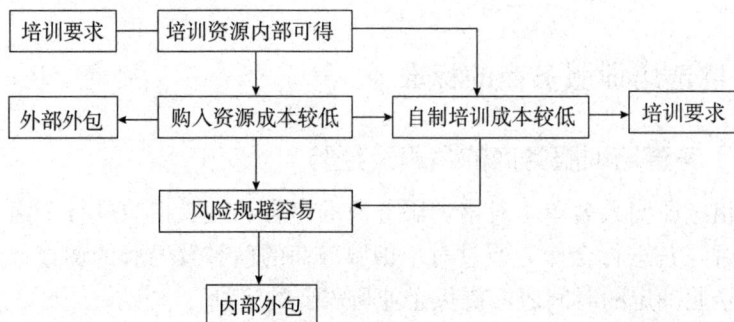

图 7-1　培训决策模型

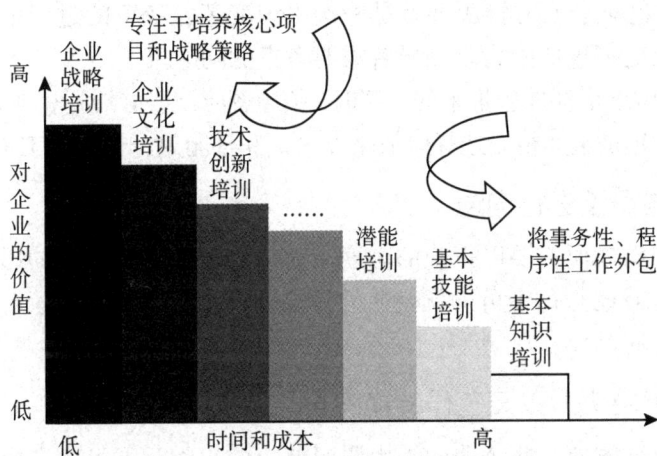

图 7-2 基于核心竞争力的培训外包决策模型

四、培训外包项目的转移管理

（一）挑选服务商

名声：企业都需要选择声誉良好的服务商进行合作。

财务稳定性：与之合作的培训服务提供商在财务上是否稳定是判断接包商的重要判断标准，一定要求服务商提供信用证明。

经验：培训服务提供商以往的经验往往能够证明它有能力在你确定的时间表内提供你所需要的服务。

文件：服务商要能够提供说明其长期、持续、有效的业绩的文件。

培训能力：培训服务提供商应拥有一个招聘和培训自己雇员的系统，能够保证快速补充新人。

共享价值观：培训服务提供商应该能够理解外包企业的组织文化和价值观。

相关的数据：关注培训服务提供商某些能够反映其服务水平和业务活动水平的数据。

时间选择和承诺：培训服务提供商应能够满足企业对时间和工作量的需求，能够履行承诺。

（二）获取领导层与管理层的支持

• 培训外包的实施必须受到高阶主管和经理的大力支持。

• 培训外包对于人力资源部就是一次组织变革，变革的过程中总是会存在阻力的，如何处理这些阻力是领导者需要考虑的问题。

• 在处理由于培训外包带来的变革时，领导者应该好好规划企业未来的愿景，并宣布培训外包是企业精心选择的战略方法，并且能为企业和员工带来好处。

（三）与员工进行沟通

对于经理们来说，要以正确的态度来对待培训外包所带来的影响，最直接的方法就是真诚地与每个员工就企业的目标进行沟通，使员工了解自己能力和组织要求之间的差异。

（四）解决失业以及工作转换问题

培训外包可能使一些企业的人力资源部门的工作重点发生转变，涉及的往往是收入一般的普通工薪层。如何应对由培训外包所带来的失业和工作转换问题也是一个亟待解决的问题。

五、双方合作伙伴关系管理

（一）合同管理

1.合同的签订

培训外包合同可以分为三类：市场型合同关系、中间型关系和伙伴型关系。

如果企业的培训需求明确无歧义，培训内容简单，并且没有续约的必要，则企业与培训承包商只需要签订市场型合同。

对于企业来说，有时候某些需求无法事先确定，预计在合同期内可能发生变化，这时候最好与培训承包商保持中间型关系。

伙伴型关系是针对那些培训要求不很明确、资产专用性较高且续约可能性极大的双方关系。

2.合同的履行和条款变动

外包合同中的重要条款主要包括服务范围、绩效标准、定价计划、第三方审计和合同条款转化及终止。

变更通知程序包括变更的申请、变更的前提条件、变更的权限、变更的授权等。

3.合同的终止

外包关系可能在合同到期时以正常的方式结束，也可能会提前终止。通常，外包合同包含以下六种情况时合同终止：①诉讼、破产等原因；②违约；③合同终止后的职能过渡期限；④保留合同收回外包职能的权利；⑤移交技术、人员、软硬件服务的规定；⑥对承包商帮助过渡的责任进行规定。

（二）双方关系管理

在双方利益上，企业应加强对培训服务承包商的监督，加强协作沟通，使承包商了解企业的真正需要，同时又要尊重接包方的利益需求；接包商应协助企业分析情况并做出及时改进，指导企业建立质量保证体系。

在企业文化上，双方应互相适应和包容，沟通的方式有定期召开会议、双方的项目主管保持密切联系等。

双方关系管理中，为了使双方都收益最大化，首先必须相互信任。Horm认为，信任并不仅仅存在于私人的契约之中，在企业的交易过程中，信任也作为交易成本的一部分而存在。

六、基础设施管理

（一）影响

基础设施主要包括硬件、软件、知识以及其他支持基础设施。在外包过程中，双方若不能管理好基础设施，很有可能造成数据或者系统的完整性破坏，或者接包方不能完成企业签订的合同条款等问题。

（二）挑战

由于培训外包过程中设施的不完善性，可能导致培训外包增加额外的风险。比如硬件设施，必须考虑设施的兼容性问题，管理过程中还要考虑到地点问题，接包商的设施一般是离外包企业比较远，外包企业必须确定接包方有足够的能力，提供技术上的支持以及相关配备。

第三节　企业培训外包的风险及规避

一、什么是培训外包的风险

风险是事件未来可能结果、损失、损失的损害程度、损失的大小和损失发生的可能性等的不确定性。

在企业内，培训外包风险主要表现在以下四个方面：第一，某些培训机构不知道企业真正需要什么，没有针对性，不能根据现场的反馈及时调整；第二，受商业风气的严重影响，在业务方面只为了拿到订单，在培训样品的提供上，培训师讲得很精彩，听起来也很实用，一旦让他们进行正式培训后，味道完全走样了，不能及时变换角色，不能把企业的事当成自己的事，马虎完成任务；第三，部分培训师没有在企业做过，没有切身体验，只会理论讲解，在没有做出诊断的情况下，就给人家开出了药方；第四，由于现在的培训行业制度不完善，培训机构之间，或者培训机构与培训师之间经常因为利益关系出现矛盾、纠葛，导致企业成为最终牺牲品。

二、培训外包的风险因素

了解导致培训外包风险的因素，有助于制定减少风险的有效管理方法，及时采取风险规避措施。培训外包的风险因素主要包括失控风险和成本风险。

（一）失控风险

1. 不确定性

培训外包时，企业不可能完全了解市场上的所有服务提供商，因此存在信息上的不对称。同时，由于培训服务提供商是一个外部独立运作的实体，双方是合作伙伴关系而不是隶属关系，因此对培训服务提供商的行为往往不好控制。

此外，由于培训市场巨大，需求旺盛，造成大规模的组织涌进这个行业来"掘金"，造成培训市场的混乱无序。而行业起点低、运营成本低、利润高，更是驱使很多根本没有任何资源的机构经过包装以后"上市"经营。培训市场的混乱也与大型的、实力雄厚的培训机构的高价位有关系。文化这种产品的价值是不能简单地用金钱来衡量的，而培训行业没有统一的收费标准，大机构的培训费开价太高。很多培训服务提供商实力和规模都无法与那些实力强大的专业培训机构竞争，但是为了生存和发展就采用一些旁门左道的功夫来获取业务，非法竞争。这是培训业界最为显著、最为普遍的问题。

2. 法律风险

有关培训外包的法律风险很多，而且由于缺乏相关的法律先例使这种风险更严重。例如，到目前为止还没有相关的法律法规明确规定，当出现安全漏洞时，发包商能够获得多少赔偿金。特别是在涉及离岸外包（外包商与接包商来自不同的国家，外包工作跨国完成，Offshore Outsourcing）时，双方来自不同的国家，要求所有的法律冲突都在发包商首选的司法管辖范围内完成裁决是不可能的。

3. 接包商的机会主义

一些公司高层往往关注那些"拿来就能用"的快餐式培训，希望找到些"物美价廉"的培训，由于企业对培训的认识问题，再加上培训机构那些"饮鸩止渴"的行为，最终导致了培训服务提供商，即接包商中机会主义者有机可乘。某些接包商曾经自己培养过一些专业讲师，但由于激励和约束机制的缺失，使得培训效果实际上达不到企业的需求，但是他们可以利用企业高层急功近利的思想投机取巧，使得培训外包项目的内容更加庸俗。

4. 项目风险

项目风险是指培训外包项目不能实现预期的培训目标和战略优势的潜在风险。这种风险的潜在因素很多，如软件设施之间不可预计的不兼容性、外包双方的文化冲突、法律的变化以及不可预计的时间延长等。项目从企业转移到培训外包服务商所用的时间同样是项目风险影响因素之一。

5. 知识产权风险

知识产权风险是一个大问题，是涉及商业机密的问题。服务商为提供外包服务，除了解企业文化及基本架构外，诸如企业人力需求、薪资待遇、测试内容及方式、培训课程等敏感内容都会被其掌握。如果在培训期间，涉及知识产权侵权问题会对企业的生命安全构成重大影响。因此，为确保交易的安全性，除了对对方信誉度的关注外，外包服务双方一般都会签订有保密协议或在合同中明确保密条款。

6. 沟通风险

培训外包可能存在这样的状况：培训服务提供商可能在服务方面不能满足企业的需要，或者提供的服务较差。

前一种情况通常是之前签订了一份详尽的合同，但是随着时间的推移，企业的需求发生了变化，使接包商的服务不能满足企业的需要，想要修改合同，又需要很高的契约修订成本。这就要求企业项目管理团队做好沟通工作，取得对方谅解，才能修改服务的方向。

若接包商的服务质量较差，企业可能需要考虑终止合同并另寻找承包商，双方就相关事宜达成协议才能顺利转接。若是沟通不协调，将会导致双方均受损失。

7. 企业文化传递失真风险

接发包双方合作关系开始时，由于双方均有自己的企业文化，在接包商不能合理判断采用哪种组织文化和运营风格时，这种合作本身可能给企业带来很大的业务风险。接包商不能真正理解企业的组织文化，或者只从自理解的角度出发，曲解了企业的文化，则不利于企业培训外包项目的成功实施。由于工作日长度、性别歧视以及社会制度等问题，很有可能引发企业文化传递失真的风险。

（二）成本风险

培训外包的成本包括维持内部培训机构的成本和培训活动的项目成本。一般来说，由于规模经济效应，外部培训机构分摊到每期培训的成本会降低，以达到培训外包成本节约的优势。有代表性的咨询专家们断言，职能外包平均可以节省 20% ～ 40% 的费用，但是有企业发现，职能外包所节约的费用实际上只有 9% 左右。

提供员工培训外包服务的公司和组织专业化程度较高，掌握着丰富的资源，具有规模经济的效应，这是大多数企业所不具备的。而企业如果自己承担培训的任务，则需要对行业培训内容和水平做出调查，聘请讲师或者对内部讲师进行必要的培训等很多前期工作。对于企业来说，培训外包的成本风险主要来自于时间成本、契约成本和经营成本三个方面。

1. 时间成本

时间成本是指一定量资金在不同时点上的价值量产差额。时间成本准确地说，叫"货币时间价值"，是指一定量资金在不同时点上的价值量产差额。

培训外包需要企业做详尽的需求分析，确定培训外包项目，认真挑选服务商等，所有这些工作都需要企业花时间去做。通常详细周密的培训外包合同能使培训外包按照企业的意愿进行，但是事实上，部分企业在不能正确选择外包服务商的情况下可能终止外包，之前付出的时间成本将会无法收回。

2. 契约成本

契约成本是指搜寻签约方，确定契约条款，履行契约及争端解决等过程所需耗费的成本。契约成本包括信息成本、谈判成本、监督成本和外部影响（或剩余损失）。企业和市场是资源配置的两种可互相替代的手段，企业之所以取代市场而存在，是因为企业的契约成本小于市场的契约成本。或者说，企业并非为取代"市场"而设立，而仅仅是用生产要素市场取代产品市场，是一种契约取代另一种契约。

在培训外包中，签订合同的成本取决于业务的复杂程度（培训内容的复杂程度）。业务的复杂程度主要是指合同谈判的不确定性环境、谈判双方职能发挥有限制的理性、潜在的信息不对称以及可能产生外部性。培训的复杂性越高，交易环境的不确定性越大，外包代理方掌握的信息越多，外包谈判的契约成本也就越高。

信息成本是为获得信息付出的代价。从本质上说，任何可以被数字化（编码成一段字节）的事物都是信息。信息对不同的消费者有不同的价值，不管信息的具体来源是什么，人们都愿意为获得信息付出代价。同其他要素资本一样，信息资本也具有增值性、周转性和垫支性。人们获取任何要素资本，都要支付资本成本。信息产品或信息资源变成企业、个人的信息资本，需要经过信息产品或信息资源进入市场交易的过程，企业、个人使用现金购买信息资源，使信息资源嫁接在财务资本上，从而变成信息资本——企业、个人经营过程中的要素资本之一。信息是消费者必须在试用一次后才能对它进行评价的产品，因而信息是"经验产品"。这是由信息产品的崭新性、机密性和增值性所决定的。因此，信息产品经营者通常运用各种策略来说服谨慎的顾客在知道信息内容之前进行购买。一旦信息内容被解密、公开，被所有人知道，信息产品的使用价值就会减少或消失。

就培训外包来说，在获取培训供应商资料时，企业就需要付出信息成本。

谈判成本是当发现了潜在的交易对手后，为了达成交易，交易的双方可能还需要花费大量的成本，在一些复杂的交易中，比如上市公司和主承销商作为出售的一方，潜在的投资者作为购买的一方所进行的股票发行交易中，就需要极为庞大的承销费、律师费、审计评估费用等等。

谈判成本由以下四个部分组成：①合同细节谈判所产生的沟通成本，如交通费、通信费；②当没有预见到的情形发生时，改变合同、重新谈判的成本，如培训追加费、违约赔偿款；③业绩依赖于外包代理方所产生的被动成本；④谈判双方不愿运用合同终止机制产生的争端成本，如调解费等。这些费用都是可能增加培训外包风险的项目。

监督成本是指企业为了监督培训服务承包商的服务质量而耗费的支出。

外部影响是指在培训外包过程中会影响到根本没有参与的人或部门，使其得到可察觉的利益，或蒙受可察觉的损失。例如，培训外包可以给企业带来创新，就是正面的外部影响；培训外包可能导致部分员工失业，或者需要转移部分员工的工作而加大工作量，这就是负面的外部影响。为消除负面的外部影响需要消耗成本，这也是契约成本风险的体现。

培训外包不是简单地将一笔钱交给服务商，而是需要进行合理的成本效益分析，才能达到节省资源、发挥优势的效果。

3. 经营成本

经营成本主要是指合同上签订的项目成本，其次还有机会成本（包括看得见的成本和看不见的成本）以及外包过程增加的成本。

培训外包时需要对服务商提出的成本报价进行审定。成本主要根据企业评估的服务商的服务水平来计算。但是其中存在的问题是：只根据成本去挑选适合于企业的服务商是很困难的，一般情况下，能够提供最好服务的那些承包商收费也是最贵的。同时还要考虑到，承包商在竞争少的情况下倾向于收取比实际水平更高的费用。

培训外包后，委托代理双方为买卖关系，存在信息不对称等情形。由于双方是属于服务的买卖关系，很有可能产生一方对另一方不忠，对企业来说，需要付出更多的监督成本和由此产生不信任等心理成本。

在培训中，有些项目是需要企业内部的专业人员和其他辅助人员的参与才能完成的，因为他们比外部人员更熟悉本企业的情况，对员工具有很好的示范效果和亲和力。另外，培训还应该根据绩效考核的材料，针对不同员工的实际情况实施有效培训，而关于员工的具体资料等，需要与企业的每个职能部门保持联系。所有这些协调工作都会使其经营成本大大提高。

三、培训外包的风险规避

（一）健全人力资源外包市场，加强过程管理

目前，我国还没有明确针对培训行业的法律法规，没有法律法规，大家就不知道操作的底线在哪里。所以，未来的培训行业必须由政府来主导，媒体来监督，企业来参与。要有一个权威的行业组织对外发话，对培训消费者负责，对媒体和政府有所交代，对企业的发展起催化剂的作用。同时，可以考虑开放内地培训市场，引进外资培训机构进行良性竞争。

（二）建立健全实施培训外包的各项配套机制

一是外包供应商的评级准入机制。通过完善的外包供应商准入评级体系，有效对外包商的技术实力、经营状况、社会信誉等因素进行综合评定，以测定外包商资质等级。二是外包业务风险监测和后续评价机制。在培训外包的实施和管理阶段，企业要保持对培训外包业务性能的随时监测和评估，定期对外包业务综合效益、业务质量层次的提升及业务外包后对核心业务的影响等做出测算评价。

（三）科学分析企业培训需求

培训外包前，先要对企业培训需求做出科学的分析和正确判断，以决定是否开展培训。这一步骤可以通过使用 SWTO 分析的方法，对企业培训内外部条件进行综述和概括，以明确企业外包培训的可行性和必要性。

（四）科学挑选供应商

选择合适的供应商，可以通过供应商的公司实力、客户群体、专业背景、客户口碑、声誉、财务稳定性、从事培训的经验、是否具有共享价值观以及能否在企业要求的时间内完成培训计划的实施等标准进行衡量。一般来说，应特别注意下列问题：一是培训供应商的信誉；二是培训供应商的资质；三是供应商以前的客户；四是供应商了解企业的程度；五是培训项目的初步建议书；六是培训供应商提出的价格；七是培训供应商的财务稳定性；八是培训课程与企业文化的融合程度。

（五）签订详细周密的培训外包合同

由于企业与供应商的非行政隶属关系，为确保外包培训的有效性，提高合同的完善度和针对性，必须与供应方签订清晰且具体的培训合同，这是降低培训外包风险必要的法律手段。一方面，企业应当确保自己的利益在外包合同中得到充分体现；另一方面，企业应该把供应商不能达到预期的培训效果时要采取的措施在合同中规定。

（六）明确人力资源部门在外包过程中的职责和定位，保证过程的参与和监控

不断地参与，可以保持和提升企业人力资源管理能力，使人力资源管理者从与外部专业机构的交流中提高自身的业务水平，避免人力资源职能的边缘化，从而更好地行使其战略方面的职责，而且这种学习的机会可以提高人力资源部

门员工满意度，减少人员流失。更重要的是，作为与外包服务机构接触最为密切频繁的部门，人力资源部门要承担起对服务的监控和评估职能。

（七）培训的监督实施与评估

现在，为数不少的培训师存在重技巧、轻内容的倾向，过于强调气氛，取悦受训者，培训过后给受训者留下的只是一些无聊的笑话。因此，在培训项目实施过程中要根据在培训外包前制定的风险衡量标准，实施培训外包风险的全过程动态管理。同时，企业要做好培训的评估工作，对培训风险进行事后控制，在培训项目结束后，要对培训质量、培训费用、培训效果进行科学的评议。

（八）加强沟通

企业要想把培训外包决策成功地实施下去，必须减少可能出现的各种阻力，做好沟通工作。一是加强与供应商的沟通，处理好与供应商的关系。二是加强内部的沟通，给予员工正确的引导，让员工了解其在外包中所应扮演的角色，让他们理解外包并不等于工作机会的丢失，相反，意味着企业更加重视每个员工的职业发展。

（九）建立有效的退出机制

企业在选择外包服务时应该做好相应的退出措施，建立相应的同步控制体系和信息反馈系统，跟踪检查和分析外包的全过程，进行风险监督和管理，也可以在签订外包协议时，增加关于企业退出原外包时的风险保障措施，如原供应商泄漏企业商业机密的惩罚措施。退出机制的建立将有助于企业在退出外包后处理好与原服务商的关系。

第八章　企业员工培训成果转化与效果评估

第一节　培训效果及其影响因素

现在越来越多的企业开始抓培训，在培训越来越受到企业重视的同时，人们也会对各种培训的效果和质量报以更大的期望。如何保证培训的效果和质量呢？笔者认为培训的外在因素及学员的内在因素是影响培训效果的主要方面。

一、外在因素对培训效果的影响

（一）培训方案

方案是培训组织实施的蓝图，科学合理的培训方案是保证培训效果的关键因素。培训方案设计要根据培训需求认真考虑以下几方面内容：培训目的、时间、地点、对象、参与部门、主题、课程背景、培训内容、培训教师及介绍、预期培训效果、培训准备物品、培训费用、培训考核方式及内容、培训合同样本、培训组织部门、合作单位等内容。

（二）课程内容

课程内容是影响培训效果的根本因素。课程内容要根据培训目的和培训对象进行合理安排。由于不同层次人员的工作重点、视野、所站高度不同，他们所关注的知识点也不同。所以，相同的培训目的，不同层次的培训对象课程内容也要有所不同，要根据培训对象的不同层次设计不同的课程内容。

（三）培训方式

方式是影响培训效果的重要因素之一。对于管理培训来说，体验式、训练式、沙盘模拟、案例研讨等培训方式效果更好。无论选择哪种培训方式，在培训过程中都应注意与实践的结合，充分利用互动和研讨调动学员的主动性和参与热情，以开拓学员的思路。

（四）授课教师

授课教师的能力和水平是影响培训效果的决定因素。一名优秀的管理培训教师，不仅要有深厚的理论功底，还要有丰富的实践经验。授课过程中，要将理论与实践高度结合，并且要有很强的感染力和观察组织能力。

（五）技术落后

大多数企业员工培训侧重"课堂教学"，培训时往往以教师为中心，缺乏培训双方的交流与沟通。这种传统的培训方式与现在欧美发达国家采用的"案例教学法""小组讨论法""模块培训模式"的效果相差甚远。而且，培训的模式多局限于"老师讲、学员听、考试测"的三段模式，由企业请进专家办技术培训班、开专题讲座的情况很少，通过现代化的电脑网络技术进行员工培训的国有企业更是凤毛麟角。

（六）其他欠缺

1. 缺乏监督

大部分企业的培训只注重当时培训的现场状况，如只对培训的组织、培训讲师的表现等最表面的东西进行考评，而对于培训对员工行为的影响，甚至对于公司整体绩效的影响不去考评。而外派培训则更简单，只是看培训者有没有培训的合格证书；另外，培训后也不能做到"人尽其才，物尽其用"，而是原来干什么，现在还干什么，原来怎么干，现在还怎么干，甚至连企业自己都说不清到底有没有达到预期的目的。

2. 缺乏预见

培训工作作为人力资源开发的一项系统工程，应有计划性和针对性。但目前我国大多数企业的培训工作缺乏科学合理的安排，主要表现在：培训工作缺乏科学的培训需求分析，仅满足眼前利益和短期需求；长期培训、短期培训一起上，缺乏系统安排，达不到预期效果；培训缺乏预见性，对企业人才需求的预测和人才规划工作不到位；企业员工很难参与设计培训计划，因此参与培训的积极性低。

3. 缺乏环境

员工培训后返回工作岗位，需要一个可以将培训成果转化为企业效益的环境。上级领导的支持，同事间的沟通、互助、资金、配套设施和相关政策的扶持以及时间等因素的配合作用，才能促使培训效果有效转移到实际工作中去。但在现实工作环境中，经常会出现领导不支持、同事不配合、资金短缺、时间紧迫等情况，从而导致培训效果转化率低，使企业只见培训，未见成效。

二、内在因素对培训效果的影响

（一）心态

对于每个学员，参训的态度不同将直接影响培训的结果。马斯洛曾说：心若改变，你的态度跟着改变；态度改变，你的习惯跟着改变；习惯改变，你的性格跟着改变；性格改变，你的人生跟着改变。

（二）信念

信念是个体对事物或理论在情绪上的接纳。它可以影响个体的动机、个体在培训中的知觉，并直接作用于个体的知识结构，影响培训的迁移效果。对于培训师而言，了解学员的背景，通过适宜的方法引导学员正确的培训信念，将会对培训起到事半功倍的作用。在培训中，可以要求学员遵守培训约定、承诺，并向学员介绍有关培训方法的起源，以此强化学员对培训的整体信念。

（三）动机

动机作为激发或推动有机体去活动的特殊的内部状态，会引导个体在培训过程中的行为表现，从而影响培训的效果和质量。在培训中，培训导师需要充分考虑学员的内心需求，考察他们的受训动机，针对他们的不同需求设计或调整培训，如此才能产生更好的培训效果。

（四）思维方式

思维方式是一切文化的基础，也是培训和学习的基础，思维差异也会影响培训效果。培训从本质上讲是思维和认知活动的互动体现。在培训中，培训师在向学员传授培训理念时，经常会遇到来自受训者思维方式的障碍。培训师应该善于了解学员，针对他们的特点引导其更好地投入培训，从而使培训达到预期的效果，高质量地完成培训。

（五）认知风格

认知风格会影响个体对培训任务的理解和处理，从而影响到培训的效果和质量。培训导师除了针对学员不同的认知风格采取不同的方法进行引导、训练之外，还需要打破学员在培训过程中可能存在的固有认知障碍。因为学员的认知风格往往会与培训意图本身产生冲突，从而影响培训目标的实现。

第二节　培训成果转化与效果提升

一、培训成果转化概述

（一）培训成果转化定义

要成功地完成培训项目，受训员工必须持续有效地将所学知识技能运用于工作当中，最好是转化为受训者的行为习惯，成为其自身素质的一部分。培训转化是培训学习的迁移，是指将培训中所学到的知识、技能和行为应用到实际工作中去的整个过程。培训的目标就是学以致用，受训员工不仅要掌握培训项目所要求的各项知识技能，还必须持续有效地将所学知识技能运用到工作当中，将"所学"转化为"所用"，转化为企业效益，这就涉及培训迁移问题。培训转化这一环节对于提高培训的有效性至关重要，培训在多大程度上能够发生迁移直接影响到培训给企业带来的实际效益。

事实上，只有 40% 的培训内容在培训后的短时间能够立刻被应用到工作情境中，25% 的内容在 6 个月以后还能应用，15% 的内容能够维持到每年年末。如果以货币形式来衡量，大约只有 10% 的培训投入能够转化为员工日后的工作行为。由此可知，学员在培训项目和培训课程中的学习所得，如果没有经过培训成果转化这一过程，那么所有的培训投入将无法指向最终的目标，即无法提高员工的工作绩效，进而也无法提高组织的整体绩效。要想缩短学习和应用之间的差距，促进培训的学习所得向绩效转化，就必须清楚培训成果转化的过程和步骤。

（二）培训成果转化的过程

培训转化是指成功地完成培训项目，受训者要有效且持续地将所学技能运用到工作当中。Timothy Baldwin 和 Kevin Ford 提出了一个培训转化过程的模型。这个模型指出培训设计、受训者特征和工作环境都会影响学习、保存和转化，并且受训者特征和工作环境直接影响转化效果。具体如图 8-1 所示。

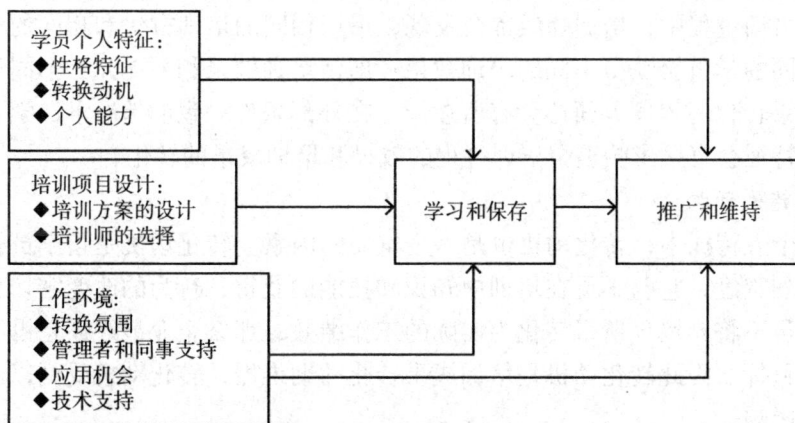

```
┌─────────────────┐
│ 学员个人特征：    │
│ ◆性格特征        │─────────────────────────────┐
│ ◆转换动机        │                             │
│ ◆个人能力        │                             ↓
└─────────────────┘              ┌──────────┐   ┌──────────┐
┌─────────────────┐              │          │   │          │
│ 培训项目设计：    │              │ 学习和保存 │──→│ 推广和维持 │
│ ◆培训方案的设计  │─────────────→│          │   │          │
│ ◆培训师的选择    │              └──────────┘   └──────────┘
└─────────────────┘                   ↑
┌─────────────────┐                   │
│ 工作环境：        │                   │
│ ◆转换氛围        │───────────────────┘
│ ◆管理者和同事支持 │
│ ◆应用机会        │
│ ◆技术支持        │
└─────────────────┘
```

图 8-1　培训成果转化过程

从上面培训效果转移过程可以看出，培训转化受三个因素的影响：培训项目的设计、受训者的特点、工作环境。

第一个影响学习和保存的因素是培训项目的设计。培训项目设计是学习环境的重要特征。学习环境的重要特征包括有意义的材料、实践的机会、反馈、学习目的、项目组织协调以及培训场地的自然环境特点，这些都会在一定程度上影响培训效果的转化。

第二个影响学习和保存的因素是受训者的特点。受训者的特点包括影响学习的各种能力和动机。受训者不具备掌握所学能力的基本技能（如认知能力、阅读技能），缺乏学习动机，不相信自己能掌握所学能力（自我效能程度低），那么，学习行为与培训转换就会收到影响。

第三个影响学习和保存的因素是工作环境。工作环境指能够影响培训转化的所有工作上的因素，包括管理者支持、同事支持、技术支持、转化氛围和在工作中应用新技能的机会。

二、影响培训成果转化的因素

（一）学员个人特征

学员的个人特征对培训的影响不仅发生在培训的过程中，而且还发生在培

163

训转化的过程中。影响培训成果转化的个人特征主要包括性格特征、转化动机、个人能力。

1. 性格特征

在培训过程中，培训师经常会发现，采用相同的培训方法和相同的培训内容，不同的学员会获得不同的培训效果；即使培训效果相差无几，不同学员在培训成果转化的程度方面还会有所差异。在外部条件一致的情况下，学员本身的性格特征会直接影响整个培训过程的效果和培训成果的转化。

2. 转化动机

在个人特征中，转化动机也是一个重要的因素。转化动机是指学员转化培训的强烈程度，它与学员在培训中知识和技能的获得、行为的改变密切相关。如果学员不将其培训所得转化为实际的工作绩效，那么企业最终还是没有实现其培训目标。因此转化动机是培训成果转化的助推器，转化动机受到以下三个因素的影响。

（1）期望。弗鲁姆的期望理论认为，激励力 = 效价 × 期望值。人之所以能够从事某项工作并达成组织目标，是因为这些工作和组织目标会帮助他们达成自己的目标，满足自己某个方面的需要。

目标价值越重要，实现目标的概率越高，所激发的动机就越强烈。换句话说，员工满意度会带来高绩效。另一方面，通过培训成果转化获得的绩效也可以为员工带来满意度，产生内在激励和外在激励。

（2）公平。公平因素把激励过程与社会比较直接联系起来，如果员工感觉通过参加培训有可能得到公平的报酬或其他奖励，那么他们就有可能很主动地学习。相反，如果员工感觉不到培训有可能给他们带来任何公平的报酬或其他奖励，就会降低他们学习的主动性和成果转化动机。

（3）目标设置。人们的行为是由目标和志愿所导致的，具体和高难度的目标能够促进工作绩效的提高。绩效目标与员工提高绩效的工作行为有直接的联系，因此制定员工在未来某段时间内要完成的目标和任务非常重要。

第一，目标设置为员工提供了一个动机基础。如果员工知道自己应该朝着哪个目标努力，那么员工便清楚要达到既定的目标，还需要做哪些方面的努力。因此，员工可以依据目标或任务的需要进行努力。

第二，目标可以指导员工的行为，即目标为员工提供了完成具体行为的线索，指导了员工的注意力和活动的方向。

目标设置应注意两个维度。一是具体性：目标越具体，员工对目标的要求就能了解得越多，具体的目标也提高了绩效反馈的价值；二是困难度：一般认为，困难的目标尽管达到的可能性较低，但与容易的目标相比，可以导致更高的绩效。当然，目标难度对绩效的作用，还受到其他因素的影响，如奖励、个人责任感等。

3. 个人能力

个人能力也会对培训成果的转化产生影响。学员的个人能力主要是指学员顺利完成工作并且能够学习培训项目内容所需的技能，是学员本身所具有的能力。个人能力包括认知能力、阅读和写作能力等。认知能力主要包括三个方面，即语言理解能力、定量分析能力和推理能力。认知能力对个人工作的重要性很明显，认知能力与所有工作的成功呈正相关。例如，超市收银员必须懂得基本的数学计算，才能正确给顾客找零，还要能够理解顾客并与顾客进行必要的沟通，这属于语言能力的范畴。此外，阅读能力不足会阻碍培训项目的学习和绩效的转化。如果学员无法理解培训过程中使用的材料，那么学员的学习效果不仅不会有所突破，还会下降。可想而知，学员的工作绩效也就无从保证。

学员在培训中的学习水平经常与学员的能力相联系，能力较强的个人能够较好地为掌握培训所学的内容做好准备，特别是那些复杂的、艰巨的任务，他们也更有可能积极主动地去寻找或获得运用培训所学的机会，以便更好地保持和提高工作绩效水平。

（二）培训项目的设计

大部分培训的目的不在于从根本上解决员工的实际问题，而在于引导员工找出最合适、最有效的方法来解决具体问题，也就是我们所说的"授之以渔"。因此，培训方案的设计和培训师的选择对培训成果转化的影响至关重要。

（三）工作环境

除了学员的个人特征和培训项目的设计之外，工作环境同样会影响培训成果的转化。培训成果能否顺利转化与工作环境密切相关，因此营造良好的工作环境对培训成果转化非常重要。一般而言主要包括转化氛围、管理者的支持、同事的支持、运用所学能力的机会和技术支持。

1. 转化氛围

营造良好的工作环境需要营造有助于培训成果转换的积极氛围（表 8-1）。

表 8-1　有助于培训成果转化的积极氛围的特点

特　征	具体描述
上级与同事鼓励	上级与同事鼓励受训者积极运用在培训中学到的新技能行为并为之确定目标
任务提示	受训者所从事的工作特征推动或提醒受训者运用在培训中学习到的新技能和行为
反馈结果	上级支持受训者把培训中所学到的新技能与行为运用到工作中去
惩罚限制	在刚接受完培训之后的受训者运用其所学新技能失败时，对他们不要责备
外在强化结果	受训者因为运用在培训中所学新技能和行为而得到加薪等外在奖励
内在强化结果	受训者因为运用在培训中所学新技能和行为而得到如上级和同事的赞赏等内在奖励

2. 管理者支持

管理者支持是指受训者的上级管理人员支持其下属参加培训，支持受训者将所学的技能运用到工作中去。

支持的程度越高，培训成果就越有可能得到转化。管理者能够提供的最低层次的支持是允许员工参加培训，而最高层次的支持是作为一名指导者亲自参加培训。作为一名指导者参加培训项目，就更有可能提供许多低层次的支持功能，比如强化员工在培训中对新学能力的应用、与员工探讨培训的进展情况、提供练习的机会等。

通常，企业应安排专门的时间向主管们解释培训的目的，并且告诉他们，企业期望他们能够鼓励员工参加培训；为员工提供实际练习的机会；强化培训内容的应用；对受训员工进行追踪，以评价员工在将培训内容应用到实际工作中所取得的进展。具体应做到以下两点：

第一，建立畅通的沟通渠道。无论是企业内部培训还是外部培训，企业的决策层（高层领导）必须与培训操作层（培训部门／培训公司）进行沟通，坦诚相待，使操作层明确企业需求，将企业的真实需要编制到课程中去，尽可能地防止培训内容与本企业的核心价值观发生冲突。

第二，建立"360度评价体系"，将"培训重视程度"作为其中重要考核指标。""360 度评价体系"是一种全方位获取绩效信息的考核制度。

从培训有利转化的角度考虑，企业部门经理和一线主管也应参加培训，至少培训人员应在受训人员参与培训前与其主管或上级取得联系，告诉他们受训者即将得到怎样的培训及其大致情况，这样。受训者的主管或上级就知道在培训前和培训后应如何配合或支持员工。例如，可让主管在培训前与参训的员工谈话，告诉他们参加培训的一些小技巧。培训结束后，主管再让员工演练在培训中学到的技能，主管和员工也可以共同制订一个在一定时间内应用新技能和新制度的计划和目标。表 8-2 反映了主管或上级对培训支持的程度与培训转化效果间的联系。

表 8-2　上级对培训支持的程度与培训转化效果间的联系

支持形式	支持水平	培训转化效果
参加培训教学	高 ↓ 低	高 ↓ 低
支持受训者实践并为其创造计划		
强化受训者在培训中新学技能的应用		
鼓励受训者参加培训		
允许受训者参加培训		

3. 同事支持

存员工间建立起一种支持网络会有助于强化培训成果的转化。通过员工间的交流，他们可以分享将培训内容运用到工作中去所取得的成功经验。他们还可以讨论如何争取在运用培训中所传授的技能时所需的资源，或者如何应对培训内容应用于实践时产生干扰的不良环境问题等。

管理者还可为每位受训员工配置一名导师——一位原来参加过同样培训且工作经验更为丰富的员工。这位导师可以是受训者的同事，他会向受训者提供如何将培训内容成功转化为工作实践的建议和支持。

同事的支持主要是通过建立支持网络来强化培训成果的转化。支持网络是指两个或两个方面取得的进展。表 8-3 反映了同事支持网络的组建方式与培训转化效果之间的联系。

表8-3　同事支持网络的组建方式与培训转化效果之间的联系

同事支持网络组建方式	内　　容	培训转化效果
面对面会议方式	定期见面，相互交流如何将新学的新技能运用到工作中去	高
咨询导师方式	组织安排一名同样训练且经营丰富的员工作为咨询人员，帮助受训者解决难题	↓
内部通讯方式	组织或培训师在组织内部以刊物或短信、微信公众号等的形式传播成果经验	低

4.运用所学能力的机会

员工将培训项目中所学到的新知识、新技能及培养的新行为运用到实践中的机会越多，培训的效果也就越明显。

运用所学的能力及执行机会，是指向受训者提供或受训者主动寻找机会来应用培训中所学知识、技能和行为方式的程度。一般地，执行机会受工作环境和受训者学习动机的双重影响。员工的工作环境主要是与上级工作安排、同事支持与否相关，而受训者的学习动机决定了受训者是否愿意积极承担责任，愿意将培训中所学知识应用到工作中去。执行机会包括应用广度、活动水平及任务类型。应用广度指可用于工作中的培训内容的多少。活动水平是指在工作中运用培训内容的次数和频率。任务类型是指工作中执行的培训内容的难点和重点。

一般而言，有实践机会的受训者要比没有实践机会的受训者更有可能保持所获得的技能。衡量执行机会的多寡，可以从三个方面考虑：受训者是否执行某种任务；执行了多少次；难度大且富有挑战性任务的执行情况。如果某位受训者的执行机会少，那么他或她有可能要接受再培训。

5.技术支持

管理者可以使用各种工具和技术减轻培训工作的负担。目前，为企业运用的工具和技术主要包括以下几种：

（1）培训手册。培训手册，或者是"系统工作"手册，有助于教授日常知识。对培训者和受训者来说，它能使培训过程更加通俗易懂。当受训者不知道该怎么做时，可以参考培训手册。

（2）交互式计算机培训。许多公司已开发出培训各领域员工的计算机软件。

这些软件大部分是为在校生设计的，它们能使学生根据自身情况去学习。交互式计算机培训可以使受训者在工作中继续进行学习。他们还可以进行自我检测，了解自己的掌握情况。

因为大多数公司有一套自己的做事方式，供受训者使用的软件对于公司来说用处不大。但是教授基础会计技能和各种计算机操作方法的专门软件对任何公司都非常有价值，因此公司可选出一些对自己有用的软件来巩固受训者在培训中所学的知识。

（3）实例研究。实例研究是对真实或模拟情况的研究，它能为学员分析问题、讨论问题和解决问题。它能帮助受训人员解决在培训后日常工作中可能遇到的各种难题，因为这些例子都是模拟受训人在公司中可能遇到的各类情形。使用实例研究能够减少受训后的员工实际工作中可能遇到的各类问题，减少受训员工实际工作中的错误。实例研究的最大好处就是：受训后的学员通过合作解决问题，学会如何组织和运用部门成员去解决问题。

（4）角色扮演。培训员工最后的方法是角色扮演。与案例研究一样，角色扮演应以一位受训人在工作中可能遇到的真实情况为基础，例如与客户打交道、解决同事间的纠纷或进行工作检查。为了使这种方法更有效，企业应认真组织安排角色扮演。必须向参加者简要说明练习的目的，并且分给每一位参加者一个特点角色去扮演。

可以把部门成员分为几个小组。然后选出一名参加过培训的员工扮演此角色，其他组员加入其中来配合这名演员。角色扮演结束后，大家一起评价并交流这次经历的心得体会，巩固受训中所学的知识与行为要求等。

（5）录像带。近几年来，在培训方面的一个突出变化就是把录像带作为培训工具。有各种各样的培训录像带。录像带非常适合受训者从事日常工作。公司可以通过录像带巩固受训者在培训中学习的内容。对于灵活性及主动性较大的工作，录像带可能会阻碍创造力的发挥。人们倾向于接受从录像带中所看到的，并把其作为唯一正确的方法。

三、确保培训成果转化的具体方式

在工作中员工的表现总会让人感觉有各种各样的问题，一旦确定了受训者可能存在的问题是与培训相关，那么有必要确定培训过程中学习的新知识是否成功转化。在分析了是什么因素导致培训成果无法顺利转化后，直线经理可以采取以下一些措施来促进培训成果的转化。

（一）明确关键人员在培训成果转化中的作用

在培训开始前、培训过程中以及培训结束后应该分析关键人员（管理者、培训者、受训者以及受训者同事）在培训中应该做的工作，建立促进培训成果转化的工作环境，克服阻碍培训成果转化的因素（表8-4）。

表8-4　关键人员在培训中应做的工作

关键人员	培训开始前	培训过程中	培训结束后
管理者	1. 了解问题所在 2. 确立组织目标 3. 参与制定计划 4. 参与培训需求评估 5. 建立支持机制	1. 观察培训 2. 获得进展报告 3. 鼓励受训者 4. 避免中断培训 5. 制定培训后行动计划	1. 编写培训报告 2. 维持支持机制 3. 监控培训计划 4. 成为辅导员 5. 评估工作业绩 6. 正面强化
培训者	1. 设计培训项目 2. 讨论培训需要以及培训目标 3. 评定现有技能/水平	1. 提供练习机会 2. 提供反馈 3. 制定培训后行动计划 4. 对培训过程和培训成果评估	1. 进行后续追踪 2. 与管理者保持合作关系 3. 回顾修正计划 4. 分享评估成果
受训者	1. 积极参与培训 2. 完成所需任务 3. 开始建立支持培训的关系网络	1. 自我管理 2. 提出改进意见 3. 分享培训心得	1. 应用学习知识 2. 使用工作援助 3. 与同事共享 4. 汇报现在的工作业绩 5. 回顾评估结果并且制定未来职业生涯规划
受训者同事	1. 要求受训者掌握关键的学习成果从而与团队成员共享 2. 参与讨论培训需求分析	1. 与受训者保持联系并且鼓励他们 2. 帮助减轻受训者的工作量	1. 赞同并且支持受训者实现培训成果转化 2. 如果可能从受训者那里学习新的技能

（二）及时跟踪调查

在受训者完成培训课程六个月之后使用受训者反馈表对受训者进行调查。

受训者在这六个月的时间里将培训内容应用于实际工作当中。企业可以建立一个自动系统来提醒管理者何时对受训者进行检查，这对所有的组织来说都很重要。但是手动处理这些信息十分烦琐，所以几乎所有的培训部门都已经开始使用电子数据表格软件来完成任务。

培训后的沟通最好在培训结束一段时间后进行，给培训双方一个准备的过程，对于直线经理来说可以观察员工的学习情况、应用能力以及相应的沟通准备；对于员工来讲可以有一个较充分的时间来将自己学习到的东西进行实际应用，从而更好地寻找问题来与直线经理交流。主要沟通包括以下几个部分。

（1）培训会。受训员工作为培训者，给未参加培训的员工培训。培训的形式包括做汇报、讲课等，形式可以由培训的员工自己决定，部门经理以及人力资源部门给予支持。之所以要在一段时间后进行，是为了给这些经过培训的员工一个整理、总结、分析，并对自己作为培训者的准备的时间。

（2）针对培训的内容，对于如何把相关的理论方法转化为实际操作中的东西，包括制度措施、方法行为、绩效等制定一个计划。

（3）根据培训的记录和培训前后沟通的结果，整理成培训档案，作为部门的资料，或以后培训的参考资料，也可以避免因为受训者跳槽而导致培训投资的流失问题。

这样，通过培训后的沟通就可以达到强化、转化、消化、扩大培训效果的目的。好的沟通不一定必然有好的培训结果，但是没有好的沟通必然一定没有好的培训结果。

四、培训成果转化的层次

莱克（Laker）认为，培训成果转化可以分为近距离转化和远距离转化两种：近距离转化是指可以直接将所学内容应用于与培训环境相类似的实际工作中，基本不需要太大的修订和调整，属于依样画瓢式的运用。

远距离转化指将所学技能运用于不同于最初的培训环境的工作中，需要用新的创造性的方法应用所学内容，举一反三，融会贯通，自我管理。

（一）依样画瓢式的运用

即学员的工作内容和环境条件与培训时的情况都完全相同时才能将培训成果转化，二者之间的相似性大小决定培训转化程度。如情景模拟培训在这个层面的转移程度就大。

（二）举一反三

即推广。学员必须理解培训转化的基本方法，掌握培训目标中要求的最重要的一些特征和一般原则，同时明确这些原则的适用范围。在工作环境与培训环境特征有所差异时，学员要能正确应用所学知识技能。这个层面的转移成果可通过讲师在培训时示范关键行为，强调基本原则的多种适用场合来提高。

（三）融会贯通

即学员在实际工作中遇到的问题或状况完全不同于培训过程的特征时，也能回忆起培训中的学习成果，建立起所学知识能力与现实应用之间的联系，并恰当加以应用。

（四）自我管理

即学员不仅能积极主动地应用所学知识、技能解决实际工作中的问题，还能自我激励去思考培训内容在实际工作中可能的应用。比如，能较为恰当地判断：在工作中应用新掌握的技能可能会产生正面或负面作用；为自己设置应用所学技能的目标；对所学内容的运用实行自我提醒、自我监督等。

第三节　培训效果评估

一、培训评估的含义和类型

（一）培训评估的含义

与管理中的控制功能相似，在对培训管理的过程中，要对培训的成效进行评估或检查，以便了解培训的状况，找出偏差，及时纠正。戈尔茨坦（Goldstein）认为培训效果评估是指："系统地收集必要的描述性和判断性信息，以帮助做出选择、使用和修改培训项目的决策。"因此，培训评估不仅是培训结束后对培训结果的评估，在制定培训决策、实施培训决策的过程中都必须贯穿评估，最终是为了使培训效果最大化。培训效果指企业和员工个人从培训中获得的实际收益。有效的培训对员工个人的影响是直接的，他们可以学到各种新的知识或技能，从而提高自身价值；而企业也会因此获得各种经济上的收益。

因此，培训评估是一个必须全面筹划的、系统的评估过程，培训评估综合考虑下面几个问题：①从时间和工作负荷量上考虑是否值得进行评估；②评估的目的是什么；③重点对培训的哪些方面进行评估；④谁将主持和参与评估；⑤如何获得、收集、分析、评估的数据和意见；⑥以什么方式呈报评估结果。评估应在培训开始时进行，并贯穿培训发展、结束的全过程。要认识到，评估不是增加控制和压力的手段，而是提升员工和组织效益服务的手段，如此才能让所有被评估者能以积极的态度面对评估。

（二）培训评估的类型

1. 非正式评估和正式评估

按照评估的正式程度，可以把培训评估分为非正式评估和正式评估。

（1）非正式评估。

一般来说，非正式评估的主观性较强。换言之，它往往根据"觉得怎么样"来进行评判，而不是用事实和数字加以证明。其优点是：不会给受训者造成太大的压力；可以更真实准确地反映出受训者的态度变化，因为"态度"在非正式场合更容易表现出来；可以使培训者获得意料不到的结果；方便易行，几乎不需要耗费什么额外的时间和资源。

（2）正式评估。

正式评估一般具有较为详细的评估方案、测量工具和评判标准，这种评估应尽量剔除主观因素的影响，从而使评估更有可信度。其优点是：可以将评估结论更具客观性和说服力；更容易将评估结论用书面的形式表现出来，如记录、报告等。

2. 建设性评估和总结性评估

按照评估的目的，可以把培训评估分为建设性评估和总结性评估。

（1）建设性评估。

建设性评估指以改进培训项目为目的，而不是以是否保留培训项目为目的的评估。通常是一种非正式的主观性的评估，可以帮助受训者明白自己的进步，从而使其产生某种满足感和成就感。

在进行建设性评估时，需要保证评估不能过分频繁，也不能让受训者有一种他们一直在进行简单乏味和重复学习的感觉；否则，建设性评估就无法发挥其激励的作用，其他优势也会随之殆尽。由此引申出评估频率的问题，即"两次连续评估之间究竟间隔多长时间才是适当的"。关于评估的适当频率，并无一个统一的标准，只能根据每个培训项目的具体情况而定。

过于频繁的评估有以下缺陷：占用大量的时间和资源；因过分熟悉而降低对评估的重视程度；只能测试知识、技能等方面培训的短期效果。如要测试受训者是否能成功地运用复杂的、存在有机联系的技能时，进行多次评估并不是一个很好的选择。

（2）总结性评估。

总结性评估指在培训结束时，对受训者的学习效果和培训项目本身的有效性做出评价而进行的评估，具有正式、客观、终局性的特点。这类评估只能用于决定培训项目的"存亡"，而不能作为项目改进的依据；只能用来决定是否给受训者某种资格，而无法评价受训者学习中的进步进行总结性评估时必须注意，培训目标和预期培训效果必须自始至终是清晰的，这不仅仅是对培训者而言，对受训者也同样。可以在培训前，预先以书面文件或座谈会的形式，使受训者了解培训目的。

3. 培训前期评估、培训中期评估和培训后期评估

按照培训评估切入的时间，可以把培训评估分为培训前期评估、培训中期评估和培训后期评估。

（1）培训前期的评估。此类评估在培训计划制订或实施的前期进行，包括对培训需求进行整体评估、培训对象的知识、技能等的评估以及培训对象的工作成效及行为评估、培训计划评估。

（2）培训中期的评估。该评估包括培训组织准备工作评估、受训者参与培训情况的评估、培训内容和形式的评估、培训工作者的评估、培训进度和中间效果的评估、培训环境

和培训设施应用的评估。

（3）培训后期的评估。这类评估主要在培训活动结束时进行，又可分为即时效果评估、中期效果评估和长期效果评估。即时效果评估一般在培训刚结束时，通过即时评估评判培训目标的达成情况、受训者反应、培训者的工作绩效等。中期评估用来判断受训者在培训中所学的知识、技能等在工作中是否得到应用，即受训者、同事及其上级领导是否认为他的行为、技能、态度等因培训而发生了变化。长期评估主要用来评估培训对受训者组织的长期影响。这种评估在操作上通常较为困难，除非培训从一开始就与组织的运作相联系，才有可能实施此类评估。评估内容多为受训者是否对组织确实做出贡献，培训带来的变化到底有多大等。

二、培训效果评估的步骤

（一）确定需要衡量的内容

1.需要衡量的组成部分

培训效果的评估是培训的最后一个环节，但由于员工的复杂性，以及培训效果的滞后性，想要客观、科学地衡量培训效果非常困难。所以，培训效果评估也是培训系统中最难实现的一个环节。目前，国内外运用得最为广泛的培训评估方法，是由柯克帕狄克在1959年提出的培训效果评估模型（表8-5）。

表8-5 培训效果评估模型

评估层次	结果标准	评估重点
1	反应	学院满意度
2	学习	学到的知识、态度、技能、行为
3	行为	工作行为的改进
4	结果	工作中导致的结果

（1）反应层评估。反应层面的评估主要用来评估受训者对培训课程、培训教师和培训安排的喜好程度。它是对培训表面效果的测量，不一定能反映出培训对组织的实际绩效有何作用，但有时学员的反应对于决定培训项目是否需要重新设计或继续进行却是至关重要的。评估反应就像评估顾客满意度一样，要想培训有效，首先应考虑学员是否对培训有积极的反应。如果评估的信息显示大多数学员喜欢该项目，则说明培训的内容和形式是学员能接受的；否则学员将没有积极的动机和主动学习的态度来参加培训，对企业再有用的培训也难以转化成学员的知识或技能。

一般来说，反应层评估是较为容易做的，往往是让参加者填写一张培训评估表。为了使反应层评估更好地进行，需注意以下几点：①决定要收集哪些方面的信息；②设计可以定量分析信息的评估表；③鼓励填写评价和建议；④确保每个学员都客观、真实地填写了评估表；⑤建立培训"可以接受"的标准；⑥对照标准衡量反应，并采取适当的措施；⑦提供有关学员反应评估的反馈。

（2）学习层评估。企业培训中较为常见的传授内容包括知识、技能、态度、心理等，因此，学习层评估通常直接测量的是受训者对原理、事实、技术和技能的掌握程度，其内容包括：学到了什么知识？学到或改进了哪些技能？哪些态度发生了改变？对学习结果的评估在培训评估中是非常重要的，因为若没有知识、技能、态度等的获得和改变为基础，就很难导致行为和结果上的变化。学习层评估一般通过试卷测试的方式进行。大多数企业会在培训后要求受训者参加考试，考试合格后方才授予其培训合格证书。

（3）行为层评估。对行为层面进行评估是为了确定受训者从培训项目中所学到的技能和知识等在多大程度上转化为实际工作中行为的改进。它实际评估的是知识、技能、态度等的迁移。行为层评估的主要内容包括：受训者现在能否做到以前做不到的事？他们能否在工作中表现出新的行为？受训者的表现是否更好了？一般而言，行为层次上的评估比反应、学习层次上的评估更为复杂，更难以操作。这是因为：第一，受训者行为的改变是有一定条件的。如果他们在培训后得不到机会应用所学的知识和技能，行为的改变就很难发生。第二，很难预计何时会发生变化，即受训者即使有机会应用所学到的东西，他们的行为也不会立竿见影地产生变化。行为上的变化可能在受训者第一次应用后的任何时间内发生，也可能根本没有变化。因此，从培训到行为迁移在时间上有滞后效应。第三，行为的改变也会受到外部因素的影响，如管理层对员工采用新的方式的赞赏和鼓励等。

这方面的评估对企业和员工个人而言都是非常重要的，主要体现在以下三个方面：第一，从企业的角度看，培训到底使员工在工作上产生了哪些变化，从而评估培训项目对于企业的价值。第二，对管理层来说，通过评估了解员工的改变程度，可以对某个培训项目有更好的了解。第三，对员工而言，通过评估可以看到自己发生的变化，从而增加对培训的信心并更有效地进行工作。

行为层评估所采取的方式除了让受训者对自己的行为进行评估外，还采用360度反馈的做法，即让其同事、下属、上级共同参与评估其行为。这样得到的结果可以提供更多、更全面的信息，以帮助管理者做出正确的判断。

（4）结果层评估。结果层评估是柯氏模型中最重要也是最困难的评估。它是从组织的高度进行的，即企业是否因为培训而经营得更好。这一阶段的评估要考察的不再是受训者的情况，而是从部门和组织的大范围内了解因培训而带来的组织上的改变效果，即要回答"培训为企业带来了什么影响"，可能是经济上的，也可能是精神上的。通过对这些指标的分析，企业能够了解培训带来的收益，从而确定培训对企业整体的贡献。

这种评估方式的优点是显而易见的，因为企业及企业高层主管在培训上投资的根本目的，就是提高以上这些指标。如果能在这个层面上拿出翔实的、令人信服的调查数据，不仅可以打消高层主管投资培训的疑虑，还可以指导培训课程计划，把有限的培训费用放到为企业创造经济效益最多的课程上来。

由于种种原因，对结果层进行评估的企业很少。一方面，培训成本效益量化难度较大，对管理者和培训者的评估技术要求较高；另一方面，结果层的信息比较难以收集，如果没有采用较好的效果评估设计，人们会对收益是否完全由培训项目带来而产生疑虑。所以，对这一层次的评估往往被很多企业忽略。

2. 需要评估的群体

为了保证培训程序的有效性和实用性，评估必须涉及培训程序的每一个要素——从培训程序的设计，到培训程序的实施，一直到取得实际工作绩效。通过对以下要素进行评估可以达到上述目的：

①程序：培训程序中所包含的题目是否应该保持一致？

②培训师：培训师是否胜任工作，并成功地完成了自己的工作？

③受训者：他们对培训程序的反应如何？

④实际工作结果：培训是否对受训者的工作绩效产生了实际的影响？

3. 需要衡量的项目

根据培训目标可以确定需要衡量的具体项目。只要涉及实际的资金支出，管理人员就可以从资金数量的角度加以考虑。需要衡量的具体项目在各个公司之间可能会有所不同。但是，大多数公司会衡量培训对销售额、利润和客户满意度产生的影响。

（二）确定收集信息的方法

培训主管可以使用的数据收集方法有五种：问卷调查法、面谈法、测试法、观察法和公司数据法。

1. 问卷调查法是培训主管最常使用的数据收集工具

这是一种易于实施和管理的方法，其优点在于可以收集销售人员的感觉、看法、思想和信仰。一般情况下，人们不愿意在公众场合表达个人的观点，但倾向于采取书面形式表达自己的真实感受，在可以采取匿名形式的情况下，这种倾向更强烈。

2. 面谈法有助于收集深层次的信息

面谈法的优势在于它的灵活性。提问人可以根据受训者关心的问题调整自己的提问方式。通过这种方法很可能获取有价值的信息。

3. 测试法是确定受训者掌握培训内容程度最有效的一种方法

通过测试可以对培训程序的总体以及各组成部分进行评价。因此，培训主管可以根据测试的结果对培训程序的各组成部分加以调整或重新设计。

4. 观察法对于培训主管来说是最有价值的评价手段之一

培训主管深入工作现场了解受训者在工作中如何利用他们在培训中学到的东西。在这个过程中，培训主管可以向现场销售经理征求对培训的意见。

5. 公司数据法在整个评价过程中都是一种不可或缺的信息收集方法

具体的收集内容包括绩效评估结果、客户满意度指数以及销售数据等。

（三）确定衡量方法

除柯克帕狄克的培训效果评估模型外，业界还有多种评估方法。这些方法分为定性分析和定量计算两大类。参考国内外培训评估理论，以及具体企业的实践经验，可分为以下几种综合性的培训评估方法。

1. 定性方法

一般来说，要比较完整、全面地把握信息，至少应从以下几个方面进行分析评价：

①受训者对培训计划的反应程度。他们是否喜欢这项培训计划？他们觉得这项计划是否有价值？他们愿意花很多时间、精力全身心投入吗？

②通过培训，受训者是否学到了预期应该学到的基本原理、基本方法、基本技能？

③通过培训，受训者的工作行为是否有了某些良性的变化？

④分析评价培训工作带来的最终成果。

2. 定量方法

定性分析法有其局限性，如果辅以定量分析方法，效果将更加显著。定量评价方法有很多，比如成本—收益评价法、机会成本法、边际分析法、假设检验法等。具体如何进行定量评价可以参考有关书籍。

3. 目标评价法

企业系统化的培训通常都是由确定培训需求与目标、编制培训预算及计划、监控及效果评估等部分组成。它们之间并不是割裂的，而是相互联系、相互影响，好的培训目标计划与培训效果评估密不可分。

企业通常有两种方法确定培训目标。一是任务分析法。企业的培训部门可以设计出任务分析表，详细列明有关工作任务和工作技能信息，包括主要子任务、各任务的频率和绩效标准、完成任务所必需的知识和技能等。二是绩效分析法。这种方法必须与绩效考核相结合，确定标准绩效。

4. 绩效评价法

绩效评价法由绩效分析法衍生而来。它主要用于评估受训者行为的改善和绩效的提高。绩效评价法要求企业建立系统而完整的绩效考核体系。在这个体系中，要有受训者培训前的绩效记录。在培训结束3个月或半年后，对受训者再进行绩效考核时，只有对照以前的绩效记录，企业才能明确地看出培训效果。

绩效考核一般包括目标考核和过程考核。目标考核是绩效考核的核心。目标可以分为定量目标和定性目标。培训经理在选取目标时，应注意选取能体现岗位职责的指标——目标达到了，基本上就履行了岗位职责。过程考核是绩效考核的另一个重要内容。过程是绩效的保证，没有好的过程就不可能有好的结果。过程考核能反映员工的工作现状，它通常包括考勤。

5. 关键人物评价法

所谓的关键人物，是指与受训者在工作上接触较为密切的人，可以是他的上级、同事，也可以是他的下级或者客户等。研究发现，在这些关键人物中，同级最熟悉受训者的工作状况，因此可采用同级评价法，向受训者的同级了解其培训后的改变。这样的调查通常容易操作，可行性强，能够提供很多有用信息。

6. 测试比较法

无论是国内还是国外的学者，都将员工通过培训学到的知识、原理和技能作为企业培训效果评估的内容。测试比较法是衡量员工知识掌握程度的有效方法。实践中，企业会经常采用测试法评估培训效果，但效果并不理想，原因在于没有加入任何参照物，只是简单测试。事实上，有效的测试法应该是具有对比性的测试比较评价法。

7. 收益评价法

企业的经济性特征迫使企业必须关注培训的成本和收益。培训收益评价法就是从经济角度综合评价培训项目的效果，计算出培训为企业带来的经济收益。有的培训项目能直接计算出其经济收益，尤其是操作性和技能性强的培训项目。但是并不是所有的培训项目都可以直接计算出收益。

8. 员工对比法

员工对比法是指根据员工的工作表现对他们进行排序。按照不同的排列方式可分为简单排列法、交错排列法、成对比较法和强制分布法。简单排列法是按员工工作情况从优到劣排出顺序。交错排列法是依次从员工名单中挑选出最好的员工、最差的员工、第二好的员工……以此类推，直到将名单上的员工全部排列完毕。成对比较法按一项较为笼统的标准，如"谁比较好"，将每一位员工与其他员工逐一比较并评出优劣最后根据每位受训者的优胜次数排出顺序。强制分布法是人为地使整个评价结果呈现某种比例分布，如规定在所有被评估者中，评出杰出、良好、合格、较差、不合格五个等级，各等级员工依次占 10%、20%、40%、20%、10%。

9. 面谈法

通过面谈可以发现很多有用的信息，因为受训者可能并不情愿在问卷调查中介绍自己的情况或业绩。但这种方法不如问卷调查普遍，不仅耗时长，还需要对采访者进行培训，以确保采访过程的一致性。面谈采访者可以由培训开发的专业人员担任，也可以是受训者。

10. 核心小组法

核心小组法是面谈法的延伸，它是由一位经验丰富的主持人组织小规模的分组讨论，其目的是征求受训者对所计划的主题或问题的定性意见和看法，要求所有的小组成员提供各自的意见，然后将这些个人意见汇总为小组意见。这是一种能确定培训项目优、缺点的低成本和快捷的方法，但最好与其他方法获得的数据结合起来使用。

采用该法的基本前提是如果定性意见或看法具有一定的主观性，那么若干个人提出的意见或看法就比一个人提出的意见或看法更好。在核心小组讨论的过程中，学员可以彼此鼓励，这也是一种产生新思路的有效方法。

11. 自我评估法

自我评估可以从多个方面进行，但只有当受训者认为培训内容及其应用符合他们自身的需要时才最有效。应鼓励受训者在培训期间建立学习日志，记录培训经验和学习心得。这里培训者的角色是与受训者一起工作并帮助他们有效地反馈，同时培训者也可对受训者的长期发展做出评估，从而使自我评估有足够的支持。自我评估法的主要形式有自我总结、自我认定、学习心得体会交流及相互评价等。

（四）培训评估的整合

不同的培训评估类型就有不同的培训评估的内容，需采取特定的评估方法。根据美国人力资源管理专家唐纳德·柯克帕狄克在 1959 年提出的四个水平评估模型（简称"柯氏评估模型"），按评估深度和难度由低到高分为四个递进的层次——反应、学习、行为、结果的评估。

（五）对数据进行分析，确定培训的结果，做出结论并提出建议

培训主管在使用正确的方法收集到合适的信息之后，就可以对培训结果做出结论，并对培训提出改进意见。在很多情况下，不需要对培训程序作出调整。

如果销售培训主管能够通过这种方法对培训程序给出有利的评价，就可以进一步强调培训部门在公司中的重要性，提高培训部门的地位，争取更多的费用预算。如果培训主管不能够证明公司通过这笔投资可以获得良好的回报，就需要进一步改善培训环节的质量，从而提高销售人员的劳动生产率。

第九章 企业员工的开发

第一节 员工开发的内涵

一、员工开发的定义

员工培训致力于提高员工当前的工作绩效，而员工开发则是为员工今后的发展而开展的正规教育、在职体验、人际互助以及个性和能力的测评活动。正是因为员工开发是以未来为导向的，所以开发过程中员工要学习一些与其正在从事的工作并不直接相关的内容。员工培训与开发的区别如下表9-1所示。

表9-1 培训与开发的比较

培训与开发的内容	培 训	开 发
侧重点	当前工作岗位	将来的职位
工作经验的运用	低	高
目标	着眼于当前工作	着眼于未来的变化
参与	强制	自愿

也有人认为，员工开发是指组织运用科学的技术和方法，为使人力、物力经常保持最佳比例，对人力进行有效的教育培训、激励和保障、组织和调配；同时对人的心理和行为进行恰当的调适，充分发挥人的主观能动性，使人事相宜，并实现组织目标。

员工开发是指向未来的人力资本累积和潜能发展的一种过程，员工培训则是基于现在的技能提升和绩效改善的过程。在国内外关于员工培训的教科书中，对培训和开发的论述可谓众说纷纭。笔者认为，员工培训与员工开发的根本差异在于前者的出发点是满足组织发展的需要，后者的出发点是满足员工发展的需要，二者的技术手段在很大程度上是相似的。

二、员工开发的类型

（一）按开发对象分类

1. 新员工开发

新员工是指进入企业的工作时间在一年以内的员工。为了让新员工适应工作环境，胜任新岗位的工作要求，企业应对其进行及时引导和开发。

2. 老员工开发

这里的老员工是指已经进入组织或工作了一段时间（至少 12 个月）的员工。这类员工已经适应了企业的制度和文化环境，不需要再用引导开发的方法。老员工开发的主要内容是职业发展规划与管理。

3. 管理人员开发

管理人员是在组织中对人力、物力与财力有一定支配协调权利的人。例如，小到车间主任、工段长和科长，中到处长、部门主管，大到公司总经理、学校校长、医院院长与城市市长。常言道，千军易得，一将难求。由于世界经济形势的变化，组织的管理与发展不断遇到新的挑战，管理任务日益复杂，这就使得目前对管理人员开发的需求比过去任何时候都更为迫切。学校教育更多的是致力于解决管理人员的基础知识和基本能力的培养问题。许多直接而实用的管理知识和能力，要靠组织自己进行员工开发。

过去 60 多年的事实表明，管理人员是世界各国组织中最有活力的因素。领导者的主要任务是负责对组织的发展战略与结构调整进行决策，领导决策要得到正确与有效的贯彻实施，必然需要对管理人员进行开发，同时还需要中间层的管理人员及时准确地把握有关政策，有能力对改革中遇到的新问题与新方法进行探索、修正与执行，以便最终达到组织目标。组织要想成功且持续发展，除领导人外，还必须要一个素质高、灵活性与适应性强的管理人员团队。这一切就使得我们对管理人员的开发变得十分重要且关键。

4. 开发者自身开发

不仅是新老员工及管理人员需要开发，人力资源开发者自身也应成为开发的对象。人力资源开发者包括组织人力资源工作者、社会培训机构和学校。

（1）组织人力资源工作者的开发。组织人力资源管理者的素质直接关系到人力资源开发工作的质量。密歇根大学的戴夫乌尔里克认为人力资源管理者应扮演四种主要角色：战略性人力资源管理、企业基础建设管理、转型与变革管理以及雇员贡献管理。其中，协调人力资源以满足经营战略的战略伙伴角色是人力资源管理很重要的新角色。这种战略性人力资源管理角色的主要任务是确保企业的人力资源管理战略得以执行，而战略的执行是建立在人力资源战略与企业经营战略结合在一起的基础上的。

企业之间的竞争是人才的竞争。在激烈的人才竞争中，人力资源管理者扮演着重要的角色。人力资源管理者是企业形象的代表者。HR 是招聘单位与应聘者的第一接触者，他们留给招聘者的印象是招聘单位留给组织外部人员的第一印象。即使公司再好，人力资源管理者的素质不佳、态度不好，也会影响企业在公众人员心目中的形象，影响应聘者对用人单位的选择，削弱单位对人才的吸引力。如果销售人员是企业在产品销售市场即顾客心中形象的代表者，他们的素质和表现直接影响企业产品的销售绩效，那么人力资源管理者则是企业在人才市场即未来员工心中形象的代表者，他们的素质和表现直接影响企业的人才招聘。人力资源管理者是企业人才竞争的实施者。他们处于人才竞争的第一线，是吸引优秀人才加盟企业的第一环节。一个企业是否关心人才、尊重人才、爱护人才，首先体现在人力资源管理者的态度上。优秀的人力资源管理者不仅有利于增强企业对人才的吸引力和在人才市场上的竞争力，还有利于提高人才招聘的效率。一个招聘人员的不良表现很可能使企业所有的招聘努力和投入付之东流，使组织与所需要的人才失之交臂，使企业在人才竞争中处于不利的地位。可以说，在招聘单位其他条件差不多的情况下，人力资源管理者的素质和表现直接影响人才的招聘效率。

因此，企业的人力资源管理人员应该具备以下特征：形象佳、综合素质好，具有服务意识、形象意识和竞争意识，具备较强的人际沟通知识、技能和人力资源开发与管理的知识、能力和谋略。

（2）社会培训机构的开发。培训机制是人力资源开发的重要机制。每个组织都要培训员工，其中很重要的培训形式就是邀请社会培训机构任职的培训师为员工讲课，或组织员工到社会培训机构参加培训。因此，社会培训机构也是组织人力资源的开发者，它的数量和质量关系到组织培训工作的成败。

　　组织应当对与本组织培训需求相关的社会培训机构有清楚的了解，选择其中比较合适的机构，与它们加强联系与合作。对培训机构的地区分布、课程特色、培训项目、师资力量及其价格要求、培训质量等信息进行前期调研，是员工培训管理者必须重点投入的项目之一。

　　（3）学校的开发。学校也是人力资源开发的主体之一，社会培训机构注重实践知识和技能的培训，学校侧重于理论基础的培训。企业在为员工培训选择机构的时候，应考虑这一差异。针对不同类型、不同级别的员工，选择合适的培训机构。对于培训目标是使员工掌握基本知识、技能，或获得某种资格证书的培训，可以选择社会培训机构；而培养对企业具有战略意义的科研人才或管理人才时，宜以高校为培训点，比如输送人才到高校读在职研究生。

（二）按开发内容分类

1. 心智开发

　　指改变人们根据既定的设想来思考和行动的开发活动。心指心理；智指智慧，是一个人借助经验和思考获得的能力，也就是创造某一成就的行动能力。

2. 潜能开发

　　指把员工本身具有的但还未表现出的能力，通过科学、专业和系统的指导和训练开发出来。

3. 精神资源开发

　　指员工健康成长所需要的一种恒久的精神动力支持系统。主要是开发员工的精神、信仰和社会责任感。

（三）按开发层次分类

1. 适应能力开发

　　适应能力的开发要构建学习型组织，为组织创新提供较强的技术性手段，提高企业生命活力以及核心竞争力。学习型组织的五项修炼是自我超越、心智模式、团体学习、系统思考、共同愿景。

　　自我超越是创造一种组织环境，激励组织发展自我，追求自己选择的目标管理，通过学习扩展自身的能力，以获取最理想的结果。

　　心智模式是指深深植根于人们心中，影响人们认知周围世界，以及采取行动的许多假设、陈见和印象，是思想的定势反映。适应能力开发就是要改变这些旧的模式来开发新的思维的活动。

　　团体学习是改变交谈和集体思考的技巧，从而发展成超出成员才能总和的智慧和能力。适应力开发就是让员工将这种学习方式修炼成自觉的行为习惯。

系统思考是指对影响系统行为的力量和相互关系进行思考的方式，这一项修炼可更有效地改变系统，让行动和自然与经济的发展过程保持一致。

共同愿景是成员共同勾勒出为之奋斗的将来，确定原则和指导方法，从而在集体中建立起一种奉献精神。适应能力开发就是将这种愿景深深植根于员工心中。

2. 创新能力开发

它是在创新活动中表现出来的各种能力的总和，是人的所有能力中最重要、最宝贵、层次最高的一种能力。开发创新能力的有效途径有增强员工的危机意识、建立有效激励制度、营造创新的工作氛围、构建有效的能力开发机制等。

（四）按开发性质分类

1. 主动式开发

就是员工自己要有开发潜力的意识。首先，员工要有一定的技术基础和工作经验。主要表现在员工在完成本职工作的同时，能主动认真思考，琢磨更加科学便捷的工作方法，以求更有效地提高绩效。其次，员工有了一定的基础，又能主动去探求先进科学的办法，对开发自身潜力有极大帮助。

2. 被动式开发

对于那些有开发潜力但不够主动的员工，组织要给予大力支持和帮助。在某种程度上来说，要采取一定的措施来促使这类员工开发。可通过制定相应的考核制度等，要求员工达到相关要求，否则降级使用，减少待遇。这样一来员工为维持现有的待遇或是为了争取更好的待遇，就会变被动为主动，积极开发自身的潜力，从而把工作做得更好。

3. 提醒式开发

针对在开发潜力方面具有一定基础，但因自信不足而缺乏主动开发潜力的员工，组织要给予他们帮助，为其创造条件，指出方向及着重点。

4. 建议式开发

针对有一定技术经验但理论水平不高的员工，要指定适当的人员帮助他们梳理技术经验，并沿着其本人的技术发展方向，牵引员工开发潜力。这样就可做到事半功倍，较容易开发其潜力。

三、员工开发的特征

正是因为员工开发是基于员工未来发展的人力资本投资与开发活动的总称，因此员工开发具有下列特征：

（一）效益中心性

员工开发的最终目的是实现组织的经济目标和价值目标，所以员工开发的效果评估必须以效益为中心。

（二）战略性

员工培训只是员工开发的一种手段，员工开发是面向未来发展的需求，面向战略目标的实现。从这个意义上讲，员工开发是实现组织人力资源战略目标的重要手段和途径。

（三）系统性

员工的年龄、学历、性别、职称、工龄、性格等各不相同，因此，员工开发不能只考虑员工的个人因素，应该考虑同一部门员工之间以及不同部门员工之间的差异，力求实现组织的系统开发效果最优。

（四）双重性

员工开发的主体是人或组织，开发的客体也是人或组织，主客体均有主观能动性，而且双方会产生互动。因此，员工开发应该充分考虑开发过程中员工的主体性和客体性差异，力求二者的相对统一。

（五）动态性

动态性是由开发客体的主观能动性、开发过程的长期性以及开发活动的复杂性决定的。动态性特征体现在以下几个方面：员工开发过程应吸取以往的经验和教训，不断调整开发的阶段性目标、内容与措施；根据员工的个体差异，采取相应的开发方式；根据目标实现情况，调整和优化后续开发方案。

（六）高收益性和收益递增性

在各种资源对企业效益增长的贡献中，人力资源收益的份额正在迅速超过经济资源和物质资源，对员工开发的投资成为一种高收益的投资。此外，企业员工的能动的智力型资源，因在其使用过程中同时伴随着知识增长和更新、经验积累、能力开发、个性完善等一系列自我丰富的过程。

四、员工开发在企业中的作用

与员工培训相比，员工开发的特征是更注重长远性。员工开发的作用主要表现在以下三个方面。

第一，帮助促进企业战略的调整与转变。企业的发展是在企业不断创新的基础上实现的。企业创新是通过企业战略的不断调整与转变来完成的。企业战略的调整需要新的人力去开发产品、开辟市场，这样企业就必须进行有目的、有计划的员工开发工作，以保证员工对企业战略调整的需求。企业进行员工开发，是企业战略调整的有力保证。

第二，提升企业的竞争力。企业间的竞争，实际上是员工实力的竞争。从一定意义上说，企业之间人才实力的竞争，实质上就是企业内部员工开发的竞争，是企业持续性为员工投入资源的系统工程。

第三，为企业发展提供人力资本。企业发展不仅要依靠先进的技术、性能优良的设备，更重要的是要依靠企业自身的人力资本。妨碍企业发展的原因主要是缺乏高质量的员工，是人才与知识的不足。企业对员工的开发，就是要为企业培养高素质的人才，为企业的发展储备员工。

第二节　员工开发的战略与规划

员工开发的战略与规划是员工开发活动的重要准备阶段。本节将讨论企业员工开发的几种战略类型，紧接着阐述员工开发的规划。

一、企业员工开发战略

员工开发战略主要有四种类型，它们分别是：①强调学习型文化为先导的员工开发战略；②多层面、系统的员工开发需求评估战略；③深度开发战略；④员工开发与组织创新有机整合战略。

（一）强调学习型文化为先导的员工开发战略

企业员工开发的最终目的是要形成一种自上而下的全员学习型文化，进而提高员工的学习能力和创新能力。学习是企业创新思想的来源，构建企业文化，关键要从转变观念入手，通过观念的转变来形成公司高层、中层管理者以及普通员工对开发重要性的认识，以学习型文化来引导企业的员工开发行为。对开发过程进行科学的设计，对开发结果进行有效利用，以学习型文化来引导企业的员工开发行为。

（二）多层面、系统的员工开发需求评估战略

目前，我国企业员工开发未能取得令人满意的效果，其中一个最普遍的原因是对企业员工的开发需求缺乏系统、科学的评估分析。为做好开发需求评估，我国企业应从公司整体发展战略层面、工作层面以及员工个人层面进行分析。公司整体发展战略层面分析是确定整个公司的开发需求，以保证开发计划符合公司的整体发展目标与战略要求。在工作层面分析中，要分析员工达到理想工作绩效所必须掌握的技能和能力，其中包括各种技术技能、管理技能以及创新技能等开发需求。个人层面分析是将员工目前的工作绩效与企业的员工绩效标准进行比较，寻找两者的差距，从而针对这些差距进行开发。个人层面分析的信息来源主要是业绩考评记录和员工个人提出的开发需求。通过对这三个层面的员工开发需求分析，企业就能依据完整的需求系统对员工进行开发，且能够实现公司战略需求与员工个人需求的有机整合。

（三）深度开发战略

开发内容将直接影响开发结果能否满足企业的需求。目前，绝大多数企业的开发仍停留在表面上，过分强调开发的专用性。当代企业的发展要求公司的任何一个员工不是被动地接受指挥，而要积极参与，因此既要掌握完成本职工作所需的技能，还需对企业的发展战略有清晰的理解，使自己的工作努力方向与企业的发展方向一致，员工必须带有明确的目的性和使命感。此外，当代企业要求员工具有协作精神，在工作中取长补短、精诚协作、积极创新，不断提高工作效率。

目前企业所需的深度开发战略主要包括以下两个方面。

（1）企业的深度开发战略的实施不应是临时的，而是一个长期的，与企业愿景、发展目标和价值观相吻合的开发战略计划。目前国内多数企业对开发未做系统规划，定位不准确，开发效果不明显，开发难以到位。企业领导或人力资源规划部门只重视眼前利益，而不考虑企业的长远发展和当今世界全球化竞争、信息时代对企业发展的深远影响，开发内容的设计只满足企业目前需求，忽视了对企业未来所需人才的开发，导致高层次人才时常断档。

（2）企业的深度开发战略要求对开发结果进行科学、严肃的考评，根据结果决定员工的奖金、晋升，并对开发内容的设计、开发方式的选择进行积极的反馈，不断优化，从而激发员工的学习热情。企业高层领导应积极倡导，要有明确的开发目标、内容和方式，提高开发的针对性和实用性，随时评估开发绩效，根据需要随时调整开发战略和内容。

（四）员工开发与组织创新有机整合战略

员工开发与组织创新有机整合战略包括如下三个方面的内容。

（1）进行以提高员工的知识和技能为基础的制度设计，如职业生涯训练制度、岗位轮换制度、团队学习制度、企业内部沟通制度等。（2）企业业绩的取得依靠人才的存量，更靠人才的能量。（3）提供透明而具有诱惑力的发展前景，是成功管理人力资源的最好办法。

二、员工开发规划

员工开发规划是指根据组织内外环境变化和组织发展战略，考虑员工发展需要，通过对员工进行有计划的开发，提高员工能力，引导员工态度，使员工适应未来岗位的规划。

员工开发规划过程包括了解人员开发需求，选择开发目标，明确员工和企业为达到目标所需采取的行动，确定工作进展测量的方法，制定员工开发时间表。表9-2列出了人员开发规划的过程，它规定了员工和企业各自应承担的责任。员工开发活动的一个发展趋势就是由员工自己来制定员工开发规划过程。一般来说，员工开发方式取决于开发需求和开发目标。因此，为了确定自己的开发需求，员工要知道自己的目标、兴趣所在，了解自身的能力以及他人对自己的期望。员工现有的工作能力和兴趣与其期望工作或职位所需能力的差距，也可能会导致开发需求。

表9-2　人员开发规划过程

人员开发规划	员　　工	企　　业
机会	我需要怎样改进	企业提供评估信息，帮助员工认清自身的强项、弱项、兴趣及自身价值
动机	我愿意投入时间和精力开发个人技能吗？	企业帮助员工确认变革的个人原因和公司原因；经理人员讨论应对开发中的障碍与挑战的步骤
确定目标	我想要开发什么？	企业提供开发规划指导；经理要同员工共同讨论人员开发的问题
标准	我如何了解自己所取得的进展	经理人员针对标准提供反馈

续　表

人员开发规划	员　工	企　业
行动	我该采取什么行动才能达到开发目标？	企业提供课程教育、人员测评、在职体验和人际互助等开发方式
责任	我该制定什么样的时间表？该如何向他人征询有关我的进展情况的反馈意见？	经理对于员工在开发过程中的进展进行跟踪，并帮助员工制定一份达到目标的切实可行的时间表

第三节　员工开发机制

员工开发机制，即讨论组织中什么样的机制有利于人力资源的开发。笔者认为包括培训机制、激励机制、流动机制、沟通机制和文化机制。员工培训机制在前面几章中已经进行了阐述，这里主要讨论后面四种机制。

一、激励机制

激励机制是指通过特定的方法与管理体系，将员工对组织及工作的承诺最大化的过程。"激励机制"是在组织系统中，激励主体系统运用多种激励手段并使之规范化和相对固定化，而与激励客体相互作用、相互制约的结构、方式、关系及演变规律的总和。

（一）激励机制的内容

1. 精神激励

精神激励即内在激励，是指精神方面的无形激励，包括向员工授权、对他们的工作绩效的认可，公平、公开的晋升制度，为其提供学习和发展、进一步提升自己的机会，实行灵活多样的弹性工作时间制度以及制定适合每个人特点的职业生涯发展道路等等。精神激励是一项深入细致、复杂多变、应用广泛、影响深远的工作，它是管理者用思想教育的手段倡导企业精神，是调动员工积极性、主动性和创造性的有效方式。

（1）精神激励的分类

①情感。情感是影响人们行为最直接的因素之一，任何人都有渴望各种情感的需求。这就要求领导者要多关心群众生活，关心群众的精神生活和心理健康，提高员工的情绪控制力和心理调节力，努力营造一种相互信任、相互关心、相互体谅、相互支持、互敬互爱、团结融洽的氛围。

②领导行为。有关研究表明，一个人在报酬引诱及社会压力下工作，其能力仅能发挥60%，其余的40%有赖于领导者去激发。

③榜样典型。人们常说，榜样的力量是无穷的。绝大多数员工都是力求上进而不甘落后的。如果有了榜样，员工就会有努力的方向和赶超的目标，从榜样成功的事业中得到激励。

④奖励惩罚。奖励是对员工某种良好行为的肯定与表扬，以使员工获得物质和心理上的满足。惩罚是对员工某种不良行为的否定和批评，以使员工从失败和错误中汲取教训，以克服不良行为。奖励和惩罚得当，有利于激发员工的积极性和创造性，所以有人把批评或惩罚看作是一种负强化的激励。

⑤荣誉。通过给予表现优秀的员工奖状、口头夸赞、表扬等方式，使员工获得心理上的满足。

⑥培训机会。在当今知识型社会里，知识就是金钱，是永远的财富。给予表现良好的员工技能培训的机会，会让员工受益终身。

（2）精神激励的法则

①黄金法则一：员工就是"亲人"。美国惠普公司不但以卓越的业绩跨入全球百家大公司行列，更以其对人的尊重与信任的企业精神而闻名于世。

在惠普，存放电气和机械零件的实验室备品库是全面开放的，允许甚至鼓励工程师在企业或家中任意使用。惠普的观点是：不管他们拿这些零件做什么，反正只要他们摆弄这些玩意儿就总能学到东西。公司没有作息表，也不进行考勤，每个员工可以按照个人的习惯和情况灵活安排。惠普在员工培训上一向不惜成本，即便人员流失也在所不惜。惠普的创始人比尔·休利特说："惠普的成功主要得益于'重视人'的宗旨，就是从内心深处相信每个员工都想有所创造。我始终认为，只要给员工提供适当的环境，他们就一定能做得更好。"基于这样的理念，惠普特别关心和重视每个人，承认他们的成就、尊严和价值。

②黄金法则二：员工就是"主人"。为了让员工成为"主人"，安捷伦公司尽量避免裁员。在公司最困难的时候，他们采取了压缩开支、全员降薪的办法。安捷伦的员工认为：自己的工作有贡献、自己的人生有价值，自己就是公司的"主人"。安捷伦教育员工，不要把工作看作一种责任，而应该看作一种动态行为。

实践证明，这种吸引、保留人才的效果非常好，在职员工的离职率很低，招聘新人的成功率很高。安捷伦的具体经验有两点：

一是不断更新留住人才的制度，及时把握员工的具体想法。每个阶段的每个员工的想法都是不同的，激励的方式应随之进行相应的改变。

二是鼓励和帮助员工学习第二技能，以应对各种变化。随着外界的变化，员工的工作性质随时有可能改变。这就需要对员工进行卓有成效的鼓励，并为尝试不同领域而创造条件。安捷伦尊重每一个员工，并对他们的个人发展负责。

③黄金法则三：肯定人格尊严。摩托罗拉公司始终以"肯定人格尊严"为管理理念，对人保持不变的尊重。在摩托罗拉，人格尊严主要包括和谐的工作环境、明确的个人前途、开放的沟通渠道、足够的隐私空间、充分的培训机会及平和的离职安排。

在离职问题上，尤其能体现出摩托罗拉公司对员工的尊重。公司尽最大可能避免裁员，当必须裁员时，裁员人选将根据员工的业绩、技能和服务年限等做出抉择。例如，在公司服务满10年的员工未经董事长和总裁批准不得列入裁员的名单。当员工由于个人或公司业务的需要而离开时，公司还将提供诸如安排其他工作、帮助介绍外面的工作、发放补偿金和继续发给某些福利和工资的帮助等。摩托罗拉以人为本、尊重个人、发挥人的潜能、实现个人价值与企业共同发展的经营理念，形成了员工和企业相互尊重的文化氛围，创造了良好的工作环境。

摩托罗拉认为，管理的基础是尊重。公司创办之初，就形成了一整套以尊重人为宗旨的企业制度和工作作风，并将这一思想渗透到企业文化的各个层面。摩托罗拉认为，尊重至少有四层含义：肯定个人价值、给予特殊信赖、创造和谐氛围及满足具体要求。

④黄金法则四：感受工作乐趣。人生的本质就是寻找一种满足，如果能把这种满足引导到工作上来，就一定会收到惊人的效果。香港蚬壳公司视员工为宝贵资产，始终坚持"以人为本"的管理理念。该公司认为，要推动员工作出最佳表现，就必须引导他们寻找和感受工作的满足感。为此，公司采取了三大措施：

第一，增加员工的参与机会。公司为了提高成本效益，常常邀请不同部门的员工参与不同的工作小组，大家共同进行讨论。每个人最熟悉自己的工作程序，也最清楚如何控制成本。这种参与机会的增加，有效地激发了员工的专长与潜能。

第二，激发员工的创造潜能。公司每年都将员工带到户外，尝试高空行走、射击、攀柱等高难度活动，以提高员工适应外界变化的灵性、培养他们勇于接受挑战的品质。户外活动的主题是："解放员工的内在潜能"。公司深信人人都有潜能，鼓励员工最大限度地发挥自己的创造力。

第三，设计员工的职业规划。公司相信，帮助员工保持身心平衡是非常重要的。公司推出了雇员发展计划，与一家顾问公司进行合作。这种服务范围包括四个方面：专业个人咨询；绩效管理咨询；退休咨询；健康人生咨询。各类员工都被照顾到，费用由公司全数支付。员工可采用电话预约的形式，与辅导顾问见面。

⑤黄金法则五：采纳建议。每个人都有潜在的才智，但究竟如何激发他们，则需要管理者动一番脑筋。实践证明，让员工提建议就是一个好点子。在这方面，最成功的首推丰田公司。1951年，丰田英二担任丰田汽车公司总经理。他实施了"动脑筋创新"的建议制度，大大调动了员工的工作热情。他首先成立了"动脑筋创新委员会"，制订了具体规章。车间到处都设有建议箱和"建议商谈室"，建议的范围包括机械仪器的发明制造、作业程序的改进完善、材料消耗的评估节省等。领导既能听到工厂现场的意见，也能及时了解员工掌握技术能力的程度。员工们利用这个制度，找到了创新的乐趣，既充分发挥了自己的能力，又切实地感受到了巨大的满足。

⑥黄金法则六：宽容失误。作为日本第一家拥有精神价值观和公司之歌的企业，松下电器公司非常宽容。对待那些犯有严重错误的员工，公司并不是一味地进行严肃处理，而是给他们一个将功抵过的机会。这种做法稳定了员工的思想情绪，确实值得我们借鉴。松下幸之助有一句名言："如果你犯了一个诚实的错误，公司可以宽恕你，并把它作为一笔学费。但如果背离了公司的精神价值，就会受到严厉的批评直至被解雇。"

⑦黄金法则七：创新心理。成功可以使人获得成就感。如果给员工创新的机会，他们就有追求成功的欲望。激励员工成功可以充分利用员工的创新心理，这不失为公司管理的一剂良药。企业领导者必须充分调动员工的积极性，促使员工的工作热情长久不衰。IBM公司实行了别出心裁的激励创新的制度。对有创新成功经历者，不仅授予"IBM会员资格"，还提供5年的创新时间和必要的物质支持。主要内容是有权选择设想、有权尝试冒险、有权规划未来、有权获取利益。这种激励机制，既满足了创新者追求成功的心理，又使他们得到有效的报酬，同时是一种最经济的创新投资手段。

⑧黄金法则八：耻辱心理。多米诺披萨饼公司曾在新英格兰地区开了一家分店，生意非常红火。但由于生面团断档，致使该公司的"30分钟以内送到"

的供应保证落空，最终失信于消费者。为此，地区经理买了1000条黑纱让所有员工佩带以示哀悼。他巧妙地借助于"耻辱心理"来激励员工，成功地实现了杜绝类似现象发生的目的。

利用"耻辱心理"进行激励，这实际上属于危机管理中的"无缺点管理"。日本的企业特别推崇"无缺点管理"，并收到良好的成效。正如丰田公司的一位高级管理人员所说的："我们不应过分强调'全面质量管理'，因为这种管理充其量只能让缺点减至10%。如果我们生产400万辆汽车的话，便会有40万人购得一辆带毛病的车，这必将成为生产与用户之间的最大危机。但如果推行'无缺点管理'，则会彻底消除这种现象。"

⑨黄金法则九：保持士气的常规方法。毋庸讳言，人人都有惰性。要想让员工始终保持高昂的士气，必须坚持不懈地做工作。实践证明，这些方法可以有效地保持员工的士气：问好、谈心、表扬、培训、考核、晋级、换工、充电、定向、统一。

⑩黄金法则十：保持士气的特殊方法。有关专家经过研究发现，经常发自内心地微笑，可以明显地提高人的生理状态，极大地改善人的精神面貌，从而激发出工作热情，创造出更高的效益。

在美国俄亥俄州，有一家钢铁和民用蒸馏公司的子公司一度经营不善。总公司派了丹尼尔担任子公司的总经理，企业面貌迅速发生了巨变。原来，丹尼尔在工厂里到处贴上标语："请把你的笑容分给周围的每一个人。"他还把工厂的厂徽改成一张笑脸。平时，丹尼尔总是春风满面，笑着同工人打招呼，笑着向工人征求意见。全厂2000名工人，他都能叫出名字来。在他的笑容的感染下，员工的工作热情大大提高。3年后，工厂没有增加任何投资，生产效率却提高了30%。

马克的"增加欢乐气氛"的管理思想与丹尼尔的"笑容管理"有着异曲同工之妙。马克是美国西雅图一家公关公司的老板。为给公司增加一些欢乐气氛，他采用了一些既简单又有效的方法：每个季度关闭公司一天，带着全体员工去看电影；员工每年四次关掉呼机，将电话设置为语音信箱状态，去欣赏露天音乐会；在每周一次的全体员工参与的午餐会上，提供各种水果、饮料；允许员工平时随意着装，只是在接待客户时才有统一的着装要求。

2. 薪酬激励

薪酬是指劳动者依靠劳动所获得的所有劳动报酬的总和。激励，简言之就是调动人的工作积极性，把其潜在的能力充分地发挥出来。薪酬激励就是有效地提高员工工作的积极性，在此基础上促进效率的提高，最终能够促进企业的发展。在企业盈利的同时，员工的能力也能得到很好的提升，实现自我价值。

美国哈佛大学教授威廉·詹姆士研究发现，在缺乏科学、有效激励的情况下，人的潜能只能发挥出 20% ～ 30%，科学有效的激励机制能够让员工把另外 70% ～ 80% 的潜能也发挥出来。所以企业能否建立起完善的激励机制，将直接影响到其生存与发展。激励更是管理的核心，而薪酬激励又是企业激励机制中最重要的激励手段，是目前企业普遍采用的一种有效的激励手段，它相对于内在激励，管理者更容易控制，而且也较容易衡量其使用效果，如果能够真正发挥好企业薪酬对员工的激励作用，就可以达到企业与员工"双赢"的目的。

薪酬激励的理论基础包括以下几个方面：

（1）内容型激励理论。内容型激励理论研究的重点是工作动机的构成因素。由于该理论的内容大都围绕着如何满足需要进行，故又称需要理论。它主要包括马斯洛的需要层次理论、赫茨伯格的双因素理论，奥德弗的生存、关系、成长理论（ERG 理论），麦柯利兰的权利、合群、成就理论等。

第一，马斯洛的需要层次理论。

美国人本主义心理学家马斯洛把人的各种需求归结为五大类（如图 9-1 所示），并按其发生的先后顺序排列成需求等级。

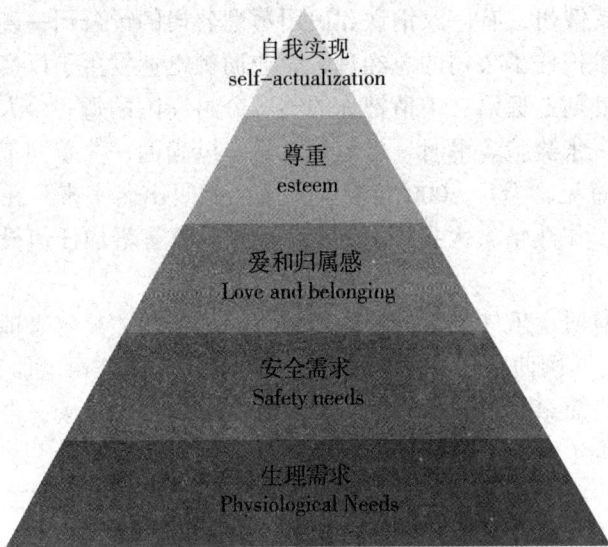

图 9-1　马斯洛的需要层次理论

生理需要是人类维持生存最基本、最原始的需求，包括对食物、水、衣服、睡眠和性等的需要。马斯洛认为，只有当这些最基本、最原始的需要被满足到维持生命所必需的程度后，其他需求才能成为新的激励因素。

安全需要包括人身及财产的安全、职业保障、生老病残时有所保障等。立法、储蓄、保险等社会经济措施均是为了满足安全的需要。

社交需要即爱和归属的需要。一般人都喜欢在被接受的情况下与人交往，得到友谊、爱情，被多种群体所接纳，这是人类合群性的反应。如果社交需求得不到满足，则会使人产生孤独感和压抑感。

马斯洛认为，一般人都有基于事实给自己以高评价的倾向，并希望得到他人的认可、赏识和尊重。由此产生两方面的追求：一是渴望有实力、有成就、独立而自由；二是渴望得到名誉和声望。尊重需求的满足，使人增强自信心，觉得自己在社会上有地位、有价值、有用武之地、有发展前途。

自我实现即发挥自己潜能于极限，成就其所能成就的业绩。用马斯洛的话说，就是"能成为什么，就必须成为什么"。自我实现需求，是指促使潜能得以最大限度地实现的向往。这种向往可以说是希望自己越来越成为自己所期望的人物，完成与自己能力相称的一切工作。

需要层次之间的内在联系表现在三个方面：一是需要的五个层次之间相互重叠，当低一级的需要获得"相对"满足之后，追求高一层次的需求就会成为优势需求，并不是低层次需要"完全"满足之后，高一层次需要才成为最重要的。因此，需要层次论这种阶梯式的结构并非是一种"有或没有"的理论结构，而是一种预测行为发生"概率"的有用工具。人们在某一时刻可能同时并存好几类需求，只不过各类需要的强度不同而已。二是需要满足的难易程度与需要层次的高度有关。较低层次的需要偏于物质生活方面，弹性较小，易于追求，并且呈现出周期性特点；较高层次的需要偏于精神方面生活，弹性较大，不易追求与满足，并且没有周期性特点。三是五个层次的需求程度在某种程度上反映了人类的共同需要，但并不完全适用于每一个体，例外的情况也不乏存在。

第二，赫茨伯格的双因素理论。

传统观念认为，对事物处理得好坏可以引起人们的满意或不满意。美国心理学家赫茨伯格于20世纪50年代提出别具一格的双因素理论却认为：一类事物当它存在时可以引起满意，当它缺乏时不是引起不满意而是没有满意；另一类事物当它存在时人们并不觉得满意，当它缺乏时则会引起不满意，如表9-3所示，前者称为激励因素，后者称为保健因素。这两类因素在管理上的作用各不相同。

表 9-3　赫茨伯格的双因素理论

激励因素	保健因素
监督	
公司政绩	与监督者的关系
成就	工作条件
承认	工资
工作本身	同时关系
责任	个人生活
晋升	与下属的关系
成长	
地位	
保障	

激励因素。激励是积极地增进，而不仅仅限于维持原状。这些管理措施如工作本身的挑战性、职业上的成长与发展、工作的责任与权限等。这类措施运用得当，会使员工在能力不断增长的同时，对企业产生持久、充分的工作满意感，从而极大地调动员工的工作积极性。此时，他们对保健因素缺乏所引起的不满往往具有较强的容忍力。激励因素一般以工作内容为中心，或者说工作本身就是一种激励。

保健因素。这类因素像必要的卫生条件一样可以预防疾病，但不能使人们增强体质。这些管理措施如工作稳定性、工资水平、工作环境、劳动保护与安全条件、领导水平福利待遇、人际关系等。这类措施如果运用不当，会引起员工不满，甚至怠工；如果运用得当，员工会认为理应如此，但不会感到满意而使生产力增长。它们只能预防怠工引致的损失。保健因素一般与工作的外部环境和条件相关。

双因素理论在管理上的应用。根据双因素理论，企业在管理措施上应当首先满足人们对保健因素的需要，使激励至少维持在零度水平。在此激励基础上，再以工作本身去激发员工的工作动机，使员工产生高度的工作热情并发挥潜能。

双因素的划分是相对的，我们只能说某些因素是偏于保健性的，而另一些因素是偏于激励性的，甚至有些管理措施介于两者之间，究竟发生什么作用，还在于如何运用。

双因素理论应用中的一项重要成果是"工作丰富化"。这是 20 世纪 60 年代提出的一项新的劳动组织形式，其目的在于通过提高工作本身的挑战性来激发员工的工作热情。

双因素理论与需要层次理论兼容并蓄。需要层次理论针对需要和动机，双因素理论则针对满足这些需要的目的和诱因。将两者结合起来，保健因素对应于需要层次理论中的较低层次，激励因素对应于需要层次中的较高层次。两者的对照比较如表 9-4 所示。

表 9-4　需要层次理论与双因素理论对比表

马斯洛需求层次理论	赫茨伯格的双因素理论	
生理需要	薪金 个人生活	保健因素
安全需要	工作条件 职位保障 监督的性质	保健因素
社交需要	人际关系 公司的文化	保健因素
尊重需要	提升 赏识 地位	激励因素
自我实现需要	富有挑战性的艰巨工作 工作的职责 成就	激励因素

第三，奥德弗的 ERG 理论。

ERG 理论是美国耶鲁大学教授克雷顿·奥德弗在大量实验研究的基础上，对马斯洛需要层次理论的简化。奥德弗将人的需要分为三个层次，即生存、相互关系和成长。由于这个英语单词的字头分别是 E、R、G，因此又叫 ERG 理论。奥德弗认为，在管理实践中，将员工的需要分为以下三类较为合理、有效。

生存需要。它包括全部的生理需要和物质需要。组织中的报酬、对工作环境和条件的基本要求等，也包括在生存需要中。这一类需要大体上和马斯洛需要层次中的生理需求和安全需求相对应。

相互关系需要。它是指人与人之间的相互关系、联系（或称之为社会关系）的需要。这一类需要类似于马斯洛需要层次中部分安全需求、全部社交需求，以及部分尊重需求。

成长需要。它是指一种求得到提高和发展的内在效应，表现在人不仅要求充分发挥个人潜能，有所作为和成就，而且还有开发新能力的需要。这一类需要可与马斯洛需要层次中部分尊重需求和整个自我实现需求相对应。

奥德弗认为，各个层次的需要得到的满足越少，则这种需要越为人们所渴望；较低层次的需要越是能够得到较多的满足，对较高层次的需要就越渴望得到满足；如果较高层次的需要一再受挫而得不到满足，人们就会重新追求较低层次需要的满足。例如，成长需要长期受挫，有时也会导致人际关系需要甚至生存需要的急剧上升。因此，ERG 理论不仅提出了需要层次的"满足—上升"趋势，而且还指出了"挫折—回归"趋势。这一原理更贴近现实中人们行为的特点，也为心理学研究所证实，在管理实践中很有启发意义。

第四，麦克利兰的成就需要理论。

20 世纪 50 年代初，美国心理学家戴维·麦克利兰从另一角度提出了他的工作激励理论—成就需要理论。他认为在生存需要得到基本满足的前提下，最主要的需要有三种，即权力需要、合群需要和成就需要。

权力需要是指影响和控制别人的一种欲望或驱力。权力需要较强的人喜欢"负责"什么事情，喜欢竞争并且能够取得具有较高社会地位的工作，常常追求影响和控制别人。他们一般表现为健谈、善辩、喜欢提出建议甚至教训人等。麦克利兰认为，相对于其他两类需要（即合群需要和成就需要），权利需要是决定管理者取得成功的最重要因素。有许多研究表明，在一定的组织环境中，尤其在规模较大的企业或者组织机构中，领导人的权力欲是有效管理的必要条件。

合群需要是指人们寻求他人的接纳的需要。合群需要强烈的人一般渴望获得他人的赞同，高度服从群体规范、忠实可靠。员工的合群需要对生产效率会产生间接影响。在一个要求与人协作甚至密切配合的工作职位上安排一位具有高度合群需要的人，会大大提高工作效率；而在一个相对独立的工作职位上安排一位合群需要较低的人，则可能更加合适。

成就需要是指一个人追求卓越、争取成功的内驱力。成就需要强烈的人会经常考虑个人事业前途及发展问题，经常揣摩如何把事情做好并超过他人，经常想干一些与众不同、独特的事情。他们喜欢那些能发挥其独立解决问题能力的工作环境。他们既敢于冒险，又能以现实的态度对待冒险。麦克利兰认为，一个人成就需要的高低，直接影响着他的进步和发展。一个组织或者国家拥有成就需要的人的多少对其繁荣和兴旺有着重要的影响。

麦克利兰认为，成就需要强烈的人往往具有高度的内在动机，事业心特别强，把个人成就看得比金钱重要，从成就中得到的鼓励超过物质鼓励的作用。只要能为他们提供合适的工作环境，使他们充分发挥自己的能力，他们就会感到莫大的幸福。因此，这种人对企业和国家具有重要的作用。一个企业拥有这样的人越多，其发展就越快，收获也越多。一个国家拥有这样的人越多，就会越兴旺发达。与马斯洛等研究需要的学者不同，麦克利兰明确指出，成就需要不是先天的，而是后天的，可以通过教育和培训造就具有高成就需要的人才。这一观点对管理者极有启发性。作为管理者，固然要尊重员工的目前需要，并设法予以满足，但更重要的是要按照组织目标重塑员工需要。注重成就教育，强化成就动机，培养更多的有成就需要的人，是管理者的一项重要任务。

（2）过程激励理论。过程激励理论着重研究的是从个体动机产生到采取具体行为的心理过程。这类理论试图通过弄清人们对付出努力、取得绩效和奖酬价值的认识，以达到激励的目的。这种理论主要包括弗洛姆的期望理论、洛克的目标理论和斯金纳的强化理论等。

第一，弗洛姆的期望理论。

期望理论是美国心理学家维克托.弗洛姆在《工作与激励》一书中提出的一种解释行为激发强度的理论。期望理论的基本思想可用公式表示如下：

$M = V \cdot E$（激发力量 = 效价 × 期望值）

其中，激发力量是指调动一个人的积极性，激发人的内部潜力的程度。效价是指个人对一定目标重要性的评价。期望值是指根据一个人的经验判断一定的行为，能够导致某种结果和满足需要的概率。该公式表明，效价越大，期望值越高，行为动机就越强烈。如果效价为零或负值，则表明实现目标对个人毫无意义或给个人增加负担，那么无论实现目标的概率有多高，个人也不会产生追求目标的动机；如果期望值为零，表明个人认为不存在实现目标的可能性，那么无论实现目标有多么重大的意义，个人也同样不会产生追求目标的动机。

效价的大小并没有客观标准，主要取决于个人对它的评价。个人临时需要产生的目标效价是短暂的、浅层的，而对目标效价具有持久影响力的是个人价值观。具有不同价值观的人，对事物的评价会有根本的分歧。

期望值的高低取决于个人对自己的能力和对外在因素造成的可行性大小的评价，如条件是否具备、时机是否成熟等。

为了使激发力量达到最佳值，弗洛姆提出了人的期望模式，如图 9-2 所示。

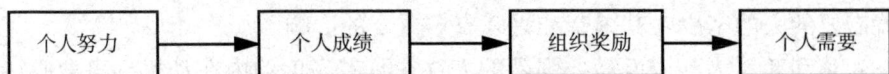

| 个人努力 | → | 个人成绩 | → | 组织奖励 | → | 个人需要 |

图 9-2　人的渴望模式

弗洛姆认为，根据人的期望模式，为了有效地激发人的动机，需要正确处理努力与成绩、成绩与奖励、奖励与个人需要的关系。具体来说，管理者一方面应当使组织目标的重要性为员工所充分认识、自觉认同，并将员工的个人目标与组织目标紧密联系起来；另一方面，应当积极地为员工完成组织目标创造条件，同时组织目标的高低要合理确定。

第二，洛克的目标理论。

目标理论或目标设置理论，最早是由美国马里兰大学心理学教授洛克于1968 年提出来的。洛克和他的同事通过大量的实践研究和现场试验，发现大多数激励因素，如奖励、工作评价与反馈、期望、压力等，都是通过目标来影响工作动机的，目标就是引起行为的最直接动机。因此，重视并尽可能设置合理的目标是激励动机的重要内容。

洛克的激励模式表明，绩效即目标的效果，主要由目标的难度和目标的明确性组成。目标的难度是指目标要具有挑战性，必须经过努力才能实现。目标的明确性是指目标必须有明确的指向，即具体性，能精确观察和测量的程度。洛克等人经过大量的研究表明，从激励的效果或工作行为的结果看，有目标的任务比没有目标的任务要好；有具体目标的任务要比有空泛、抽象的目标的任务好，难度较大但又能经过努力达到、能被执行者接受的目标要比没有困难、能轻易达到的目标任务好。也就是说，合适的目标，即具体的、难度较大的而又为员工所接受的目标所具有的激励作用最大。

许多学者认为，遇到难度高或复杂、庞大的目标，应把它分解为若干个阶段性的目标，即子目标。通过子目标的一一实现，以及在此过程中的反馈、监督和完善，最终达到总目标。这是完成艰巨任务的有效方法。

目标管理理论告诉我们，目标是人类行为最直接的调解或决定因素，管理者要善于利用目标来调节和控制人的行为。在利用目标进行管理的时候，企业应该注意以下几点：

首先，要让全体员工了解组织的目标和个人的具体目标。企业在设置整个组织目标的时候，要对目标进行层层分解。下属每个部门要根据总目标制定部门目标，每个人又要根据部门目标和个人目标的实际情况形成个人目标。设置目标时，应注意做到具体明确。目标设置要有广大员工的参与；目标要具有挑战性、适当的困难度；还要考虑目标的现实性以及员工的接受程度。

其次，要有一套方法控制目标的实施。这主要是激励员工发挥各自的积极性去实现个人的目标；注意目标过程的反馈，不断地修订和完善目标。

最后，目标效果与奖罚相联系。企业要对照目标定期评定已获得的结果，分析未达到的目标的原因，为下一个目标管理周期创造更好的条件；企业要根据对达到目标效果的评价，采取奖罚措施，激发员工达成目标，增强其工作动机、责任感和义务感。

当然，任何一种理论都不是万能的，目标理论也一样。目标设置本身是一件复杂的工作，有时再仔细、再认真斟酌的目标也难免有疏漏，出现与实际完全不一致的情况，或者没有相应的配套措施与之衔接。例如，如果目标的设置不公平或难度过大而难以达到，就可能引起员工的不满和挫折感。如果设置的目标难度较高，但没有相应的质量控制，就容易引起片面追求产量而不顾质量的情况。由于有形的目标，如产量、质量等比其他无形的目标较易设定，因而容易使管理者忽视员工能力和创造性的发挥等长远和无形的目标。

第三，斯金纳的强化理论。

强化理论是美国哈佛大学教授斯金纳提出的。1938年，斯金纳发表了《有机体的行为》一书，在巴甫洛夫条件反射理论的基础上，提出了一种新的激励理论，即强化理论。他特别重视环境对行为的影响作用，认为人的行为只是对外部环境刺激所作的反应，是受外部环境刺激所调节和控制的，改变刺激就能改变行为。强化对于人来说，就是通过一种有效的刺激，起到对行为的加强作用。按照强化理论，只要控制行为的后果（奖罚），就可以达到控制和预测人的行为的目的。因此，管理者通过各种强化手段，就能有效地激发员工的积极性。

在管理实践中，常用的强化手段有三种类型，即正强化、负强化和消退强化。这些手段可以单独运用，也可以组合运用。

正强化是指对人的某种行为给予肯定和奖赏，以使其重复这种行为。在管理过程中，凡是直接或间接地对组织的发展做出贡献和成绩的人，都必须给予肯定和奖励，否则，就等于良好行为未被组织和社会承认而得不到强化，人的积极性就会消退，良好行为就无法持续下去。强化的形式多种多样，如表扬、赞赏、晋升、提级、授予名誉、授予责任和权利、增加工资、给予奖金和奖品等。

负强化是指对人的某种行为给予否定或惩罚，使之减弱或消退，以防止类似的行为再度发生。在管理中，对不符合组织和社会期望的行为进行批评或惩罚，促使不良行为受到削弱或抑制，也间接地加强良好行为的形成和巩固。负强化的措施有批评和惩罚两种：批评有公开批评、直接批评和间接批评；惩罚有警告、记过、降职、减薪、罚款和开除等。

消退强化是指管理者对员工的不良行为不予理睬，采取视而不见的态度，让行为者感到自己的行为得不到承认，慢慢地终止该行为。例如，对于那些喜欢打小报告的人，领导者故意不加理会，久而久之，这类人会因自讨没趣而自动放弃这种不良的行为。

（3）综合型激励理论。综合型激励理论是力图将各种激励理论加以归纳，综合利用各种激励理论的观点，从系统的角度解释人的行为激励过程的理论。这种理论主要有勒温的早期综合激励理论、波特—劳勒的综合激励理论以及豪斯的综合激励理论等。

第一，勒温的早期综合激励理论。

最早期的综合激励理论是由心理学家勒温提出来的，他根据场动力论，用函数关系将激励表示为：

B=1（P.E）

公式中：B——个人行为的方向和向量；

P——个人的内部动力：

E——环境刺激。

这一公式表明，个人行为的向量取决于个人内部动力和环境刺激的乘积。

这一理论说明，外部刺激是否能成为激励因素，还要看内部动力的强度，两者的乘积才能决定个人的行为方向。

第二，波特-劳勒的综合激励理论。

内容型和过程型激励理论从各自不同的角度阐述了激励规律。20世纪60年代后期，以波特-劳勒为代表的行为科学家，把一些主要的激励理论兼容，汇合成为一个综合型激励理论模式。这个模式有努力、绩效、能力、环境、认识、奖酬、公平感和满足等多个变量，可以帮助管理者了解员工在工作激励中主要考虑的环节和他们的心理发展过程。此模式的重点是努力，它是指一个人在工作中所用力量的程度。努力是受个人的能力、品性，以及对新承担的角色应起作用的认识所制约的，同时又受到报酬的主观价值与努力取得报酬的可能性影响，在内外激励等多种因素下产生实际绩效，然后根据绩效标准给予奖励，最后得到满足。综合激励模式如图9-3所示。

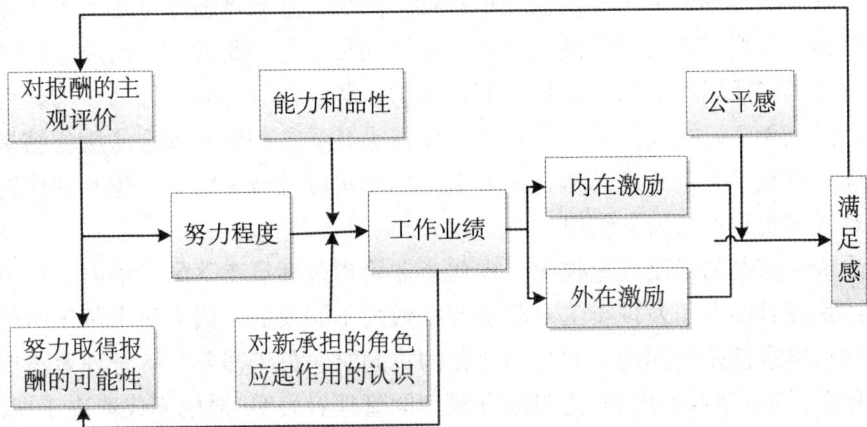

图 9-3　综合激励模式

这一模式表明，先有激励，激励导致努力。努力产生绩效，绩效导致满足。它包括四个主要变量。首先是努力程度。它是指员工所受到的激励强度和所发挥的力量，取决于员工个人对某项报酬（如工资、奖金、晋升和荣誉等）价值的主观判断和对努力能导致报酬的可能性（概率）的主观估计。报酬价值的大小与它对员工的吸引力之间是成正比例的关系，即报酬价值大，对员工的个人吸引力就大；反之，则小。而员工个人每次行为最终得到的满足，又会通过反馈强化员工个人对这种报酬的估价。同时，员工个人对努力可能导致报酬的概率的主观估计与员工个人的经历或经验密切相关。每一次的工作绩效也会通过反馈强化员工个人对成功可能性的估计。其次是工作绩效。它不仅取决于个人的努力程度，而且有赖于一个人的能力和素质，以及对自己所承担角色的理解程度和客观条件。所谓对角色的理解程度，就是它对自己所承担的责任、所努力的方向和目标的明确程度。责任明确，努力就会有正确的方向和目标，也就能取得较大的绩效；相反，绩效就较差。再次是报酬。它包括内在报酬和外在报酬两种。它们和主观上感受的公平感一起影响着个人的满意感。一般而言，内在报酬更能带来真正的满足，并与工作绩效密切相关。此外，公平感也受个人对工作绩效自我评价的影响。最后是满足感。它是指个人实现某项预期目标或完成某预定任务时所体验到的满足感。它依赖所获得的报酬同所期望获得结果的一致性。期望小于结果，会产生失望；期望等于结果，会获得满足。

这一激励模式表明，管理者要使员工在工作中获得好成绩，先要对他们的工作动机进行激励，也就是让员工感受到经过努力会获得足够的效价和高的期望值，以此激发他们的工作热情和积极性。然后，管理者根据员工的工作绩效实施奖罚，奖罚是否公平合理，会反过来影响员工的满足程度，而员工的满足程度又可以变成新的刺激，促使他们去努力工作，以获得新的绩效。如此循环往复，以至无穷。由此可见，员工的工作行为是受各种因素综合激励的结果。这一理论有利于管理者从总体把握员工工作动机以及员工行为产生和变化的原因，对管理实践也有启发作用。

波特－劳勒的激励理论提出了现代企业管理包括员工薪酬管理的有价值的建议：管理者要善于发现员工对奖赏和绩效的不同反应，因为每个员工对奖赏的理解和要求都是不同的，并且是变化的；同时，员工需要了解管理者需要他们做什么，知道绩效的内涵。通过激励模型向管理者表明：激励不仅取决于期望，还取决于关联性，即管理者制定的绩效水平必须在员工认为可达到的范围和水平之内，经过努力可以达到的，或者必须达到的；否则，绩效与努力之间的差距过大，员工也就失去了信心，起不到激励作用。把员工希望的成果与管理者希望的绩效联系起来。如果员工已经达到了绩效水平，并且他希望某些需要，如加薪、晋升等得到满足，管理者就应该了解和帮助他实现这一愿望，这样就对员工产生很好的激励；否则，会损害员工的积极性。一些管理者之所以不能将两者结合起来，主要是因为他们不了解员工的行为，往往以自己的感觉代替员工的感觉。

第三，豪斯的综合激励模式。

美国学者罗伯特·豪斯提出了综合激励模式，也称激励力量，与波特和劳勒的激励模式一样，也是在期望理论的基础上产生的。他试图把内、外激励因素都归纳进去，以综合和完善期望理论。其激励公式表示为：

激励力量 = 内在激励 + 完成激励 + 结果激励

某项工作任务的激励力量等于该项任务所提供的内在报酬效价、完成任务内在的期望值和内在效价、任务完成而获得外在薪酬的期望值和外在薪酬的效价三部分之和。

在上述公式的三个组成部分中，第一部分纯属内部激励；第二部分以内部激励为主，着眼于任务本身的效价及完成任务的重要意义；第三部分以完成任务为前提，是任务完成后导致的可能性和效价，主要是外在薪酬带来的激励力。三部分激励力量各自发挥自己的作用，相辅相成，相得益彰，但并非缺一不可。

3. 荣誉激励

荣誉激励是一种终极的激励手段，它主要是把工作成绩与晋级、提升、选模范、评先进联系起来，以一定的形式或名义标定下来，主要的方法是表扬、奖励、经验介绍等。荣誉可以成为不断鞭策荣誉获得者保持和发扬成绩的力量，还可以对其他人产生感召力，激发比、学、赶、超的动力，从而产生较好的激励效果。

如果我们承认马斯洛的自我实现的需要是人类最高层次的需要，那么声誉便是一种终极的激励手段。经济学家从追求利益最大化的理性假设出发，认为经营者追求良好声誉是为了获得长期利益。

美国著名成人教育家卡耐基曾写出享誉全球的名著《人性的弱点》《人性的优点》《人性的光辉》等，成为《圣经》之后人类出版史上第 2 大畅销书。他指出为人处世基本技巧的第一条就是"不要过分批评、指责和抱怨"；第二条是"表现真诚的赞扬和欣赏"。

美国 IBM 公司有一个"百分之百俱乐部"，当公司员工完成他的年度任务，他就被批准为该俱乐部会员，他和他的家人还会被邀请参加隆重的集会。结果，公司的雇员都将获得"百分之百俱乐部"会员资格作为第一目标，以获取那份光荣。

对于员工不要太吝啬一些头衔、名号，一些名号、头衔可以换来员工的认可感，从而激励起员工的干劲。日本电气公司在一部分管理职务中实行"自由职衔制"，就是说可以自由加职衔，取消"代部长、代理""准"等一般普遍管理职务中的辅助头衔，代之以"项目专任部长""产品经理"等与业务内容相关的、可以自由加予的头衔。

（1）荣誉激励的具体措施

①开展优秀员工的评比活动。在很多企业，都有类似于年度优秀员工评比这样的活动，但我国的企业评比存在着项目少、内容笼统、针对性不强、个性化较弱的问题。一般企业大多数奖项是诸如优秀管理者、优秀员工、先进单位、先进企业、员工满意单位等，在国有企业更多的是信得过单位、先进党组织、优秀党员、先进单位、先进集体等综合类项目。这些活动，一方面奖项较少，另一方面给人以"华而不实"的感觉，更重要的是对个人的激励性不大，所以急需改进。

我们经常看 NBA 比赛，对奥斯卡获奖影片也不陌生，但对两件事可能会不理解：NBA 明星中为什么有那么多人有荣誉称号呢？比如，最佳助攻手、最佳三分扣篮手、篮板王、MVP、最佳新人、最佳第六人等，究竟哪个人是最佳的呢？奥斯卡究竟有多少奖项呢？比如，最佳导演奖、最佳舞台灯光效果奖、最佳服装设计奖等。但是，虽然有这么多的奖项，却一点也没有"虚"的感觉，因为它们的名字实实在在。

从NBA和奥斯卡的奖项设置中，可以总结出这样一个道理，即奖项并不怕多，但一定要实，要有针对性。所以，我国的企业在设奖项时，最好不要用优秀员工、优秀党员、优秀干部等词语，应该针对性强些，比如，用最佳质量奖、最佳销售奖、成本降低最佳奖、最佳焊接手、最佳裁剪标兵等词语。但需要注意的是，这些奖项的设立要像NBA和奥斯卡一样，要具有唯一性，不可滥用。

企业要公布评比流程与标准，要有个性化的奖励名称，如"最佳质量奖""销售业绩第一""成本降低最佳奖""裁剪标兵"……要重视奖品的珍贵性，淡化奖金的作用。

②给予员工非业绩性竞争荣誉。对于一位领导人，所谓的"观人原则"，就是要确实看出部属优点所在。对下属所独有的那部分特性，要注意积极赞扬。

"经常提起别人的长处，可以让他更优秀。"这个道理是实践证明了的行之有效的激励方式。

人们受到赞许，会产生巨大的力量，促使受赞许者做出许多可歌可泣的事迹来。某钢铁厂从满足员工这种需要出发，组织员工开展评选"十佳"活动，起到了激励员工的作用。评选"十佳"活动，使工人得到了荣誉，可以激发工人钻研技术、热爱本职工作的动机。这个厂对"十佳"没有实行物质奖励，只是通过表彰会，戴大红花，上光荣榜，登厂报进行精神鼓励。但"十佳"获得者们觉得比物质奖励更光荣。从心理上得到满足，从而激发出更大的工作热情。

所以，利用非业绩性荣誉来激励员工提升业绩，是一种很好的激励方法。

③颁发内部证书或聘书。证书代表着一种认可，是一种荣誉。人都比较注重荣誉，这是他的尊重与自我实现的需要之一，所以颁发证书或者聘书，也成为激励员工的一种有效的方法。证书的种类和名称一般不受限制，关键是要让员工感受到一种认可和尊敬。

④借助荣誉墙和企业年鉴来激励员工。辉煌的历史值得永久记忆。如果自己的辉煌历史受到了认可、宣传和珍藏，那么员工将受到很大的激励。借助公共场所里的荣誉墙和精美的企业年鉴记载、宣传、珍藏员工的优秀事迹，将对员工产生很大的激励作用。

⑤以员工的名字命名某项事物。用人名命名某项事物，在科学史上，已经成为惯例，这是公认的对科学家的最好的纪念，比如诺贝尔奖等。社会历史事件中，这种做法也很多，我们经常看到用人名命名的地方或者道路，比如张自忠路、左权县等，以此纪念这些革命家、社会活动家为社会做出的贡献。在企业界，这种做法正在被推广开来。为了纪念员工在某个方面做出的贡献，企业

常常用员工的名字来命名某项事物。这种方式，也产生了很好的激励效果。

海尔的荣誉激励也很有特色。在山东青岛，海尔员工的工资并不是最高的，但如果与海尔员工直接接触，就会感觉到他们都有一种自豪感。海尔在员工管理上最具特色的方式，是直接用员工的名字命名他们不断改进了的工作方式，如"王德工作法""李勇冰柜"，等等。2002年，海尔以员工命名的操作法有二百余项。

这种荣誉激励，是对员工符合组织目标期望的行为进行的奖励，从而使这种积极向上的行为更多地出现，即更好地调动员工的积极性。

企业还有许多荣誉激励员工的措施，如进行奖励旅游、对后进员工进行荣誉激励等。

（2）荣誉激励的注意事项

①要认清荣誉的本质。荣誉的设置是为了奖励先进，表扬贡献，鼓舞士气，是一种激励。既然是奖励先进，就不能搞平均主义。不幸的是，很多企业的荣誉设置常常是"轮班制"——这月你当，下月我当，为了团结，轮流坐庄。"荣誉轮流坐，本月到我家"。这种荣誉设置几乎毫无意义，顶多展示一下企业在管理上的规范性。

平均主义就是荣誉的"泻药"，只要一沾上，再好的荣誉也会拉肚子。所以，设置荣誉时应当有统一规范的指标要求。成大方圆店的"服务之星"就设置了三项硬指标：一是要完成本月销售计划；二是顾客满意度高，没有顾客投诉；三是同事满意度高，该店员所得投票必须排在门店候选人前列。第一个指标是经济标准，第二个指标是服务标准，第三个指标是团队标准。这三大硬指标设计得比较有艺术性，既讲效益，又讲持续发展，还很好地控制了内部的竞争强度，避免内讧。

②荣誉是奖励先进的，不是奖励权力的，各级荣誉要分清。基层荣誉，不能让领导层参与。如果他们参加，本身就不公平，给他们吧，员工会认为有权力就有业绩，感到不平等；不给他们，就会有好事者无事生非。因而荣誉的设置可以分开层次，比如普通员工有小星星奖，店长有大星星奖。成大方圆在这方面做得也不错，明确规定店长和主任不得参与"小星星"评选。

③荣誉是奖励贡献的，不是奖励资历的，不能论资排辈。许多企业都有这样的固定思维，只要评选，首先要考虑资深员工，认为如果荣誉不给他们，不仅对不起他们，让他们心理失衡，资格浅的人也不自在，这样荣誉也就成了论资排辈。有的企业为了平衡这种矛盾，采取晋级制，比如将荣誉分为五个等级，一"星"是资格浅的，五"星"是资格老的。星多，只表明她工作时间长。这种

做法将会使荣誉僵化，悄然死亡。成大方圆采用的是动态奖励，"星"多少主要表现在业绩，与资历无关，一个季度没评上，就没有"星"了，又必须从头再来。

④荣誉需要郑重其事地授予，不能简单草率从事。颁布荣誉需要隆重的仪式，仪式越隆重激励的作用越大。IBM、玫琳凯等著名企业每一次授予荣誉都非常隆重。

⑤荣誉要与利益挂钩。利益包括经济利益、福利利益、机会利益等等，只有精神奖励的荣誉很难使员工保持持久的热情，荣誉必须要有载体。

综上所述，荣誉的授予需要精心设计，精心执行，需要高超的技巧。但技巧只是枝节，对员工最根本的激励是企业有没有真正尊重他们，以人为本。这就需要建设良好的企业文化，荣誉也只有在"以人为本"的企业文化中才能长盛不衰，偏离了"以人为本"，虽然短期能刺激员工的积极性，时间长久必然产生逆反心理，失去作用，甚至让员工厌倦。

荣誉激励是一种成本低、效果好的激励方式，企业应该很好地应用。荣誉激励与成就激励一样，属于精神激励的重要方法，荣誉说明一个人的社会存在价值，在人的精神生活中占有重要位置。领导者应该掌握好荣誉激励这种技巧。

4. 工作激励

工作激励是激发工作人员的责任感、主动性和工作热情。其指导思想是使工作人员有获得成就的机会、晋升的机会，从而产生组织认同感及责任感。它可以分为横向激励与纵向激励。所谓横向激励是使工作人员执行同一水平的多样职能，以减少对工作的厌烦情绪并开阔其眼界，从而为纵向激励准备条件。所谓纵向激励是使工作人员有条件参与制定计划和担负一定的控制职能。工作激励的目标是创造一个自然协调的完整的工作团体，允许工作人员对完成工作发表自己的意见，减少对其不必要的控制，在工作过程中随时向工作人员提供反馈，使之知道工作是否有了改进，从而获得经验，以便负担更为困难的工作并加以晋升。

（1）工作激励的内容

①工作分配要尽量考虑到员工的特长和爱好，使人尽其才。

每个人都有自己的特长和爱好，都希望在组织中最大限度地发挥自己的聪明才智，而组织任务的完成往往也需要具有不同专业特长、不同能力的人来承担。领导者应根据工作的要求和员工个人的特长，把工作与人的能力有机地结合起来，这不仅能使组织的任务很好地完成，同时还满足了员工自我实现的需要，从而极大地激发员工的工作积极性。日本松下电器公司的创始人，世界著名企业家松下幸之助曾说过："从长远来看，一个企业应兼有各种性格特长的人才好。"他把管理者分为三种类型：较有头脑、善于处理问题的"文人型"；性格豪放、做事光明磊落、富有进取精神的"武士型"；工作敢打敢拼、脚踏实地的"运动员型"，他认为在企业总体录用上，以上三种类型的人应各占三分之一。

领导者在分配工作时不仅要考虑到员工的特长，还要在条件允许的情况下，把分配工作与职工的兴趣尽量结合起来。心理学认为兴趣是最好的老师，当一个人对某项工作真正感兴趣，爱上了这项工作时，他就会全身心地投入到工作中，就会克服一切困难，千方百计地去做好这项工作。

②要使工作具有挑战性，充分发挥员工的潜能。关于人性理论研究的 Y 理论认为人是愿意承担工作，并愿意迎接工作的挑战。每经过一次挑战，人们就会获得一次提高，获得一次成就感的满足。因此，领导者在分配工作时，要使工作的要求和目标富有一定的挑战性，这样能够激发员工奋发向上的精神。但怎样才能使工作的分配具有挑战性呢？我们认为应使工作对能力的要求略高于职工的实际能力，或者说使职工的实际能力略低于工作的要求。

员工的工作能力只能是略低于工作的要求，而不能是远低于或高于工作的要求，其原因是：如果员工的工作能力远低于工作的要求，一方面，会造成工作任务的无法完成，给组织带来损失；另一方面员工由于工作能力差，不论其怎样努力都无法完成工作任务，他就会对自己失去信心，就会灰心丧气，不愿做新的尝试，甚至会一蹶不振。如果员工的工作能力高于工作的要求，虽然工作任务能保证完成，但职工会感到自己的潜能没有得到发挥，随着时间的推移，他可能对工作越来越不感兴趣，对组织越来越不满意，最终也会影响工作质量和工作积极性。

③要让员工参与管理，树立员工的主人意识。领导者要让员工在不同程度上参与组织决策及各级管理工作的研究和讨论。我国是社会主义国家，员工是国家的主人，领导者要把员工摆在主人的地位上，尊重他们，信任他们，让员工在不同层次和不同深度上参与决策，虚心采纳他们的正确意见和建议。通过参与管理，能够进一步满足员工的尊重和自我实现的需要，形成员工对企业的归属感和认同感，从而焕发出强烈的工作积极性。

在我国，职工参与班组民主管理，通过职工代表大会、企业管理委员会中的代表参与企业重大决策，这些是我国职工参与企业决策和企业管理的主要渠道。在国外，企业则普遍采用"奖励合理化建议"制度。

（2）工作激励的方式

工作激励同人力资源管理中其他领域一样，也有方式方法之分。除了传统的物质激励和精神激励，此处重点介绍情感激励、公平激励、期望激励、民主激励四种。

①情感激励。情感是人们对客观事物的态度的一种反映，它具有两极性，即积极的情感可以提高人的活动能力，消极的情感削弱人的活动能力。在工作中，具备积极情感的人通常有积极的心态和进取心，有着较高的工作效率；而具有消极情感的人通常工作效率较低。因此，人力资源管理工作的一项重要内容就是使被管理者尽可能保持积极情感。同样，人力资源管理者也可以运用情感激励的方式来培养带动被管理者的积极情感，消除、抑制消极情感。在进行情感激励时，管理者可以通过交谈等语言激励方式与被管理者沟通，了解被管理者想法、状况，从而对症下药，改善关系。也可以通过非语言形式如动作、手势、姿态等激励员工。无论采取何种方式，管理者本人要具备良好的积极情感，还要使自己处于一种情感移入状态，与被管理者达成情感共融。

②公平激励。公平感是每个被管理者都具有的，当他们在分配上产生公平感时，会心态平和、努力工作，而产生不公平感时则会有思想包袱、满腹怨气，影响工作效率。公平激励就是根据公平的心理规律，在管理中采取各种措施力争做到公平，必须坚持客观、公正、民主和科学，使员工产生公平感，从而调动工作积极性。

③期望激励。所谓期望激励指利用被管理者对所追求目标或结果的期望心理来调动被管理者积极性的方法。据伯特咨询 2002 年所做的一些调查显示，如果被管理者认识到某项目标的效价很高，而且通过自己的努力也能实现目标，那么管理者应用这一目标来激励被管理者十分有效。在人力资源管理中，科学地确定目标十分重要。

④民主激励。每一项制度或工作，参与设计或充分理解的人越多，成功实施的机会就越大。所以让每一位被管理者产生参与感，感到受重视、被信任，进而使他们产生责任心和参与感，集体的向心凝聚力也得到增强。

因地制宜地采取上述四种不同的激励手段，更有助于高效地进行人力资源管理工作。

（二）激励机制的作用和性质

激励机制一旦形成，就会内在作用于组织系统本身，使组织机能处于一定的状态，并进一步影响着组织的生存和发展。激励机制对组织的作用具有两种性质，即助长性和致弱性，也就是说，激励机制对组织具有助长作用和致弱作用。

1.激励机制的助长作用

激励机制的助长作用是一定的激励机制对员工的某种符合组织期望的行为具有反复强化、不断增强的作用，在这样的激励机制作用下，组织不断发展壮大，不断成长。我们称这样的激励机制为良好的激励机制。当然，在良好的激励机制之中，肯定有负强化和惩罚措施对员工的不符合组织期望的行为起约束惩罚作用。激励机制对员工行为的助长作用给管理者的启示是：管理者应能找准员工的真正需要，并将满足员工需要的措施与组织目标的实现有效地结合起来。

2.激励机制的致弱作用

激励机制的致弱作用表现在：由于激励机制中存在去激励因素，组织对员工所期望的行为并没有表现出来。尽管激励机制设计者的初衷是希望通过激励机制的运行，能有效地调动员工的积极性，实现组织的目标。但是，无论是激励机制本身不健全，还是激励机制不具有可行性，都会对一部分员工的工作积极性起抑制作用和削弱作用，这激励员工的策略就是激励机制的致弱作用。在一个组织当中，当对员工工作积极性起致弱作用的因素长期起主导作用时，组织的发展就会受到限制，直到走向衰败。因此，对于存在致弱作用的激励机制，必须将其中的去激励因素根除，代之以有效的激励因素。

（三）激励机制的运行模式

激励机制运行的过程就是激励主体与激励客体之间互动的过程，也就是激励工作的过程。图 9-4 是一个基于双向信息交流的全过程的激励运行模式。

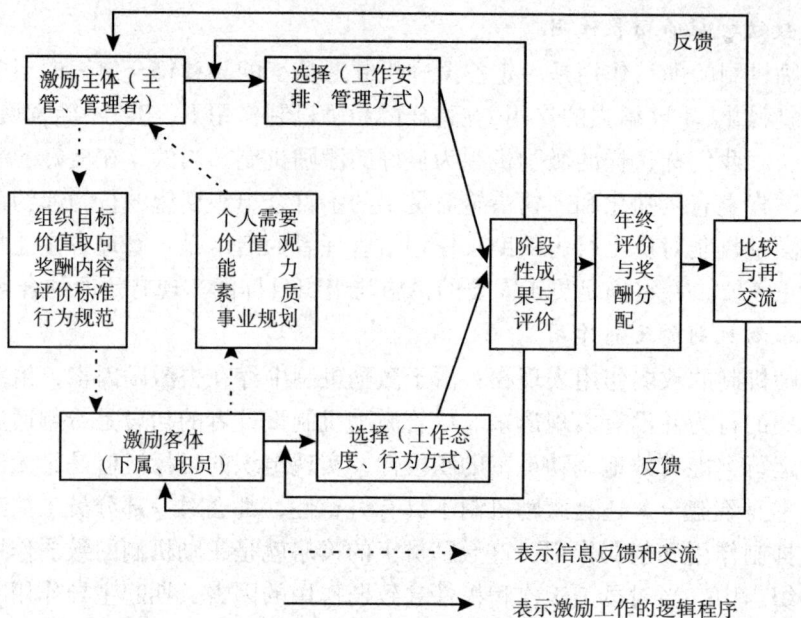

图 9-4 激励机制运行模式

这种激励机制运行模式，是从员工进入工作状态之前开始的，贯穿于实现组织目标的全过程，故又称之为全过程激励模式。在管理实践中可分为五个步骤，其工作内容分别如下。

1. 双向交流

这一步的任务使管理人员了解员工的个人需要、事业规划、能力和素质等，同时向员工阐明组织的目标、组织所倡导的价值观、组织的奖酬内容、绩效考核标准和行为规范等；员工个人则要把自己的能力和特长、个人的各方面要求和打算恰如其分地表达出来，同时员工要把组织对自己的各方面要求了解清楚。

2. 各自选择行为

通过前一步的双向交流，管理人员将根据员工个人的特长、能力、素质和工作意向给他们安排适当的岗位，提出适当的努力目标和考核办法，采取适当的管理方式并付诸行动；员工则采取适当的工作态度、适当的行为方式和努力程度开始工作。

3. 阶段性评价

阶段性评价是对员工已经取得的阶段性成果和工作进展及时进行评判，以便管理者和员工双方再做适应性调整。这种阶段性评价要选择适当的评价周期，可根据员工的具体工作任务确定为一周、一个月、一个季度或半年等。

4. 年终评价与奖酬分配

这一步的工作是在年终进行的，员工要配合管理人员对自己的工作成绩进行评价并据此获得组织的奖酬资源。同时，管理者要善于听取员工自己对工作的评价。

5. 比较与再交流

在这一步，员工将对自己从工作过程和任务完成后所获得的奖酬与其他可比的人进行比较，以及与自己的过去相比较，看一看自己从工作中获得的奖酬是否满意，是否公平。通过比较，若员工觉得满意，将继续留在原组织工作；如不满意，可再与管理人员进行建设性磋商，以达成一致意见。若双方不能达成一致的意见，双方的契约关系将中断。

全过程激励模式突出了信息交流的作用，划分了激励工作的逻辑步骤，可操作性强。

（四）激励机制的原则

1. 员工分配的工作要适合他们的工作能力和工作量

人岗匹配是配置员工追求的目标，为了实现人适其岗，需要对员工和岗位进行分析。每个人的能力和性格不同，每个岗位的要求和环境也不同，只有事先分析、合理匹配，才能充分发挥人才的作用，才能保证工作顺利完成。

一般而言，主要通过四种方法促进人岗匹配：

第一，多名高级经理人同时会见一名新员工，多方面了解他的兴趣、工作能力、工作潜能；

第二，公司除定期评价工作表现外，还有相应的工作说明和要求规范；

第三，用电子数据库贮存有关工作要求和员工能力的信息，及时更新；

第四，通过"委任状"，高级经理人向董事会推荐到重要岗位的候选人。

2. 论功行赏

员工对公司的贡献受到诸多因素的影响，如工作态度、工作经验、教育水平、外部环境等，虽然有些因素不可控，但最主要的因素是员工的个人表现，这是可以控制和评价的因素。其中一个原则是——员工的收入必须根据他的工作表现确定。员工过去的表现是否得到认可，直接影响到未来的工作结果。论功行赏不但可以让员工知道哪些行为该发扬，哪些行为该避免，还能激励员工重复和加强那些有利于公司发展的行为。因此，在工作表现的基础上体现工资差异，是建立高激励机制的重要内容。此外，还可以根据员工的表现提供不同膳食补助金、住房、公司股票等福利。

3. 通过基本和高级的培训计划，提高员工的工作能力，并且从公司内部选拔有资格担任领导工作的人才。

为员工提供广泛的培训计划，由专门的部门负责规划和组织。培训计划包括一些基本的技能培训，也涉及高层的管理培训，还有根据公司实际情况开发的培训课程，以帮助员工成长为最终目标。组织结构的明确，每个员工都知道自己岗位在公司中的位置和作用，还可方便地了解到有哪些升迁途径，并可获取相关的资料。比如，巴斯夫在晋升方面有明显的内部导向特征，更趋向于从内部提拔管理人员，这为那些有志于发展的人才提供了升职机会。

4. 不断改善工作环境和安全条件

适宜的工作环境，不但可以提高工作效率，还能调节员工心理。根据生理需要设计工作环境，可以加快速度、节省体力、缓解疲劳；根据心理需要设计工作环境，可以创造愉悦、轻松、积极、活力的工作氛围。对工作环境进行人性化的改造，在工厂附近设立各种专用汽车设施，在公司内开设多家食堂和饭店，为体力劳动者增设盥洗室，保持工作地点整洁干净。

安全是对工作条件最基本的要求，但却是很多企业难以实现的隐痛。建立了一大批保证安全的标准设施，由专门的部门负责，如医务部、消防队、工厂高级警卫等，负责各自工作范围内的安全问题。向所有的工人提供定期的安全指导和防护设施。还可以建立各种安全制度，如大楼每一层都必须有一名经过专门安全训练的员工轮流值班。除设施和制度的保障外，还以奖励的方式鼓励安全生产，那些意外事故发生率最低的车间可以得到安全奖。

5. 实行抱合作态度的领导方法

在领导与被领导的关系中，强调抱合作态度。

领导者在领导的过程中，就如同自己被领导一样，在相互尊重的氛围中坦诚合作。巴斯夫的领导者的任务是商定工作指标、委派工作、收集情报、检查工作、解决矛盾、评定下属职工和提高他们的工作水平。其中，最主要的任务是评价下属，根据工作任务、工作能力和工作表现给予公正评价，让下属感受到自己对企业的贡献、认识到在工作中的得失。评价的原则是"多赞扬、少责备"，尊重员工，用合作的方式帮助其完成任务。任务被委派后，领导必须亲自检查，员工也要自行检验中期工作和最终工作结果，共同促进工作顺利完成。

二、流动机制

流动机制旨在使企业适应劳动力市场的流动性。它在人力资源开发中的作用表现为在流动中使现有的人力资源增值。一方面，个体通过尝试不同岗位的工作，有利于他们发现什么样的工作自己最喜欢、最能够发挥自己的才能，从而找到适合自己的职业发展道路。这样做可以满足个人实现自我价值的欲望，激发他们的工作动力。另一方面，让员工在不同的岗位上锻炼，或提拔优秀员工到更高层次的岗位上去，能够提升员工的知识和技能，培养他们的领导才能，提高他们的综合素质。也就是说，流动机制包括企业与社会之间的人员流动和企业内部的员工流动。

（一）企业与社会之间的流动

如今，"挖人"和"跳槽"等现象越来越普遍，企业想要员工长久忠诚地为其服务几乎不可能。目前，是市场而不是自己的公司，最终决定员工的流动。人力资源管理要控制的是让谁离开（进来）以及何时离开（进来）。对此，企业应做好以下几方面的工作：

1. 人才备份

公司应该做好人才备份工作。这一工作有利于保证企业不会因某些具有特殊技能的员工流失而中断工作进展。做好人才的备份工作，一方面要强化人才的储备和技术培训，使某项关键技术不被一两人独占；另一方面，同一尖端技术岗位至少要有 2～3 人同时攻关。像海尔集团，同一产品，不仅国内有研发小组，在国外也有很多科研机构同时开发，即使有几名技术人员流失，也不会对企业产生太大的影响。对于非技术岗位的某些重要职位。可以采取设立后备人员的培训计划，让这些"替补人员"提前熟悉将来的工作，一旦发生这些岗位人员的流失，候选人能在最短的时间内胜任工作，从而降低由于员工空缺而造成的损失。

后备人员可以是公司内部员工，可以是在校大学生（如德勤会计师事务所的"德勤俱乐部"就是为公司储备人才的，参加对象为大三大四的学生），还可以是在其他企业工作的人。可以是投递了简历但未被公司招入的，也可以是公司员工或猎头公司推荐的。只要是对本公司有兴趣，投递过简历的都可以进入公司的人才库，作为公司发展的后备力量。人才库要有专门人员维护管理。

2. 人才招聘

招聘，就是替企业的职位空缺挑选具有符合该职位所需才能的人员的过程。这个过程是相当复杂的，需要借助一定的科学方法才能完成。首先，招聘者应清楚所要招聘的工作有些什么要求。其次，必须了解求职者的各方面情况，比如心理素质、身体素质。招聘人员可以凭经验去判断工作有哪些要求，求职者具备哪些素质。更为可靠的方法是根据心理学家发展出来的一套科学方法与工具去测定求职者的各方面素质。因此，一个完整的招聘体系应包括工作分析、吸引求职者、考察求职者这三个步骤。不仅要考虑员工的知识技能和价值观念，还要考虑员工的自我选择。

招聘工作需要付出大量的时间和精力，但却是企业必须做好的。企业只有具备了在短时期内招聘到各种岗位的合适人选的能力，才能够抵抗劳动力市场流动性增大的冲击。

3. 离职员工关系管理

员工离职了，并不表示和原来的公司从此"一刀两断"，互不相见。很多时候，与离职员工保持良好的关系，还可能为公司带来很多长远的利益，比如提供新的客户和市场机会、人才推荐机会，甚至一些优秀的离职员工重新回到公司继续效力，等等。所以，离职员工亦是资源，同样具有开发利用的价值。企业进行离职员工关系管理是有必要的。

具体方法包括：与离职员工面谈（建立离职员工面谈记录卡）；建立员工流失关键要素分析模型，并针对这些关键因素改进企业管理的方式方法；设立离职员工关系主管；建立离职员工关系数据库；对离职员工进行价值衡量，划分等级（可以借鉴国际上通行的顾客分级管理办法——ABC 管理法。企业可根据自身的实际情况和可能，把离职员工的能力素质、对企业贡献的大小、职位高低以及离职去向等指标作为划分标准，将离职员工划分为 A、B、C 三个等级，有助于企业对离职员工抓住重点，进行目标管理），并对离职员工的等级进行动态调整、分级管理；在离职员工正式离开公司以后，要不断保持电话、信件等密切联系，或者企业可根据自身情况设计一些别具特色的联络感情的方式。

（二）企业内部流动制度

企业还可以实施内部流动制度，以提高工作与深层志趣的契合度。极具天赋的专业人士和关键型的知识员工本身就有较强的流动倾向，针对这种情况，企业可以采取内部流动的方式来迎合这种需求，减少离职倾向。一方面，通过实行工作轮换，可以帮助员工消除对单调乏味工作的厌烦情绪，使工作内容扩大化或者丰富化。另一方面，通过内部劳动力市场的公开招聘，使愿意尝试新工作或愿意从事更具挑战性、重要性工作的知识型员工能有机会获得新的职位。从而满足其流动意愿。如 SONY 公司定期公布职位的空缺情况，员工可以不通过部门主管直接去应聘，如果应聘成功，则可以得到新的工作；如果失败，则仍从事原工作，同时等待下一次机会，而且不必担心会受到原主管的偏见，因为整个应聘过程是保密的。事实证明，内部流动能在一定程度上减少员工的流失率。

三、沟通机制

著名组织管理学家巴纳德认为："沟通是把一个组织中的成员联系在一起，以实现共同目标的手段"。沟通不良几乎是每个企业都存在的老毛病，企业的机构越是复杂，其沟通越是困难。往往基层的许多建设性意见未及反馈至高层决策者，便已被层层扼杀，而高层决策的传达，常常也无法以原貌展现在所有人员面前。

通过了解客户的需求，整合各种资源，创造出好的产品和服务来满足客户，从而为企业和社会创造价值和财富。企业是个有生命的有机体，而沟通则是机体内的血管，通过信息流动来给组织系统提供养分，实现机体的良性循环。沟通机制在人力资源开发中的作用表现为有利于人力资源开发工作的改进。事实上有效沟通也是一种激励。

（一）沟通的机制

管理沟通分外部沟通和内部沟通。

1.外部沟通

一是通过公共关系手段，利用大众传媒、内部刊物等途径，与客户、政府职能部门、周边社区、金融机构等，建立良好关系，争取社会各界支持，创造好的发展氛围；二是企业导入 CIS 企业形象识别系统，把理念系统、行为系统、视觉系统进行有效整合，进行科学合理的传播，树立良好企业形象，提高企业的知名度、美誉度、资信度，为企业腾飞和持续发展提供好的环境。

2.内部沟通

一是建立健全规范公司会议系统，使公司各种指令、计划信息能上传下达，相互协调，围绕企业各项指标的完成统筹执行。通过月会、周例会、调度会、座谈会、班前班后会等形式，快速地将信息进行有效的传递，使大家按计划有条不紊地进行，步调一致，方向目标明确，提高工作效率和效能，使目标完成得到保障。二是针对公司全体员工展开"合理化建议"活动，设立合理化建议箱和合理化建议奖。从技术改造、成本控制、行政管理等各领域，全面展开，为企业发展献计献策，树立主人翁精神，获得好的效果。三是建立公司内部刊物，每月一期，发致公司各个层面，把公司生产经营动态进行有效汇总，整合公司信息，统一全体员工思想。四是各车间定期办黑板报、报纸专栏，丰富职业精神生活，同时也是沟通的一种形式。五是把每周五定为公司"沟通日"。公司总经理的门是敞开着的，欢迎各级层员工进来沟通谈话。无论是意见，还是建议一并采纳，快速做出改进，了解各级层员工的需求动态，尽可能满足他们，真正实现"以人为本"，提高员工满意度，把员工当作绩效伙伴而非"打工者"雇员，形成命运共同体，而非单纯利益共同体。六是每月集中给该月生日的员工举办"生日餐会"，公司给每位生日员工发生日蛋糕、聚餐的同时，送上总经理签名的生日卡，使很多员工都很感动，感到企业大家庭的温暖，更是一心一意为公司做贡献，提升对公司的忠诚度和凝聚力。还有定期举办的联欢会、运动会、表彰会、优秀员工干部旅游活动等，使大家干得起劲、玩得开心，觉得自己与公司已密不可分，人企合一，共同成长，把公司当成自己创业、施展才能的大舞台，产生良好的效果。

（二）建立有效的沟通机制

沟通是指通过信息的不断双向传递获取彼此理解的过程。沟通方法有语言沟通和非语言沟通，正式沟通与非正式沟通，上行沟通、下行沟通和平行沟通等。员工沟通对企业十分重要。不能把员工沟通仅仅归结为劳资谈判、招聘、员工分类、培训、咨询和提拔员工等事项。员工沟通涉及企业管理的方方面面，特别是员工积极性和创造性的激发和企业人力资源的充分利用等问题，也涉及企业的竞争能力和对环境变化的适应能力。一般认为，建立有效的沟通机制可以从以下几方面入手。

第一，定期的内部调研，了解员工的需求。

运用问卷、抽样调查、访谈等外部市场调研方法了解员工的愿望和需求，了解他们对工作条件、培训、津贴、公司政策等的意见和看法，可以为员工建立数据库，使企业更为有效地了解员工的愿望和生活。比如，通过数据库资料可为不同的员工提供类似于"定制化"的福利，因为不同的员工有不同的福利偏好。可能对某一个员工而言休假是最重要的，而对另一个员工而言，更高的补助或培训机会或许才是想要的福利。因此，企业管理人员可以通过这个数据库来提高内部服务质量，提高员工的满意度。

第二，内部投诉制度，了解员工的意见。

员工与外部顾客一样可能会体验到劣质的服务，如培训部门的不负责任、财务部门的拖拉甚至上级主管的官僚作风。这些劣质的内部服务无疑会影响员工的满意度。如果管理人员不重视或者根本不知道这些问题，长久下去，就会导致员工的消极怠工或者跳槽。因此，企业内部应建立投诉制度，鼓励员工投诉，并及时处理投诉，采取一定补救措施使内部服务质量不断提高。同时，内部投诉制度应特别防止被投诉部门或人员对投诉人的打击报复。

第三，员工参与管理，了解员工的建议。

员工参与管理指从企业方针政策的制定到执行的全过程，由全体员工和领导共同参与，而不再是由领导决策、员工执行的老模式。现代社会，激发员工对本企业的自豪感和积极性，并在工作中达成与员工的有效沟通的最佳方法，就是让他们了解自己的企业，了解企业的生产经营和方针政策的制定过程，并参与其中成为主人。

员工参与管理，不能仅停留在口头上，它必须有最高领导的支持，而且这种支持必须是充分的和现实的。它包括与员工之间的各式各样的接触，如领导直接参加员工的工作，与员工交谈，以及工作计划制定过程中的意见问询等，最终实现企业的经营管理由员工共同参与。实际上，几乎所有的员工都想直接参与企业的经营管理，而且员工的参与确实能提高企业的经营管理效益。美国劳茨顿通用汽车厂，由原来的存在大量旷工、工艺质量低劣、蓄意破坏，以及员工的情绪低落等状况，转变为在整个通用汽车厂范围内质量领先，旷工率最低，其根本原因就在于该厂的管理者、工会和员工三方面组成了管理委员会，相互倾听彼此的意见，并且让每位员工参与以前仅属于管理者从事的决策工作。

（三）沟通技巧

在沟通管理过程中一定要善于运用非语言信号为语言的效果进行铺垫。真诚的微笑、热烈的握手、专注的神态、尊敬的寒暄，都能给对方带来好感，活跃沟通气氛，加重后面语言的分量。在工作过程中本人总结出了如下增进沟通效果的技巧：

1. 赞美对方

这几乎是一个屡试不爽的特效沟通润滑剂。这个世界上的人，没有不喜欢被赞美，学会赞美，将使在沟通中一帆风顺。即使给领导提意见，也要先赞美。不要怕人说拍马屁，把拍马屁当作对领导的激励，只要表扬的内容属实就没问题。领导与员工一样，员工需要激励，领导同样需要激励。

2. 移情入境

即设计一个对现实有借鉴意义的场景，进行情景教育。例如，燕昭王千金买死马，为了表达一个信息：死马尚值千金，况活马乎。赵高于秦庭指鹿为马，给人的信息是：意志不可违抗。项目管理培训中设计的很多课堂游戏，用意都在于用一个显而易见的事实去启发人的思路。

3. 轻松幽默

幽默既是通向和谐对话的台阶和跳板，又是化解冲突、窘境、恶意挑衅的灵丹妙药。戈尔巴乔夫刚上任时被舆论界一致认为是契尔年柯的傀儡，一个记者在新闻发布会上向他提了一个尖刻的问题："您在做出任何重大决定前是否要看您身后那个重要人物的眼色？"戈尔巴乔夫用一个幽默的回答化解了他的窘境，他正色道："在这种正式场合，能不提涉及我夫人的问题吗？"一个全班最丑的女孩走上竞选班花的讲台，对台下的女同学们说："请把这一票投给我吧，数年以后你们就可以指着我对你们的男朋友说，瞧，我比班花还漂亮。"于是，她以全票当选。幽默可以创造奇迹，使不可能的事情成为可能。

4. 袒胸露怀

又被称为不设防战术，意在向人们明确表示放弃一切防备，胸襟坦荡，诚恳待人。有很多企业家喜欢在洗浴中心招待客户，是为了以此拉近与客户的关系，大家都脱光了，赤诚相见，谁也端不起架子。这也是一种非语言信号。人类的许多非语言信号都是出此用意，例如敬礼、握手、作揖都是为了向沟通对方表明手中没有武器。

5. 求同存异

又被称为最大公约数战术。人们只有找到共同之处，才能解决冲突。两口子吵架，最后一句话"为了孩子"相拥和解；两个员工争执不休，最后一句话"都是为了工作"握手言和。无论人们的想法相距多么遥远，总是能够找到共同性。有了共性，就有了建立沟通桥梁的支点。

6. 深入浅出

这是提高沟通效率的捷径。能够用很通俗的语言阐明一个很复杂深奥的道理是一种本事，是真正的高手。张瑞敏把项目管理比作擦桌子，柳传志把组织的功能比作瞎子背瘸子，精辟至极。大师的语言，最大的特点就是生动浅显，容易解码，因而容易理解。

四、文化机制

企业文化是在一定的条件下，企业生产经营和管理活动中所创造的具有该企业特色的精神财富和物质形态，它包括企业愿景、文化观念、价值观念、企业精神、道德规范、行为准则、历史传统、企业制度、文化环境、企业产品等。

如果说，企业制度文化体现出企业文化的刚性要求，那么，企业文化机制则体现出企业文化的柔性要求。文化，不仅是人的本性体现，也是人的力量的显现。文化之所以被重视，是因为它能对人的行为发挥有效的影响，能干预、引导、调节人的行为，这是文化力。

　　企业文化力是企业及其成员接受或形成某种文化观念所产生的精神力量，这种精神力量与物质力量相结合，成为企业参与市场竞争的重要力量源泉。这种文化力，一方面，调节、干预人的行为，在价值与精神层面上调节着人的力量，使之与整个文化价值体系的方向保持一致；另一方面，企业文化力又是培育、激发人的内在信念、情感、理性的文化能量，使人们获得源源不断的力量源泉，并形成文化合力。企业文化力的形成有其特殊的轨迹。文化是一只无形的手，文化机制是通过竞争使人的积极性、创造性得到最大限度的发挥，从而形成实现企业愿景与企业最高目标的强大动力。文化的运作与管理不能靠指标或行政命令，只能依靠机制、依靠企业文化的诸要素相互作用、相互制约而形成运作方式，自觉地推动企业文化正常运转或形成惯性。

　　企业文化机制建设要善于发挥企业文化力的综合作用：第一，影响力是最具权威的一种力量，企业领导者要善于凭借自己的品行和能力形成很高的威望，使全体成员由衷地敬慕、钦佩、追随、效仿，从而形成全员的"内驱力"，主导着员工的内在思想与外在行为。在这里，感情上的沟通与融通起着决定性的作用，员工对领导者的服从是自然而然地产生的，并自觉地按照领导者的意愿行动。第二，号召力是企业领导者通过自身言行及企业精神文化，对全体成员进行号令和感召的能力。号召力源于领导者的才能、威望以及科学的管理办法，以使员工信服且相信领导者说的是正确的，按照领导者的号召去行动就能获得好的结果，否则就会受损失。这种"相信"是理性上的信任。影响力的作用在于员工能"自觉"去做；号召力则是领导者"要求"员工去做。第三，控制力即为了弥补情感及理性的影响力、号召力的作用的不足，则要建立一定的规章制度，建立制度文化，采取一些控制、制约的措施与办法。企业领导充分发挥企业文化力的作用，要提高自己的影响力，增强号召力，力求弱化控制力。

　　企业文化的最内层属于精神文化，是由企业绝大多数成员共有的主观信念所形成的共同假设，其可见度最低，代表的是想当然的事实和对人类本质的看法。它代表的是关于什么是好的、正常的、合理的、有价值的集体看法、主观臆断和感觉。文化价值观会随着公司的不同而产生非常大的差异。例如，在某些企业，员工可能最关心的是报酬，而在另外一些企业，他们可能关心的是技术创新或员工的福利。

　　企业文化的中间层是由企业的规章制度组成，是企业员工共同的行为规范，即被企业成员所接受和期待的行为准则及模式。企业制度包括生产、销售、质量管理、研发、人力资源管理等方面的一系列制度。企业制度是企业价值观的直接产物，也是员工明确员工行为的规则和维护员工合法权益的保障。

企业文化的最外层是物质文化，它比制度文化更具有可见性和可改变性。文化标志是企业文化最表层的东西。它包括一些语言、行话、手势、姿势、图画以及具有某种特殊意义的实物。例如美国沃尔玛将公司员工不称作员工，而称为合伙人，从而让员工体现到一个大家庭的感觉。还有麦当劳和肯德基店里的各种图画及小饰物等均属物质文化。

从表面上来看，企业文化仅仅是企业成员做事的共同习惯与准则，是大家共同遵守的一系列规范，是企业成文的管理规定与不成文的工作习惯的综合体现。但从实质上看，企业文化是企业价值观在组织的日常运作以及组织成员行为上的具体表现，它反映着一个企业的立足之本、管理之本、成长之本。

良好的企业文化对人力资源开发的意义在于：第一，推动人力资源开发实践。人力资源管理工作应将企业文化的精神贯穿于人才的培训开发中。一个优秀的企业文化应该是重视人才的培养，而在这样文化的影响下，企业最高决策者每年都会拿出占企业利润很大比例的资金对人才进行培养。"磨刀不误砍柴工"，不能怕花钱、怕投入，例如惠普公司每年花在职工培训的钱占公司全年利润的 10% 左右。人才培养好了，就会回馈企业、回报社会，就会为企业创造更大的价值，这也是符合企业经营理念和商业利益规则的。员工培训与开发的种类繁多，有企业文化培训、岗位培训、企业制度培训、技能培训，还有管理能力开发、技术能力开发等等，培训与开发要把握好的一个原则就是实事求是，不能流于形式，所以培训与开发前一定要做好需求调查和分析，只有基于实际需求的培训与开发才会有切实的效果。

第二，指导职业生涯管理。优秀的企业文化对职工的职业生涯规划起着重要的指导作用，企业文化明确了企业的人才观念、经营战略和价值观念，职业生涯规划将职工的个人的前途与企业的发展紧密联合起来。在企业文化指导下的职业生涯规划有利于职工自身的发展成长，帮助职工明确自己的人生目标，少走弯路；有利于企业了解和开发人才，要发展和开发人才首先应明确人才的优势和特点，做到因材"开发"，懂得如何调动员工的积极性；有利于把企业的目标和个人的发展目标统一起来，真正实现企业和个人的双赢发展。

第十章 企业员工的职业生涯开发

第一节 职业与职业生涯

一、职业

（一）职业的定义

根据中国职业规划师协会的定义，职业（Occupation），是性质相近的工作的总称，通常指个人服务社会并作为主要生活来源的工作。在特定的组织内它表现为职位（即岗位，Position），我们在谈某一具体的工作（职业）时，其实也就是在谈某一类职位。每一个职位都会对应着一组任务（Task），作为任职者的岗位职责。而要完成这些任务就需要这个岗位上的人，即从事这个工作的人，具备相应的知识、技能、态度等。

职业定位是职业规划过程中必不可少的重要确定因素。

职业是指参与社会分工，用专业的技能和知识创造物质或精神财富，获取合理报酬，丰富社会物质或精神生活的一项工作。职业是人们在社会中所从事的作为谋生手段的工作；从社会角度看职业是劳动者获得的社会角色，劳动者为社会承担一定的义务和责任，并获得相应的报酬；从国民经济活动所需要的人力资源角度来看，职业是指不同性质、不同内容、不同形式、不同操作的专门劳动岗位。

（二）职业的分类

世界各国国情不同，其划分职业的标准有所区别。

1. 国外的职业生涯分类

根据西方国家的一些学者提出的理论，在国外一般将职业分为三种类型。

第一，按脑力劳动和体力劳动的性质、层次进行分类。这种分类方法把工作人员划分为白领工作人员和蓝领工作人员两大类。白领工作人员包括专业性和技术性的工作，农场以外的经理和行政管理人员、销售人员、办公室人员。蓝领工作人员包括手工艺及类似的工人、非运输性的技工、运输装置机工人、农场以外的工人、服务性行业工人。这种分类方法明显地表现出职业的等级性。

第二，按心理的个别差异进行分类。这种分类方法是根据美国著名的职业指导专家霍兰德创立的"人格－职业"类型匹配理论，把人格类型划分为六种，即现实型、研究型、艺术型、社会型、企业型和常规型。与其相对应的是六种职业类型。

第三，依据各个职业的主要职责或"从事的工作"进行分类。这种分类方法比较普遍，以两种代表示例。其一是国际标准职业分类。国际标准职业分类把职业由粗至细分为四个层次、8个大类、83个小类、284个细类、1506个职业项目，总共列出职业1881个。其中8个大类是：①专家、技术人员及有关工作者；②政府官员和企业经理；③事务工作者和有关工作者；④销售工作者；⑤服务工作者；⑥农业、牧业、林业工作者及渔民、猎人；⑦生产和有关工作者、运输设备操作者和劳动者；⑧不能按职业分类的劳动者。这种分类方法便于提高国际间职业统计资料的可比性和国际交流。其二是加拿大《职业岗位分类词典》的分类。它把分属于国民经济中主要行业的职业划分为23个主类，主类下分81个子类，489个细类，7200多个职业。此种分类对每种职业都有定义，逐一说明了各种职业的内容及对从业人员在普通教育程度、职业培训、能力倾向、兴趣、性格以及体质等方面的要求，有较大的参考价值。

2. 我国的职业生涯分类

根据我国不同部门公布的标准分类，主要有两种类型。

第一，国家统计局、国家标准总局、国务院人口普查办公室1982年3月公布，供第三次全国人口普查使用的《职业分类标准》。该《标准》依据在业人口所从事的工作性质的同一性进行分类，将全国范围内的职业划分为大类、中类、小类三层，即8大类、64中类、301小类。其8个大类依次为各类专业技术人员；国家机关、党群组织、企事业单位的负责人；办事人员和有关人员；商业工作人员；服务性工作人员；农林牧渔劳动者；生产工作、运输工作和部分体力劳动者；不便分类的其他劳动者。

第二，国家发展改革委员会、国家统计局、国家标准局批准，于1984年发布，并于 1985 年实施的《国民经济行业分类和代码》。这项标准主要按企业、事业单位机关团体和个体从业人员所从事的生产或其他社会经济活动的性质的同一性分类，即按其所属行业分类，将国民经济行业划分为门类、大类、中类、小类四级。门类共 13 个，依次为：农、林、牧、渔、水利业；工业；地质普查和勘探业；建筑业；交通运输业、邮电通信业；商业、公共饮食业、物资供应和仓储业；房地产管理、公用事业、居民服务和咨询服务业；卫生、体育和社会福利事业；教育、文化艺术和广播电视业；科学研究和综合技术服务业；金融、保险业；国家机关、党政机关和社会团体；其他行业。

这两种分类方法符合我国国情，简明扼要，具有实用性，也符合我国的职业现状。根据不同标准的职业，可有不同的分类方法。如：从行业上划分，可分为一、三产业；从工作特点上划分，可分为务实（使用机器、工具和设备的工种）、社会服务、文教、科研、艺术及创造、计算及数学（钱财管理、资料统计）、自然界管理、一般服务性等 10 多种类型的职业。每一种分类方法，对其职业的特定性都有明确的解释，这对我们更好地掌握某一职业的特点，去选择适合自身职业有指导作用。

（三）职业的特征

1. 职业的社会属性

职业是人类在劳动过程中的分工现象，它体现的是劳动力与劳动资料之间的结合关系，其实也体现出劳动者之间的关系，劳动产品的交换体现的是不同职业之间的劳动交换关系。这种劳动过程中结成的人与人的关系无疑是社会性的，他们之间的劳动交换反映的是不同职业之间的等价关系，这反映了职业活动的社会属性。

2. 职业的规范性

职业的规范性应该包含两层含义：一是指职业内部的规范操作要求性，二是指职业道德的规范性。不同的职业在其劳动过程中都有一定的操作规范性，这是保证职业活动的专业性要求。当不同职业在对外展现其服务时，还存在一个伦理范畴的规范性，即职业道德。这两种规范性构成了职业规范的内涵与外延。

3. 职业的功利性

职业的功利性也叫职业的经济性，是指职业作为人们赖以谋生的劳动过程中所具有的逐利性一面。职业活动中既满足职业者自己的需要，同时，也满足社会的需要，只有把职业的个人功利性与社会功利性相结合起来，职业活动及其职业生涯才具有生命力和意义。

4. 职业的技术性和时代性

职业的技术性指不同的职业具有不同的技术要求，每一种职业往往都表现出一定相应的技术要求。职业的时代性指职业由于科学技术的变化，人们生活方式、习惯等因素的变化导致职业打上那个时代的"烙印"性。

（四）职业兴趣

职业兴趣是一个人对待工作的态度，对工作的适应能力，表现为有从事相关工作的愿望和兴趣，拥有职业兴趣将增加个人的工作满意度、职业稳定性和职业成就感。知遇网根据颇具权威的霍兰德职业兴趣分类方法，将职业兴趣分为六种类型：常规型、艺术型、实践型、研究型、社会型、管理型。

职业兴趣是以一定的素质为前提，在生涯实践过程中逐渐发生和发展起来的。它的形成与个人的个性、自身能力、实践活动、客观环境和所处的历史条件有着密切的关系，因此，职业规划对兴趣的探讨不能孤立进行，应当结合个人的、家庭的、社会的因素来考虑。了解这些因素，有利于深入认识自己，进行职业规划。

1. 个人需要和个性

不管人的兴趣是什么，都是以需要为前提和基础的，人们需要什么也就会对什么产生兴趣。由于人们的需要包括生理需要和社会需要或物质需要和精神需要，因此人的兴趣也同样表现在这两个方面。人的生理需要或物质需要一般来说是暂时的，容易满足。例如，人对某一种食物、衣服感兴趣，吃饱了、穿上了也就满足了；而人的社会需要或精神需要却是持久的、稳定的、不断增长的，例如人际交往、对文学和艺术的兴趣、对社会生活的参与则是长期的、终生的，并且不断追求的。兴趣是在需要的基础上产生的，也是在需要的基础上发展的。

有的人兴趣和爱好的品位比较高，有的人兴趣和爱好的品位比较低，兴趣和爱好品位的高低会受一个人的个性特征的影响。例如，一个人个性品质高雅，会对公益活动感兴趣，乐于助人，对高雅的音乐、美术有兴趣；反之，一个人品质低俗，对占小便宜感兴趣，对低级、庸俗的文艺作品有兴趣。

2. 个人认识和情感

兴趣不足是和个人的认识和情感密切联系着的。如果一个人对某项事物没有认识，也就不会产生情感，因而也就不会对它发生兴趣。同样，如果一个人缺乏某种职业知识，或者根本不了解这种职业，那么他就不可能对这种职业感兴趣，在职业规划时想不到。相反，认识越深刻，情感越丰富，兴趣也就越深厚。

例如，有的人对集邮很入迷，认为集邮既有收藏价值，又有观赏价值，它既能丰富知识，又能陶冶情操，而且收藏得越多，越丰富，就越投入，越情感专注，越有兴趣，于是就会发展成为一种爱好，并有可能成为他的职业生涯。

3. **家庭环境**

家庭作为最基本的社会单元，对每个人的心理发展都会产生重要的影响，因此个人职业心理发展具有很强的社会化特征，家庭环境的熏陶对其职业兴趣的形成具有十分明显的导向作用。大多数人从幼年起就在家庭的环境中感受其父母的职业活动，随着年龄的增长，逐步形成自己对职业价值的认识，使个人在选择职业时，不可避免地带有家庭教育的印迹。家庭因素对职业取向的影响，主要体现在择业趋同性与协商性等方面。

一般情况下，个人对家庭成员特别是长辈的职业比较熟悉，在职业规划和职业选择上产生一定的趋同性影响，同时受家庭群体职业活动的影响，个人的生涯决策或多或少产生于家庭成员共同协商的基础上。兴趣有时受遗传的影响，父母的兴趣也会对孩子有直接的影响。

4. **受教育程度**

个人自身接受教育的程度是影响其职业兴趣的重要因素。任何一种社会职业从客观上对从业人员都有知识与技能等方面的要求，而个人本人的知识与技能水平的高低在很大程度上取决于其受教育的程度。一般意义上，个人学历层次越高，接受职业培训范围越广，其职业取向领域就越宽。

5. **社会因素**

一方面，社会舆论对个人职业兴趣的影响主要体现在政府政策导向、传统文化、社会时尚等方面。政府就业政策的宣传是主导的影响因素，传统的就业观念和就业模式也往往制约个人的职业选择，而社会时尚职业则始终是个人特别是青年人追求的目标。如当前计算机技术和旅游事业都得到较大发展，对这两个职业有兴趣的人也增加得很快。

另一方面，兴趣和爱好是受社会性制约的，不同的环境、不同的职业、不同的文化层次的人，兴趣和爱好都不一样。

6. **职业需求**

职业需求是一定时期内用人单位可提供的不同职业岗位对从业人员的总需求量，它是影响个人职业兴趣的客观因素。职业需求越多、类别越广，个人选择职业的余地就越大。职业需求对个人的职业兴趣具有一定的导向性，在一定条件下，它可强化个人的职业选择，或抑制个人不切实际的职业取向，也可引导个人产生新的职业取向。

最后，年龄的变化和时代的变化也会对人的兴趣产生直接影响。就年龄方面来说，少儿时期往往对图画、歌舞感兴趣，青年时期对文学、艺术感兴趣，成年时期往往对某种职业、某种工作感兴趣。它反映了一个人兴趣的中心随着年龄的增长、知识的积累在转移。就时代来讲，不同的时代，不同的物质和文化条件，也会对人兴趣的变化产生很大的影响。

二、职业生涯

（一）职业生涯的概念

生涯是生活中各种事件的演进方向与历程，生涯统合了个人一生的各种职业和生活角色由此表现出个人独特的自我发展形态，广义上讲，生涯是贯穿个人一生的各种活动。

所谓职业生涯是指一个人一生中所经历的与工作、生活、学习有关的过程、经历和经验。该定义包含了与职业生涯关系密切的三个要素：第一是与工作有关的因素，包括不同的工作岗位、不同的管理职位的过程、经历和经验，比如在组织中职位的变换、职务的升迁或工作内容的变化；第二是生活方面的因素，主要是指随着社会经济的发展、物质生活水平的提高、个人阅历的丰富所带来的个人需求层次的变化对个人职业发展规划的影响，这些因素往往会影响和改变个人的职业选择；第三是学习方面的因素，个人职业的发展总是与个人的学习努力紧密联系在一起的，个人学习的动机和愿望会在很大程度上影响个人职业生涯的选择。在这三个要素中，与工作有关的因素是最重要的，这是因为职业生涯主要是与工作联系在一起的。因此，对职业生涯的研究与组织的需求联系起来，是研究有组织的员工职业生涯的基础。

（二）职业生涯的分类

根据中国职业规划师协会定义：职业生涯成长分为内职业生涯和外职业生涯。

1. 内职业生涯

内职业是指个人根据自身特点结合社会和企业的需求为自己设计的职业发展通道。

内职业生涯是指从事一种职业时的知识、观念、经验、能力、心理素质、内心感受等因素的组合及其变化过程，是别人无法替代和窃取的人生财富。

2. 外职业生涯

外职业生涯是指从事职业时的工作单位、工作时间、工作地点、工作内容、工作职务与职称、工作环境、工资待遇等因素的组合及其变化过程。它是依赖于内职业生涯的发展而增长的。

外职业是公司为员工提供职业阶梯，因为管理的职位是有限，并且一些优秀的技术人员不愿做管理，或者不适合做管理，因此设计资深专家（或者类似职位），为技术人员提供向上的通道，一些资深专家的薪水和副总一样高。

3. 二者的关系

（1）内职业生涯发展是外职业生涯发展的前提，内职业生涯带动外职业生涯的发展；

（2）外职业生涯的因素通常由别人决定、给予，也容易被别人否定、剥夺；内职业生涯的因素由自己探索、获得，并且不随外职业生涯因素的改变而丧失；

（3）外职业生涯略超前时有动力，超前较多时有压力，超前太大时有毁灭力；内职业生涯略超前时舒心，超前较多时烦心，超前太大时要变心。

（三）职业生涯的意义

英国著名剧作家、诗人莎士比亚认为，人生就是一部作品。谁有生活理想和实现的计划，谁就有好的情节和结尾，谁便能写得十分精彩和引人注目。职业生涯是人生中追求自我实现的重要阶段。人的生命价值，在一定意义上说，就在于其职业生涯方面的成就和成功。在一个人有限的生命中，职业生涯往往占有绝对重要的位置。有统计资料显示，大部分人职业生涯时间占可利用社会时间的 70%～90%，伴随我们的大半生，甚至更长，拥有成功的职业生涯才可能实现完美人生。因此，职业生涯对人生具有重要意义。具体表现如下。

第一，它是满足人生需求的重要手段。现代人大部分时间是在社会组织中度过的。作为个人生命中投入时间和精力最多的人生组成部分，职业生涯使我们体验到幸福和快乐。相对而言，人的素质愈高，精神需求就愈多，对职业生涯的期望也就愈大。

第二，职业生涯是促进人的全面发展的重要手段。现代人追求全面发展，随着生活水平的提高，人们的自我意识逐步增强。人们在渴望拥有健康、知识、能力、良好的人际关系的同时，也渴望事业上有所建树，并享有幸福和谐的家庭生活和丰富多彩的休闲时光。

第二节　员工个人职业生涯规划

企业组织中的绝大多数员工，其中包括受过良好教育的员工，都有从自己现在和未来的工作中得到成长、发展和获得满意成就的强烈愿望和要求。为了实现这种愿望和要求，他们不断地追求理想的职业，根据个人的特点、企业发展的需要和社会发展的需要制定自己的职业规划，我们把它称为个人职业生涯规划。

个人职业生涯规划是个人对自己一生职业发展道路的设想和规划，它包括选择什么职业，在什么地区和什么单位从事这种职业，以及在这个职业队伍中担负什么职务等内容。一般来说，个人希望从职业生涯的经历中不断得到成长和发展。个人通过职业生涯规划可以使自己一生的职业有个方向，从而努力地围绕这个方向，充分地发挥自己的潜能，使自己不断走向成功。

个人职业开发活动称为员工职业规划，即确定职业目标并采取行动实现职业目标的过程。组织内的成员都有从现在和未来的工作中得到成长、发展和获得满意成就的强烈愿望和要求。为了实现这种愿望和要求，需要有一个实现目标的途径，制定自己的成长、发展和满意的规划，这个规划就是个人的职业规划。

制定职业规划的主要责任在于员工个人，只有员工个人才知道自己在职业生涯中真正想得到什么，而这些愿望当然也会因人而异。开发职业规划需要员工自觉的努力，这是一项艰苦的工作。虽然员工可能深信，开发一个完好的职业规划将是自己最大的兴趣，但是抽出时间专门开发这样一个规划常常又是另外一回事。组织可以通过提供训练有素的专家去帮助、鼓励和指导员工完成规划，每个季度花几个小时的工作时间就能很好地完成。

一、职业生涯规划的目的

职业规划主要有以下两个目的。

第一个目的是找到适合自己的工作，找工作最重要的就是要人岗匹配，适合自己。每个工作都有长处和短处，每个人都有优势和劣势。分析、定位是职业生涯规划的首要环节，它决定着个人职业生涯的方向，也决定着职业生涯规划的成败。求职之前先要进行职业生涯规划，进行职业生涯规划之前先要进行准确的自我定位。先要弄清自己想要干什么、能干什么，自己的兴趣、才能、学识适合干什么。可以通过可靠的量表工具的测量，评估职业倾向、能力倾向和职业价值观，这是职业生涯规划的基础。职业规划就是根据测评结果的各项指标，以及自身的学历、经历、能力，了解一个人的内在、外在优势，并且把这些优势整合在一起，作为职场上打拼的核心竞争力。然后，由咨询师根据南北市场、行行业业的千千万万个职位，进行分析，找到这个人岗匹配的匹配点，也叫职位切入点。

第二个目的是为了通过规划求得职业发展，制定出今后各个阶段的发展平台，并且拿出攻占各个平台的计划和措施，然后由咨询师对切入点的所在的市场状况、行业前景、职位要求、入行条件、培训考证、工作业务、薪酬提升、行业英语等运作进行详细的指导，如：要上每个平台，需要多长时间、补充哪些知识，增加哪些人脉等，而自己则沿着主干道去充电，几年后成为业内的精英，从而使自己升职加薪。

二、职业生涯规划的理论基础

（一）职业锚与职业生涯规划

职业锚的概念是由美国埃德加·施恩教授提出的，他认为职业生涯规划实际上是一个持续不断的探索过程。在这一过程中，每个人都在根据自己的天资、能力、动机、需要、态度和价值观等慢慢地形成较为明晰的与职业有关的自我概念。施恩还说，随着一个人对自己越来越了解，这个人就会越来越明显地对职业形成一个占主要地位的职业锚。所谓职业锚就是指当一个人不得不做出选择的时候，他或她无论如何都不会放弃的职业中的那种至关重要的东西或价值观。正如"职业锚"这一名词中"锚"的含义一样，职业锚实际上就是人们选择和发展自己的职业时所围绕的中心。一个人对自己的天资、能力、动机、需要、态度和价值观有了清楚的了解之后，就会意识到自己的职业锚到底是什么。

施恩根据自己多年的研究，提出了以下五种职业锚。

1.技术或功能型职业锚

技术或功能型职业锚是个体的整个职业发展，都是围绕着他所擅长的一套特别的技术能力或特定的职业工作而发展。职业成长只有在特定的技术或职业领域内才意味着持续的进步。当然，职业提升对于他们来讲并非不重要，有可能的话，他们也力求向上发展，但是，不要求在区域外谋求发展，而是坚持在能力区内的提升。

2. 管理型职业锚

有些人则表现出成为管理人员的强烈动机，"他们的职业经历使得他们相信自己具备被提升到那些一般管理性职位上去所需要的各种必要能力以及相关的价值倾向"。必须承担较高责任的管理职位是这些人的最终目标。当追问他们为什么相信自己具备获得这些职位所必需的技能的时候，许多人回答说，他们之所以认为自己有资格获得管理职位，是由于他们认为自己具备以下三个方面的能力：①分析能力，即在信息不完全以及不确定的情况下发现问题、分析问题和解决问题的能力；②人际沟通能力，即在各种层次上影响、监督、领导、操纵以及控制他人的能力；③情感能力，即在情感和人际危机面前只会受到激励而不会受其困扰和削弱的能力，以及在较高的责任压力下不会变得无所作为的能力。

3. 创造型职业锚

麻省理工学院的有些学生在毕业之后逐渐成长为成功的企业家。在施恩看来，这些人都有这样一种需要，即"建立或创设某种完全属于自己的东西——署着他们名字的一件产品或一道工艺、一家他们自己的公司或一些反映他们的成就的个人财富等"。比如，麻省理工学院的一位毕业生已经成为某大城市中的一个成功的城市住房购买商、修缮商和承租商；另外一位麻省理工学院的毕业生则创办了一家成功的咨询公司。

4. 自主与独立型职业锚

麻省理工学院的有些毕业生在选择职业时似乎被一种自己决定自己命运的需要所驱使着，他们希望摆脱那种因在大企业中工作而依赖别人的境况。因为，当一个人在某家大企业中工作的时候，他或她的提升、工作调动、薪金等诸多方面都难免要受别人的摆布。这些毕业生中有许多人还有着强烈的技术或功能导向，他们不是（像持有技术或功能型职业锚的人那样）到某一个企业中去追求这种职业导向，而是决定成为一名咨询专家，要么自己独立工作，要么作为一个相对较小的企业中的合伙人来工作。具有这种职业锚的人则成了工商管理方面的教授、自由撰稿人或小型零售公司的所有者等。

5. 安全型职业锚

麻省理工学院还有一少部分毕业生极为重视长期的职业稳定和工作的保障，他们似乎比较愿意去从事这样一类职业：这些职业应当能够提供有保障的工作、体面的收入以及可靠的未来生活。这种可靠的未来生活通常是由良好的退休计划和较高的退休金来保证的。

持有不同职业锚的个体对职业的偏好不同。对于那些对地理安全性更感兴趣的人来说，如果追求更为优越的职业，意味着将要在他们的生活中注入一种不稳定或保障较差的地域因素的话——如迫使他们举家搬迁到其他城市，那么他们会觉得在一个熟悉的环境中维持一种稳定的、有保障的职业对他们来说是更为重要的。对于另外一些追求安全型职业锚的人来说，安全则是意味着所依托的组织的安全性。他们可能优先选择到政府机关工作，因为政府公务员看来还是一种终身性的职业。这些人显然更愿意让他们的雇主来决定他们去从事何种职业。

　　职业选择后，还须考虑向哪一路线发展，是走行政管理路线，向人力资源管理方面发展，还是走专业技术路线，或者向业务方面发展。发展路线不同，对个体的要求也不同。通常职业生涯路线的选择须考虑以下三个问题：我想往哪一路线发展？我能往哪一路线发展？我可以往哪一路线发展？对以上三个问题，进行综合分析，以此确定自己的最佳职业生涯路线，如图 10-1 所示。

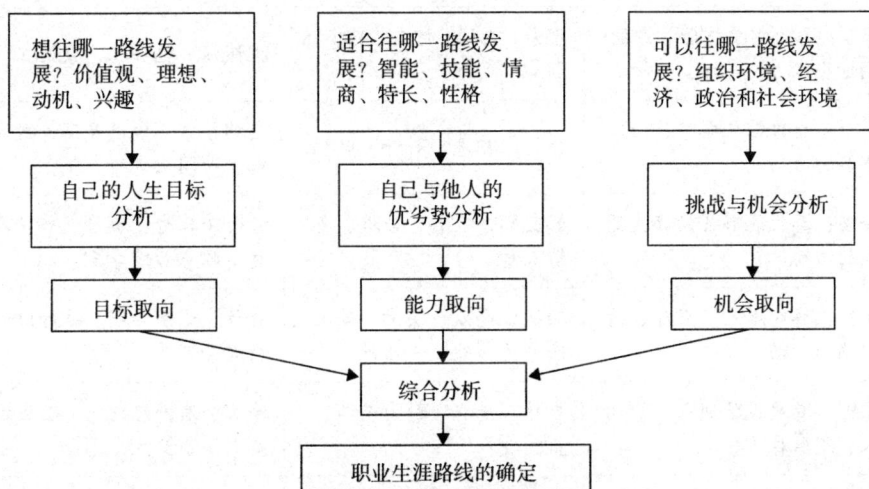

图 10-1　个人职业路线图

（二）职业性向与职业生涯规划

　　职业性向也称职业倾向，由美国职业咨询专家 Holland 提出。他认为人格（包括价值观、动机和需要等）是决定一个人选择何种职业的重要因素。他提出了六种基本的"人格性向"（如图 10-2 所示）。同时，他还提出了职业性向与职业类型匹配的思想，如表 10-1 所示。

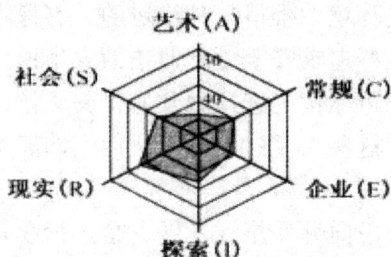

图 10-2 职业性向与职业特征匹配

表 10-1 职业性向与职业匹配

职业性向类型	个性特征	匹配的职业
现实型：喜欢需要技能、力量、协调性和体力的活动	害羞、真诚、持久、稳定、顺从、实际	机械师、钻井工、装配工
研究型：喜欢需要思考、组织和理解的活动	分析、创造、好奇、独立	生物学家、经济学家、数学家、新闻记者
社会型：喜欢能够帮助和提高别人的活动	好交际、友善、合群、善解人意	社会工作者、教师、咨询人员、临床心理学家
传统型：喜欢规范、有序、清楚明确的活动	顺从、高效、实际、缺乏想象力、缺乏灵活性	会计、业务经理、银行出纳、档案管理员
企业型：喜欢说服别人、影响别人、获取权力	自信、进取、精力充沛、盛气凌人	法官、房产经纪人、公关人员、小企业主
艺术型：喜欢需要创造性表达的模糊且无规则可循的互动	富于想象力、无序、杂乱、理想化、情绪化、不实际	画家、音乐家、作家、设计师

Holland 的职业性向理论强调劳动者的职业性向要适应特定职业的需要。当人们无法在个人所偏好的职业群中找到合适的工作时，如果在六边形的某一顶点相邻的职业群中找到工作，也能相对满足职业性向与职业类型匹配的要求。

（三）职业——人匹配理论

该理论由 Parsons 提出，也称特质因素理论。他认为，个人都有自己独特的人格模式，每种人格模式的个人都有其相适应的职业类型。一个人的职业选择要考虑三个方面的因素：

（1）应该清楚地了解自己的态度、能力、兴趣、智谋、局限和其他特征。

（2）应清楚了解职业选择成功的条件、所需知识、在不同职业工作岗位上所占有的优势、不利和补偿、机会和前途。

（3）上述两个条件的平衡。

职业—人匹配包括两种类型：因素匹配和特性匹配。因素匹配是指需要有专门技术和专业知识的职业与掌握该种技能和专业知识的择业者相匹配。特性匹配是指人格特质与职业特征的匹配，如具有敏感性、易动感情、不守常规、理想主义等人格特征的人，适宜于从事审美性、自我情感表达的艺术创造类职业。

该理论强调个人特征与职业所需的素质和技能之间的匹配。因此，职业选择的前提之一是对个体进行人格测评，前提之二是对职业需求进行分析。只有清楚了解个体的素质特征和职业需求，才能进行合理的匹配。

（四）职业动机理论

Vroom 认为，个体行为动机的强度取决于效价的大小和期望值的高低，动机强度与效价及期望值成正比，用公式表示为：$M=V×E$，M 为动机强度（Motivation），指积极性的激发程度，即个体为达到一定目标而努力的程度；V 为效价（Valence），指个体对一定目标重要性的主观评价；E 为期望值（Expectaney），指个体对实现目标可能性大小的评估。

职业动机理论即将上述动机理论用来解释个体的职业选择行为，它强调个体在职业选择中的主动性，个体通常选择对自己有价值而且可以得到的职业。

（五）职业发展理论

与职业选择时强调人—环境匹配理论不同的是，还有一些理论倾向于描述个人一生的职业生涯发展历程。Ginzberg 指出，对于从工作中寻求最大满足的人，职业选择是个终其一生的决定历程，这使得人们须不断地评估如何修正其职业生涯目标，以使其目标能契合工作世界的现实。而最为全面地描述人一生的职业生涯发展的理论是 Super 的生活—职业生涯发展理论（Life Career Development Theo-ry）。这一理论主要依据发展心理学和社会学对各种职业行为的分析，以年龄阶段分析发展过程，每个阶段有其独特的发展任务。具体地说，他将职业生涯分成五个主要阶段。

1.成长阶段

成长阶段大体上可以界定在从一个人出生到 14 岁这一年龄段上。在这一阶段，个人通过对家庭成员、朋友以及老师的认同以及与他们之间的相互作用，逐渐建立起了自我的概念。在这一阶段的一开始，角色扮演是极为重要的，在这一时期，儿童将尝试各种不同的行为方式，而这使得他们形成了人们如何对不同的行为做出反应的印象，并且帮助他们建立起一个独特的自我概念或个性。到这一阶段结束的时候，进入青春期的青少年（这些人在这个时候已经形成了对他们的兴趣和能力的某些基本看法）就开始对各种可选择的职业进行带有某种现实性的思考了。

2.探索阶段

探索阶段大约发生于一个人的 15 岁～24 岁这一年龄段上。在这一时期中，个人将认真地探索各种可能的职业选择。他们试图将自己的职业选择 与他们对职业的了解以及通过学校教育、休闲活动和工作等途径中所获得的个人兴趣和能力匹配起来。在这一阶段的开始时期，他们往往做出一些带有试验性质的较为宽泛的职业选择。然而，随着个人对所选择职业以及对自我的进一步了解，他们的这种最初选择往往会被重新界定。到了这一阶段结束的时候，一个看上去比较恰当的职业就被选定，他们也已经做好了开始工作的准备。

人们在这一阶段上以及以后的职业阶段上需要完成的最重要任务就是对自己的能力和天资形成一种现实性的评价。类似地，处于这一阶段的人必须根据来自各种职业选择的可靠信息来做出相应的教育决策。

3.确立阶段

确立阶段大约发生在一个人的 24 岁～44 岁之间这一年龄段上，它是大多数人工作生命周期中的核心部分。有些时候，个人在这期间（通常是希望在这一阶段的早期）能够找到合适的职业并随之全力以赴地投入到有助于自己在此职业中取得永久发展的各种活动之中。人们通常愿意（尤其是在专业领域）早早地就将自己锁定在某一已经选定的职业上。然而，在大多数情况下，在这一阶段人们仍然在不断地尝试与自己最初的职业选择所不同的各种能力和理想。

确立阶段本身又由三个子阶段构成。

（1）尝试子阶段。大约发生于一个人的 25 岁～30 岁之间这一年龄段中。在这一阶段，个人确定当前所选择的职业是否适合自己，如果不适合，他或她就会准备进行一些变化。如，某员工可能已经下决心将自己的职业选定在零售行业，但是在以某商店新雇用的助理采购员身份进行了几个月的连续工作、出差之后，他发现，像市场营销调研这种出差时间更少的职业可能更适合他的需要。

（2）稳定子阶段。30岁～40岁时，人们通常就进入了稳定子阶段。在这一阶段，人们往往已经定下了较为坚定的职业目标，并制定较为明确的职业计划来确定自己晋升的潜力、工作调换的必要性以及为实现这些目标需要开展哪些教育活动等等。

（3）中期危机阶段。在30多岁和40多岁之间的某个时段上，人们可能会进入一个职业中期危机阶段。在这一阶段，人们往往会根据自己最初的理想和目标对自己的职业进步情况做一次重要的重新评价。他们有可能会发现，自己并没有朝着自己所梦想的目标（比如成为公司总裁）靠近，或者已经完成了他们自己所预定的任务之后才发现，自己过去的梦想并不是自己所想要的全部东西。在这一时期，人们还有可能会思考，工作和职业在自己的全部生活中到底占有多大的重要性。通常情况下，在这一阶段的人们第一次不得不面对一个艰难的抉择，即判定自己到底需要什么，什么目标是可以达到的，以及为了达到这一目标自己需要做出多大的牺牲。

（4）维持阶段。维持阶段大概为45～64岁，这个阶段主要任务是维持、提升，个体工作中往往已经取得了一定的成绩，获得一定的地位，希望在维持现状的基础上，获得进一步的提升。

（5）衰退阶段。在这一阶段，人的健康状况和工作能力都在逐步衰退，职业生涯接近尾声。许多人都不得不面临这样一种前景：接受权利和责任减少的事实，学会接受一种新角色—成为年轻人的良师益友。再接下去，就是几乎每个人都不可能避免地要面对的退休，这时，人们所面临的选择就是如何去打发时间。

第三节　组织职业生涯管理

一、组织职业生涯管理概述

20世纪60～70年代的美国，最早开始了组织职业生涯管理方面的有益探索，一些企业开始有意识地帮助员工建立起在本企业内部的发展目标，设计在企业内部的发展通道，并为员工提供目标实现过程中所需要的培训、轮岗和晋升。随着员工受教育程度和收入水平的不断提高，他们的工作动机也趋于高层化和多样化，人们参与工作，更多的是为了获得成就感、增加社会交往、实现个人的发展理想。这也为企业的人力资源管理提出了新的挑战，组织职业生涯管理受到越来越多企业的关注。

组织职业生涯管理是组织根据自身发展目标，及时地向员工提供在本组织内职业发展的有关信息，给予公平竞争的机会，并提供职业咨询，引导员工对自己的能力、兴趣，以及职业发展的要求和目标进行分析与评估，使其能与企业组织的发展和需要相统一，以实现组织和个人的长远利益。

按照心理学家马斯洛的划分，人的需求从低到高共有五个层次，即生理需求、安全需求、社交需求、尊重需求、自我实现需求。当较低一级需求基本上得到满足之后，追求较高等级的需求就成为继续努力的主要动力，满足了的需求则不再是激励的因素。由于尊重和自我实现需求是永远得不到完全满足的，因而这些需求具有持久的激励作用。按照组织行为学近年的研究，提出外在性与内在性需要的概念，用这种分类法替代了传统的物质性需要和精神性需要这两种不够严格的分类方法。外在性与内在性需要的区别在于，外在性需求不能在工作活动本身中求得满足，能满足它们的资源存在于工作之外，控制在组织、领导和同事手中，因而工作是手段性的，如金钱与表扬。内在性需要则相反，它们的满足是通过工作活动中的体验而实现，如领会工作活动中的趣味及任务完成时的成就感等，因而工作活动本身具有目的性。满足此种需要的资源就存在于工作过程之中。作为组织职业生涯管理者，应充分认识到员工的这种内在性需要，因为这种工作内部蕴含的资源对员工的激励作用是强有力且不可替代的，是持久的、低成本的甚至是无成本的。

组织职业生涯管理的出发点应为"以人为本"，但要真正做到以人为本，一切本着人的需求出发却不是易事。组织作为职业生涯管理的主导者，应认真研究员工的心理发展特点，从尊重员工的权利和意见出发，切实围绕着调动员工的主动性、积极性和创造性来展开。

在职业生涯管理中，要满足组织和员工的双重需要，从根本上说，组织和个人的需要应当是一致的。一方面，员工个人的自我价值的提升和实现，离不开组织在人、财、物及时间上的保障，一旦职业生涯管理无法满足组织发展战略的需要，职业生涯管理活动必然要因为失去组织的支持而终止；另一方面，员工是职业生涯管理的主体和对象，缺乏员工的积极参与，职业生涯管理活动也必然逃脱不了失败的命运。所以职业生涯管理的难点，就是如何把企业发展战略和员工自我价值实现有机结合起来，在现实中，许多地方都面临着人才流失的问题，当然其原因是复杂多样的，但从企业职业生涯管理方面考察，其根本原因就是没有以"人"为中心，寻求"人"与"工作"相互适应的契合点，没有将"人"的发展与企业的发展有机地结合起来，没有在满足企业发展需求的同时满足"人"的需求。

因此，组织职业生涯管理在做好引进人才的同时，更迫切要做的是留住并利用好现有人才，为员工提供培训机会、岗位晋升和轮换机会，有效地激发员工学习与工作热情，有效地引导员工追求自我价值的实现，使员工的个人提高与企业的目标和发展计划相结合，把既有人才的潜能变成显能，然后转化为效能，实现价值增值，最终达到员工个人发展、自我实现与企业发展的双赢。

组织职业生涯管理的内容主要包括：帮助员工进行职业规划，建立各种适合员工发展的职业通道，针对员工职业发展的需求进行各种培训，给予员工必要的职业指导等等。

二、组织职业生涯管理的原则

（一）利益相结合原则

任何个人的职业发展都不能置身于一定的组织和社会之外。员工的职业生涯管理与开发活动应当把员工个人的职业发展、所在组织的事业发展以及相关社会主体的发展联系在一起进行筹划。只有处理好这三个发展的关系，把三方利益结合在一起规划和组织开发活动，才能帮助员工找准个人职业发展与组织环境条件资源的结合点，找到个人职业发展的最佳路线。否则，个人的职业奋斗只能是无源之水、无本之木。

（二）共同性原则

员工的职业生涯管理与开发活动的计划、实施、评估、反馈等所有重要环节和工作过程，应当由员工、员工的上级领导、人力资源管理专家等共同参与、共同制订、共同完成。必须奉行职业发展活动的共同开发策略，加强沟通，建立相互信任、责任共担、利益共享的良好伙伴关系，才能最大限度地调动各级人员的积极性，避免一些人为的损失。

（三）公平性原则

组织必须公开、公平、公正地开展员工职业生涯的开发活动，保障每位员工在职业发展机会、信息和规划面前人人平等，让人们平等地参加职业生涯开发活动，公开而透明地获得有关教育培训、岗位空缺、任职选拔的机会，凭实力与努力平等竞争，获得职业发展。这样，才能有利于维护员工职业开发的整体积极性。

（四）时效性原则

一个组织的业务活动有其时间周期，一个员工的职业生涯有其不同的发展阶段。组织处于不同生命周期阶段时对员工的职业发展需求不同，提供的资源条件和空间各异，员工在不同的职业生涯发展阶段的特点和任务也各不相同，因此员工的职业管理与开发活动必须考虑时效性。一方面需要按照员工、组织在不同时间、不同阶段的实际情况，有针对性地规划和实施职业开发活动，每一项目、每一次活动都应标定时间，进行时间管理；另一方面职业生涯中的思路方法要与时俱进，创造性地提高员工职业生涯开发质量和水平。

（五）评价与沟通原则

员工职业生涯的管理与开发活动通常都有周期长、阶段多、参与人众多的特点，如果缺少全面的评价和准确的信息沟通，往往会使被开发员工如坠云雾，不得要领，积极性受到消极影响。因此，成功的员工职业生涯发展活动必须坚持评价与沟通原则，对员工职业生涯开发活动进行全过程、多角度、多阶段的评价，并要及时把评价的信息反馈给员工和有关管理者，组织他们相互沟通交流，从而使员工在职业生涯发展的漫漫长途中，不断增强自我实现感、方向感，并及时修正自己的前进路线。

三、组织职业生涯管理中各主体职责划分

组织职业生涯管理的实施是一个系统的过程，需要各个主体的有效配合，各自承担相应的职责。一般来说，员工个人负责自我评估，进行个人职业生涯规划；管理者为员工提供辅导并安排形势分析；组织负责提供培训指导、信息资源等。各自的具体责任如下：

（一）员工的责任

（1）对自己的能力、兴趣和价值观进行自我评价。

（2）分析职业生涯选择的合理性。

（3）确立发展目标和需要。

（4）和上司交换发展愿望。

（5）和上级一起制订行动计划。

（6）落实并实施该行动计划。

（二）管理者的责任

（1）作为催化剂，引导员工正确认识自身职业生涯发展的过程。

（2）对员工所提供的信息，进行确认与评估。

（3）帮助员工对其职业发展目标及规划进行分析和评价。

（4）对员工进行指导，并达成一个与企业战略需求相一致的个人发展目标。

（5）确定员工的职业生涯发展机会，包括安排培训、转岗等。

（6）跟踪员工的计划，并根据形势，适时对计划进行更新。

（三）组织的责任

（1）提供职业生涯规划所需的样板、资源、辅导以及决策所需的信息。

（2）采取有效手段对员工、管理人员以及参与实施职业生涯规划的工作人员进行必要的培训。

（3）提供技能培训，为员工安排职业锻炼机会和个人发展空间。

四、组织职业生涯管理的内容

（一）将员工个人职业生涯发展规划与组织的人力资源发展战略规划相协调

组织是员工个人职业生涯得以存在和发展的载体。因此，员工个人职业生涯发展规划应与组织的发展战略尤其是组织的人力资源发展战略规划紧密地结合起来，并以组织的人力资源发展战略规划为宏观指导。为适应组织职业生涯管理的需要，从职业发展导向的招聘过程就应重视对应聘者价值观、职业方向和潜力的选择，这样才能使员工的职业发展与组织的发展相协调。

（二）帮助员工进行职业生涯规划

组织可以通过适当的方式向员工宣传职业生涯规划的意义和作用，借助一些必要的测评和分析工具，帮助员工正确分析自身的个性特征、智力水平、职业倾向、气质、管理能力等，让员工了解自身的长处和不足，帮助员工确定职业生涯发展目标，并帮助其找到达到目标的手段和途径。

（三）针对员工职业发展的需求进行适时的培训

建立与职业生涯管理配套的培训体系，制定完善、有序的职业生涯培训管理的制度和方法。培训的方式很多，主要有：提供各种短期培训，使员工及时掌握有利于其职业生涯发展的知识和技能；提供工作轮换的机会，使员工能够合理配置，更有利于职业生涯成功；让员工参加学术研讨会和报告会，及时把握专业或学科前沿，有利于职业生涯开发管理。

（四）建立各种适合员工发展的职业通道

组织可以根据其业务、人员的实际情况，建立适合员工职业发展的若干通道（职系），包括管理、技术或营销等，使具有不同技能、个性以及不同职业兴趣的员工都可以找到适合自己的上升途径，避免所有员工都拥挤在管理这个跑道上。组织应明确不同职系的晋升、评估和薪酬等管理办法，建立多元化的职业生涯通道，给予员工晋升的机会，以使员工的职业生涯通道更为顺畅并实现其职业生涯目标。

（五）为员工提供各种资源、信息和职业指导

组织应为员工的职业生涯设计提供便利的条件，如提供职业、职位信息等，让员工了解组织内部职业发展的途径。通过一系列有关职业生涯规划的说明、介绍和分析，可由管理人员或外聘专家对员工的职业生涯规划进行指导，告知员工组织职业生涯管理系统运作的方式、目标的设置以及员工在整个职业生涯管理中的地位和角色等，以便于员工制订适合组织及自身发展需要的职业生涯规划。

（六）建立员工工作－家庭平衡计划

建立员工工作－家庭平衡计划的目的就是帮助员工认识和正确对待家庭和工作之间的关系，调和工作和家庭之间的矛盾和冲突，缓解由于工作－家庭关系失衡而给员工造成的压力。为此，组织必须了解员工职业生涯各阶段的特点以及家庭各阶段的重要任务，然后给予员工适当的帮助，可以采取设立夫妻假、弹性工作制、事假制度，向员工提供家庭问题和压力排解咨询服务帮助等方式。

（七）员工退休计划

一个良好的退休计划，如给予退休或即将退休的员工一些关于健康、心理、社会保障福利、住房等方面的退休生活信息的咨询，或者提供一些允许退休人员继续从事的兼职工作，可以使退休员工顺利地完成从工作状态到非工作状态的转变，帮助退休员工平稳地度过这个阶段。良好的退休计划还对组织现有的员工起到一定的激励作用，使他们安心工作，没有后顾之忧。

五、组织职业计划设计

职业计划已经远远超过了传统意义上的人力资源计划，开发一个职业计划

就是把本企业组织中存在的人力资源职责和结构有机地整合在一起，从而在人力资源的各个方面的相互强化中产生协同作用。

（一）确定个人和组织的需要

一项职业计划应当能够满足管理者、员工个人和组织的需求。一方面，为了建立目标和完善职业计划，个人需要认识其自身的知识、技能、能力、兴趣和价值观，并寻找有关职业选择的信息；另一方面，管理者应在个人业绩和有关组织、工作和感兴趣的职业机会等方面的信息上，以反馈的形式对员工个人提供帮助，而组织要负责提供有关任务、政策和计划的信息，并支持员工进行自我评估、培训和发展。当个人的动机与企业组织所提供的机会相融合时，就会极大地促进其职业的发展。

1. 组织的需要

同其他人力资源规划一样，组织的需要是一项职业计划的开始和基础。它所关注的是在未来一段时期内企业组织的主要战略问题。它包括以下几点：①在未来一段时期内企业组织将面临的最关键的需求和挑战是什么；②为了满足这些挑战所需要的关键技能、知识和经历是什么；③企业组织将需要什么水平的人员配置；④企业组织是否有必要为满足这些关键性的挑战而提供工作舞台。

2. 个人职业的需要

从个人职业需求看，要确定个人在企业组织内是如何发现机会的，应从以下几个问题着手：是发挥个人的力量？是提出个人的发展需要？是提供挑战？是满足我的兴趣？是符合我的价值观？还是与个人的风格相匹配？

对需要的评价可以采用多种方法，如测试，非正式组织的讨论、面试等，并且通过不同团体的人员来进行。从这些方面所确定的要求和问题，为企业组织的职业计划奠定了基础。职业计划的管理就是将组织的需要与个人的职业要求有机地联系在一起。

（二）创造有利的条件

实施职业计划需要具备一些基本的条件，从而为职业计划开发创造一个有利的环境。

1. 管理层的支持

职业计划要得以成功，就必须得到企业组织高层管理者的全力支持。高层管理者是企业组织的决策者，他们的思想往往代表着企业组织的文化和政策。一个没有人本观念的领导者，很难去重视员工的职业生涯，更谈不上制订有利于员工发展的职业计划。所以，企业组织应当从上到下共同设计和实施能够反映组织文化目标的职业发展计划系统，以为员工指明有关其自身职业发展的方向。

2. 确定组织目标

对组织尤其是对员工个人，在开始其职业规划之前，他们不仅需要清楚地认识组织的文化，而且更重要、更直接的是要求明确地了解组织的近期目标，这样他们才能在知道其自身目标与组织目标相匹配的情况下，为个人的变化和成长做出规划。

3. 人力资源管理政策的变化情况

企业组织的人力资源管理政策对职业计划有很大影响。要确保其职业计划有效，企业组织可能需要改变或调整目前的人力资源管理政策。例如，调换职位就可能要求员工改变工作团体、工作场地或组织单位，也可能会要求员工做必要的迁移，到外地工作。对组织来讲，调换职位可以使员工到那些最需要其服务的地方及他们可以学到新知识和技能的地方去；而对员工而言，则不仅要适应新的环境，而且还要更新其技能、知识和能力。

4. 公布计划

职业计划应该在企业组织内进行广泛的宣传，以使每一个管理者和员工都能清楚地了解和认识组织的目标和工作机会。例如，可将其公布在企业宣传刊物上，可以编制在员工手册里等。

（三）列示工作机会

1. 工作能力的要求

从企业组织角度上讲，需要了解一项工作对于个人所要求掌握的知识和技能水平，这就要进行工作分析。有研究显示，一项工作需要有三个基本能力：技术诀窍、解决问题的能力和责任心。其中技术诀窍又可分为三种类型的工作知识：技术型、管理型和人际关系。要对每一个工作中的三个主要能力进行评分，而且对每一个工作都要计算其总价值。

2. 工作提升

工作提升是一个新员工可能会经历的等级，包括起始工作一直到需要更多知识和技能的工作。企业组织可以根据工作的重要性对其所需的技能进行确认，在此基础上进行工作提升的规划。一般企业组织都采用管理型、专家型和技术型的工作提升，也就是说从人力资源管理的角度为员工提供一个清晰、明确的职业晋升路线，以此作为个人发展的基础和阶梯。

3. 安排双重职业成长道路

职业计划的制订应该为员工提供多条职业成长途径。比如，一个员工最终可能变成一个管理者，这不仅使员工得到了企业组织的认可，还是一条补偿技术专业人员的职业途径。尤其是对于一些特殊领域，如财会、市场营销和工程，可以用向其提供相当于不同层次管理者所获取的薪金作为给予员工的一种晋升。

4. 培训的需要

在一个人的职业成长道路中，在工作之外接受培训是必需的。只有通过适当的培训，才能适应全新工作方式的要求和保持高效的工作业绩。当然，不同的员工因职位不同，所需的培训也不一样。

（四）测定员工的潜能

要保证员工能够在职业成长道路中获得成功，就要在职业计划中提供测量员工潜能的工具和技术。这是职业计划的一个最重要的目标。这个目标可以不同的方式得以实现，但要有员工自身能力的积极参与。常见的方法如下：

1. 职业计划工作手册

职业计划工作手册是通过涉及价值观、兴趣、能力、目标和个人发展计划的自我评价系统来分别引导其员工。许多大公司以及一些出版书刊都可以用来帮助员工个人探究各种各样的职业决策问题，以规划他们各自的职业。

2. 职业咨询

职业咨询是指作为企业组织与员工讨论其当前的工作情况和表现、他们的个人岗位和职业目标、个人技能以及适合的职业发展目标的过程。职业咨询在企业里一般是自愿进行的。一些企业组织将咨询作为年度绩效评估的一部分。职业咨询由人力资源部的职员、监督者、专门的人事咨询员或外部的咨询专家来组织进行。企业的职业咨询一般可以随时找到。

六、职业生涯周期管理

职业生涯周期可以分为职业生涯早期、中期和后期。处在不同职业生涯阶段，员工所面临的主要问题不同。对员工个人来说，如何采取应对策略很好地解决这些问题是其个人职业生涯管理的关键；对企业来说，如何采取管理措施，提供有利的环境和条件帮助员工职业生涯发展是其进行员工职业生涯管理的主要任务。只有两者的目标兼容，才能最终实现双赢。

（一）职业生涯早期的管理

职业生涯早期阶段是指一个人由学校进入组织并在组织内逐步"组织化"，并为组织所接纳的过程。这一阶段一般发生在 20～30 岁之间，一系列角色和身份的变化，必然要求经历一个适应过程。在这一阶段，个人的组织化以及个人与组织的相互接纳是个人和组织共同面临的，重要的职业生涯管理任务。

1. 职业生涯早期阶段的个人特征

在职业生涯早期阶段，员工个人年龄正值青年时期，这一阶段任务较为单纯、简单；个人的主要任务：进入组织，学会工作；学会独立，并寻找职业锚；完成向成年人的过渡。这个阶段员工的个人特征主要有：

（1）职业方向不是很明晰。员工进入企业后，开始接触自己职业领域的知识、技能，并逐步尝试在自己工作中积累经验。员工除了对工作岗位缺乏经验外，对企业的文化也比较陌生，对周围的环境也不熟悉，需要逐步地适应环境。员工对自己的职业能力和未来发展还没有形成较明确的认识，尚处于职业生涯探索期，职业锚的选择常常犹豫不决或变化不定。

（2）精力充沛。处于职业生涯早期的员工，精力充沛，家庭负担比较轻；心态上积极向上、争强好胜，追求上进，对未来充满幻想，充满激情，有足够的精力来应对可能出现的工作困难。

（3）容易产生职业挫折感。这一阶段员工具有较高的工作期望。但由于缺少经验和对环境及自身的充分认知，工作中，经常高估自己，一旦自己的期望与现实发生冲突，或付出了很大努力没有达到预期目标，会产生职业挫折感。培养对挫折的抵抗力，对于个体有效地适应职业环境、维持正常的心理和行为是非常重要的。

（4）开始具有家庭责任意识。员工在这一阶段开始组建家庭，并萌生家庭责任意识，逐步学习调适家庭关系，承担家庭责任，逐步学会与父母、配偶等家人和睦相处。

（5）心理上存在独立和依赖并存的矛盾。在心理方面，员工要解决依赖与独立的矛盾。刚开始参加工作，常会处于配合支持其他有经验的人的地位，但是依赖是独立的前奏，当经过一段时间的学习和积累，工作经验和能力发展到一定程度后，就应该逐步地寻求独立，如果不能及时地克服依赖，就难以发展独立性。

2. 组织在员工职业生涯早期的管理策略

（1）支持员工的职业探索。员工对自我的认识有一个探索过程。员工选择进入某一企业、应聘某一职位是建立在对自己兴趣、能力单方面评价的基础上的，这种自我评价不可避免地带有个人的主观色彩。此外，员工对企业的了解不够深入，选择的职位有可能不适合自己的发展目标。为了实现人职最佳匹配，组织应该提供各种职位空缺的信息，并进行广泛的传播，让感兴趣的员工都有机会参与这些职位的竞争角逐。另外，企业还可以根据不同类型员工的特征，采取相应的职业支持措施，在企业的引导和资源支持下，员工可以对自身有更充分的认识，评估的客观性增强，从而完成职业的再探索和再选择过程。

（2）促进员工的社会化。员工的社会化是指企业中的新员工融入企业文化的过程。员工社会化一方面要靠员工自己的努力，另一方面也需要组织提供相应的条件来促进员工的社会化。培训是促进员工社会化的一种比较好的形式，组织通常选择与员工的适应和发展相关的内容进行培训。培训内容应包括组织历史、组织使命、组织结构、与组织老成员和直接主管交谈、参观、报告会等。培训要有针对性地持续进行，培训内容要向新成员传达他们想知道的具体信息。

（3）安排一位好"师傅"。为员工安排正式的导师（师傅），这在国外已被证明是成功的经验。在员工开始职业生涯的头一年里，一位受过特殊训练、具有较高工作绩效和丰富工作经验的"师傅"，可以帮助他们更快地建立起较高的工作标准，同时也可对他们的工作提供有力支持，帮助其获得成功。

（4）指导员工进行早期职业生涯规划。依据马斯洛的需求层次理论，职业发展规划属于满足人自我实现需求的范畴，会产生强大的激励作用。因此，企业要留人、要发展，就应该尽早为员工规划职业生涯，使员工看到未来发展的希望，增强归属感，在提高员工自身素质的同时也就提高了企业竞争力。企业应该了解员工的需要、能力及自我目标，加强个体管理；再辅以按照员工兴趣、特长和公司需要相结合的培训发展计划，充分挖掘员工潜力，使其真正安心于企业工作并发挥最大潜能，创造出企业与员工持续发展的良好氛围与条件。管理者和员工应就个体的职业需要和发展要求等问题进行沟通，企业对个体的职业发展提供咨询和建议。

（二）职业生涯中期的管理

职业生涯中期阶段是一个时间周期长（年龄跨度一般是 25～50 岁，长达 20 多年）、富于变化、正值复杂人生的关键时期，由于个人三个生命周期的交叉运行，面临诸多问题和生命周期运行的变化，以及个人特质的急剧变化，导致某些员工职业问题的存在，形成所谓的"职业生涯中期危机"。

1. 员工职业生涯中期阶段的问题

（1）职业生涯发展机会减少。处于职业生涯中期的员工，面临的主要问题之一是个人的发展机会减少，即个人的发展愿望没有得到满足，组织成为制约个人发展的"瓶颈"。通常组织对各类人员的需求量不同，整个组织的人员层次分布类似于金字塔。许多人由于缺乏竞争力，争取高级职位就比较困难，会感到前途渺茫。此外，组织成熟度本身也是一个十分重要的制约因素。在组织的开拓时期，由于事业发展很快，不断产生新兴事业，个人发展机会比较多，一旦事业发展走向成熟期，新的岗位增加缓慢，老的岗位基本已经被占据，导致晋升机会减少，个人发展困难。

（2）出现技能老化。所谓技能老化，是指员工在完成初始教育后，由于缺乏对新兴工作的了解，而导致的能力下降。员工的技能老化使公司不能为顾客提供新产品和新服务，从而丧失竞争优势。

（3）出现工作与家庭冲突。职业生涯中期是家庭、工作相互作用最强烈的时间段。工作家庭冲突有三种基本形式：时间性冲突，由于时间投入到一个角色中从而使执行另一角色变得困难；紧张性冲突，由于一个角色产生的紧张使执行另一角色变得困难；行为性冲突，一个角色中要求的行为使执行另一个角色变得困难。处于职业生涯中期的员工，从家庭和事业角度看，对人的时间和精力的需求都在增加，而从生理角度看，个人的精力又有下降趋势，因此冲突在所难免。

2. 职业生涯中期的企业管理对策

（1）为员工提供更多的职业发展机会。组织需要为发展到一定阶段的员工创造新的发展机会，这一方面是解决处于职业生涯中期的员工职业生涯顶峰的问题，同时也是组织留住人才的关键。这一问题的解决方案有以下几种：一是开辟新的开发项目，以增加组织的新岗位；二是通过某种形式，承认员工的业绩，给予一定的荣誉；三是进行岗位轮换，丰富员工的工作经验，使员工的成长需求得到满足。

（2）帮助员工实现技能更新。组织帮助处于职业生涯中期的员工实现技能更新的方案如下：从主管的角度来说，需要鼓励员工掌握新技能，同时让员工承担具有挑战性的工作；从同事角度来说，要与员工共同探讨问题，提出想法，鼓励员工掌握新技能；从组织奖励体系来看，可以通过带薪休假、奖励创新、为员工支付开发活动费用等方法鼓励员工更新技能和知识。

（3）帮助员工形成新的职业自我概念。职业生涯中期，由于个人的职位、地位上升困难，许多员工经历过一些失败，使早期确立的职业理想产生动摇，因此需要重新检讨自己的理想和追求，建立新的自我。为此，个人需要获得相关的信息，如关于职业发展机会的信息、自己的长处和不足的信息等。

（4）丰富员工的工作经验。工作经验的丰富，本身就是职业生涯追求的目的。有意识地进行工作再设计，可以使员工产生对已有工作的再认识、再适应，形成积极的职业情感。

（5）协助员工解决工作－家庭冲突。研究表明，来自家庭和来自工作场所的社会支持有助于减少工作－家庭冲突。工作环境的支持主要体现在组织的一些政策和管理者的行为上。组织可以采取一些政策和措施以部分地减轻员工的家庭负担，帮助员工平衡工作与家庭责任。

（三）职业生涯后期的管理

一般而言，职业生涯后期可以划定在退休前5～10年的时间。由于职业性质及个体特征的不同，个人职业生涯后期阶段开始与结束的时间也会有明显的差别。这一阶段，员工社会地位和影响力较高，凭借丰富的经验，在企业中扮演着元老的角色。但是，随着年龄的增长，进取心和创造力显著下降，工作开始安于现状。面临职业生涯的终结，员工还会产生不安全感，担心经济收入的减少、社会地位的降低、疾病的出现等。帮助员工顺利度过这段时间，是组织义不容辞的责任。对于职业生涯后期的员工，管理内容主要是实施退休计划管理，帮助员工树立正确观念，坦然面对退休，并要采取多种措施，做好员工退休后的生活安排。组织应该帮助他们学会接受职业角色的变化，做好退休生活的准备工作。对于精力、体力尚好的员工，可以采取兼职、顾问的方式予以聘用，以延长其职业生涯；对于完全退休的员工，企业可通过书画、棋牌、钓鱼等协会活动，安排他们度过丰富多彩的退休生活。另外，职业工作衔接管理也是退休计划管理的重要内容，员工将要离开工作岗位，但组织要能继续正常运转，就必须做好工作衔接。组织应有计划地分期分批安排应当退休的人员退休，绝不能因为人员退休影响组织工作的正常进行。所以组织在退休计划中，应该尽早选择好退休员工的接替者，发挥退休员工的经验优势，进行接替者的培养工作，通过老员工的传、帮、带，让接替者尽快掌握相关岗位的技能，才能确保工作的正常进行。

七、组织职业生涯管理的发展趋势

到了80、90年代，企业竞争日趋激烈，有些企业由于管理措施不利，经营困难，面临着破产、被兼并；许多企业在新的经济形势下停滞不前，使企业员工提升的梦想破灭，同时也打破了原来环境稳定、经济增长形势下建立起来的职业生涯规划或管理。另外，由于组织趋向于扁平化，对管理者、员工提供的晋升职位减少，也使得职业的组织职业规划变得与过去不同。再者，即使没有破产或被兼并的企业，为了保持竞争力，也不断地提出要裁员、增效。在这种形势下，出现了持不同观点的人：有支持组织职业管理的，有怀疑职业生涯管理的，也有折中的，还有修正的。

许多学者仍认为，如果组织要很好地适应社会的变化，应该注重人的职业管理，留住优秀的人员，发展优秀的人员，吸引优秀的人才，应对变化，实现持续发展，许多成功的组织的经验恰好说明了这一点，如 Hewlett-Packard，Xerox，Hannaford Brothers。有些心理学家从心理契约（psychological contract）的角度对雇佣双方的心理策略变化进行了研究，可以作为这方面的一个证据。过去，组织变更速度较慢，雇佣双方都比较稳定，雇员以忠诚、遵从和努力作为条件而换来工作稳定感，组织给个人较多的发展机会，以留住员工。但随着组织的变更加快，组织破产、兼并增多，雇员对组织失去信任，对工作缺乏安全感，在这种条件下，雇员（包括雇佣管理者）对组织失去了原有的忠诚和信任，他们不再像以前那样努力。另一方面，为了使企业保持竞争力，组织又需要雇员以更多的努力去工作，以更充沛的精力帮助企业去竞争、去创新、去发展。这一严峻的现实要求组织行为研究者和实践者不得不对调整中的心理契约问题予以考虑，采用合理的措施来达到各自的目标。如果一个组织要想有长久的竞争力，即使员工倾向于流向好的组织，如果实施旨在发展员工、关心员工的组织职业生涯管理，仍不失为一种双赢的策略。

持怀疑观点的人认为，自80年代中期以来，各种新技术的迅速发展，全球经济模式的转变，给组织发展带来了巨大的压力。为了保持竞争，迎接挑战，欧美企业特别是英国和美国的企业在经营战略和运作模式上不得不作重大的调整，组织合并、重组、裁员，缩减开支，新管理手段的运用等如火如荼，这种调整导致劳动力富余，使得组织内雇佣关系发生改变。雇佣双方尤其是雇员原先形成的平衡打破了。随着时代的发展，组织变更加快，组织职业管理难度加大，因为组织自己也不知道明天会是什么样子，即使能预测明天，组织会很容易地从组织外部找到合适的人员，不需要对个人作长期的规划；相反，长期规划后，如果个人离开组织，组织的损失较大。但是否所有的企业都像 IT 行业那样变化快是个值得怀疑的问题；另外，一个有竞争力的企业，组织员工的流动率不可能太高，适当的、小范围的流动是正常的，如果大规模的流动，企业就势必会倒闭，因此，不以自己的组织为人才培养的基础，完全从外部引进人才是不现实的。

Hall 和 Moss 持折中的观点。一方面强调个人要对自己负责，不要过多地依赖组织的职业管理，但另一方面，主张组织为了使管理满足人的发展需要，还应采取一些措施，帮助员工职业发展，以增加员工的组织承诺，如安排挑战性的工作，提供发展性的雇佣关系，提供发展信息和发展资源等。从某种意义上说，这种思路是组织对人的发展更负责任的表现，因为组织也不是不想留住优秀的员工，只是组织的发展和变更的确比想象的更快，组织难于对员工有真正长久的承诺。

还有一些学者主张对传统的职业生涯管理予以修改，使之适合当今形势发展的特点。Dany 主张组织职业生涯管理不是重要不重要的问题，而是这套措施和办法如何适应变化了的形势。他注重对组织职业生涯管理的概念进行修正，认为这种职业生涯管理并不一定意味着工作岗位的变化，也不一定意味着晋升。例如，职业生涯可以通过个人在其工作岗位自主权的扩大或对其业绩评价的提高表现出来。实际上，人们可以谈论一个医生的职业生涯，谈论一个中小企业领导人的职业生涯，同样也可以谈论一个商业部门工作者的职业生涯，他们要面临各种不断丰富自己知识的职业尝试，其职业生涯与他们和客户关系的发展而非他们的新职务紧密相关。Adamson 等（1998）探讨了职业生涯发展在组织中存在的必要性和可能性问题，主张以修正职业生涯的定义来适合现代组织发展的需要。他们认为组织的扁平化、流动性、变化多端使得组织的职业规划困难，特别是管理人员的职业规划困难，因而建议取消传统意义上的组织职业规划。认为职业规划应成为个人的事情，个人为了适应组织的发展和变革，不断地调整自己，以适应组织的要求。原因有三个方面。第一，80、90 年代，企业竞争日趋激烈，破产、兼并、裁员相当普遍。员工过去所拥有的职业安全感急剧下降。针对这种情况，员工只有发展自身的能力，不断地学习，才能适应组织变革的需要。如果组织效益好，可以保证继续被雇佣；如果组织效益不佳，可以跳槽；如果组织倒闭，能够很快找到工作。第二，自我职业管理加强，对于组织也十分有利，如果组织的员工都很有竞争力，就保证了组织的竞争力；而且由个人和组织同时进行职业管理，使员工参加组织职业管理的积极性提高，进而为组织职业管理的有效性提供保证。第三，从消极的方面看，如果组织发生生存困难，裁员的难度也会因个人的职业适应性的改善而减小。

从职业生涯管理的发展历史可以发现，西方在 20 世纪 70 到 80 年代中期，组织职业生涯管理是主导的职业生涯管理。然而，随着企业稳定性下降，企业倒闭、兼并、裁员增多，员工对企业能否长期提供工作产生了动摇，不得不自己考虑自己的职业前景，逐渐变成了职业生涯管理的主体，现在是组织和个人均进行职业生涯管理，也许将来有些组织的职业生涯管理完全由个人来进行。Hall 和 Moss 敏感地观察到了这种变化，认为职业管理的主体在发生变化，未来的职业发展将主要由个人管理，而非组织管理；未来的职业发展是连续的学习，是自我导向的、是关系式的、在挑战性的工作中进行；未来的职业发展不一定是正式的培训，不一定是再培训，不一定是向上流动。尽管在新时代下，职业生涯管理将获得新的内涵，但职业生涯管理的作用仍然不可忽视。职业的自我管理的重要性对个人来说，关系到个人的生存质量和发展机会；对于组织来说，保持员工的竞争力，意味着组织在变化莫测的情景中生存和发展的空间也会相应地扩大。

职业生涯管理应该是由个人和组织双方来实施比较理想。因为过于频繁的人员变动，一方面使组织的人力资源管理成本提高、实施困难，另一方面会使个人与组织的关系恶化，使人的持续的创造力下降、满意度降低。特别是在当今知识经济的背景下，组织的核心竞争力十分重要，而对影响核心竞争力的重要人物实施职业生涯管理的作用不可小视。

第十一章　企业员工培训与开发的管理现状及发展

第一节　企业员工培训与开发管理的现状

一、当前员工培训与开发管理的特点

（一）更注重培训目标设定的全局性

随着知识的丰富和技术的进步，完整的人力资源管理体系已经形成，并向着更加成熟和完善的方向发展。员工培训与开发作为人力资源管理体系中的一部分，一方面与招聘管理、绩效管理、薪酬管理等各模块之间有着紧密的联系，另一方面又与企业的运作或管理项目（如企业的财务管理、销售管理等）之间存在一定的关系。因此，员工培训与开发计划的制订与实施都会对人力资源的其他模块以及企业管理的其他方面产生影响，从而影响企业的长远发展和战略思想。现代员工培训与开发活动通常是根据人力资源规划的整体部署，突破了既定岗位技能和具体工作知识的狭隘范围，更多地服务于中长期发展目标。现代员工培训与开发管理的执行，尤其是目标的设定都会全面了解组织环境和发展战略，掌握和盘活人力资源存量，预测相关人力资源发展的趋势并作好准备，具有涵盖全局的特点。

（二）更强调培训对象的群体性

随着培训技术的提升和培训管理的日渐成熟，培训的对象不再只是局限于企业内部的员工，而是扩展到了企业的外部，如客户、业务伙伴等。这是现代

经济发展和合作创新的结果。例如，思科公司为其经销商、系统集成商和大用户免费提供了解网络新趋势、新动向和应用技术的培训，为潜在客户举办各种讲座。又如，海潮和微软在资本和业务上进行合作，为了给海潮提供更多本土培训人才，微软每年为中国培训数千名 IT 人才。

（三）更关注员工个人发展的长期性

以往的培训，人们往往把关注的重点放在整个组织上，往往从组织的需求出发，制订培训计划、执行培训计划并对培训结果进行评估，评估的重点也在于组织整体目标的实现情况。而参与培训的员工只是作为实现组织培训目标的载体或工具，员工的个人发展往往是被忽略的，只有在企业需要达到一定的目标时才会开展培训。例如，当一家销售公司的业绩得不到提升时，公司会为提高业绩而对销售人员进行有针对性的培训。但对培训的评价只局限于公司业绩的提升情况，对于销售人员个人的素质提升情况几乎不加以关注。而现代的培训拥有人力资源管理的整体性的思维，将培训与员工的职业生涯规划结合起来，更加关注员工个人的发展。在上述例子中，关注员工个人发展的公司会在培训中关注销售人员的学习情况，在交流中及时了解受训者的疑问并做出解答，同时，还将对销售人员的培训考核结果作为衡量整个培训效果的一部分。另外，重视个人发展的企业会在对员工日常的绩效考评中及时了解员工的胜任情况，对于存在问题的员工进行相应的培训，为员工的职业生涯发展提供引导和帮助。

（四）更倾向于培训中员工角色的主体性

现代的培训中，接受培训的员工发生了角色的转变。过去的培训，都是由管理者通过培训需求分析制订培训计划并开展培训，员工只需要被动地接受。而在科技日益进步、竞争日益激烈的现在，跳槽成本增加，员工的工作压力和被替代的威胁性都大幅度提升，员工需要不断提升自己的知识涵养和专业技能才能在竞争中不被淘汰。在这样的大环境里，员工会根据自身情况提出接受培训的需求，积极参与培训，并在工作之余通过各种方式进行自觉学习和充电。未来，员工在培训中不再是被动的，而是形成了角色的转变，化被动为主动，并且成为企业培训活动的原动力之一。此外，有的企业还让员工参与到培训计划的制订和实施等其他环节中来，使员工成为培训的主体。

（五）更彰显培训内容的广泛性

由于对员工个人发展的重视，员工培训的内容不仅局限于工作方式、流程、服务、产品特性、技术规范等方面，还扩展到旨在提高员工素质的培训，如团队合作能力、表达能力、沟通能力、处理人际管理的能力、适应性训练、心理健康训练、耐挫折性训练等。另外，基于培训目标的全局性，在培训内容的选择上会充分考虑企业的长远发展和战略。如在对中高层管理人员的培训中，除培养其决策能力、训导能力、冲突处理能力、激励能力等管理技能外，还会加入关于企业战略管理方面的培训内容。

（六）更体现培训方法的多样性

现代技术的运用对培训产生了影响。一方面，在原有的培训方法中加入新技术，能够提高培训的效果；另一方面，经过技术与培训的良好结合，产生了新的培训方法，如网络在线培训法、多媒体远程控制法、计算机辅助培训法、虚拟现实培训法、卫星远程培训法等。这些高技术含量的培训方法解决了原有方法所不能解决的问题，使很多培训效果从不可能变成了可能。有些技术的运用，还降低了培训的平均成本，扩大了培训范围，给未来培训的发展提供了更多的参考。

（七）更要求培训组织形式的创新性

培训在应对挑战过程中的战略地位已逐渐凸显，从确保培训的高效性和方便性出发，企业开始创办自己的大学，如西门子管理学院、意大利 ENI 集团培训中心、施乐公司大学等。这些学校拥有完善的师资配备，教学设施也相当完备。如成立于 1997 年的西门子中国管理学院（以下简称管理学院）是为所有西门子中国员工提供公司相关业务知识与培训的学习型组织。其担负了为西门子业务的不断发展培训人才的使命，并追求成为业务学习战略伙伴的愿景。作为西门子中国业务学习和发展的合作伙伴，管理学院不仅设计具有全球视野的学习内容，也根据中国本土业务和员工在日常工作中面临的挑战提供学习解决方案。管理学院以支持内部员工和部门的发展为首要、兼顾支持重点业务合作伙伴的发展以及西门子中国利益相关伙伴的发展。

作为学习专家，管理学院注重学习对工作带来的效益，每年提供不同深度和广度的 100 多个培训课题，既有标准化培训解决方案，也有灵活的量身定制的企业内训方案。每年举办 360 多个公开课以及 600 多个内训项目，培训学员达 15，000 人次，培训量 42，000 人／日。目前已有 4，000 多名中国本地管理者和高潜质员工顺利完成旨在培养公司未来管理人才的西门子管理培训课程和西门子项目管理培训课程，为西门子中国的快速发展奠定了人才知识储备。

二、当前员工培训与开发管理存在的问题

（一）单一的培训模式

绝大多数的企业在开发人力资源，培训员工的时候都是通过传统的方式来实施培训工作，形势比较单一，培训过程相当枯燥，员工对这类培训往往无法提起兴趣。还有一些企业在培训中为了照顾到员工的积极性和兴趣度，采用的培训形式和培训内容与工作的结合度很弱，有很多与工作无关的内容，甚至完全脱节的内容，没有针对实际需求开展培训，培训开发的效果也不理想。有一些企业目前在开展培训的过程中，为了培训而培训，缺乏先进人力资源管理理念作为指导，缺乏相应的科学培训机制，没有对员工的培训需求进行分析，导致培训内容之间存在不连贯性，甚至演化为员工的考试，培训的功利色彩十分突出，无法为企业提供相应的智力保障，促进智力资本升值。

（二）缺乏培训需求的系统分析

虽然目前国内学界和实业界已经逐渐关注到企业员工培训需求的问题，但是很多企业仍然没有将明确培训需求和系统分析作为培训开展之前的必要环节，而这便会出现所开展的培训活动在内容、形式以及人员等方面不符合企业发展对人力资源的要求，培训工作缺乏针对性，和员工能力增长、技能提升的目标不一致。这类培训工作很难取得相应的效果。

（三）不完善的培训效果评价考核制度

企业开展人力资源培训与开发，其目的就是要通过培训，来进一步提升企业员工的技术水平和工作能力，总体上使企业的人力资本不断增值。我国企业在人力资源培训开发的体系构建以及计划安排上已经具备了一定的基础，很多大中型企业也制定了详细的人力资源培训方案，但是对于人力资源培训和开发应当如何考核评价、考核评价的结果如何运用等方面，还没有建立完善的机制或者模式，有些企业培训结束就了事，考核评价工作基本上是缺失的。有些企业虽然有针对培训的评价考核，例如培训课程结束后的考试，但是考核的方式十分单一，与培训的目标不吻合，不能准确反馈员工经过培训，相应的评价项目是否有改观、有成果；有的没有对考核结果进行分析，对下一轮培训工作如何开展发挥不了借鉴价值。上述问题都体现了培训效果评价考核机制方面不够健全。

（四）员工自身存在的问题

一般来说，如果员工参加培训的积极性很低，对培训不积极配合，甚乃至有反感态度，培训的作用肯定会达不到目的。对于这种情况，频繁的培训可能使员工对企业的信任度减少，影响企业日后的稳定与发展。

（五）培训导师的问题

我国企业中聘请的培训导师专业水平参差不齐，有些培训导师的思想还比较落后，道德水平还应该有进一步的提升。如，有的导师没有按照企业实际情况明确培训目的，也有部分导师的培训内容比较空泛，没有贴合实际情况，违背了企业进行培训的目的和初衷。

（六）培训缺乏团队力量

专业的培训机构针对企业的培训与开发，一般是做出培训大纲，细化到具体内容则要根据企业的具体要求结合实际情况再制定出来，每一次正常的培训与开发是由一个团队所共同来完成的。而现如今我国企业愿意付出的培训费用较少，培训缺乏团队的力量。

（七）重视其他方面的培训

其他方面的培训也非常关键。例如，培养企业员工的工作态度，通过教育培训使企业员工具有积极乐观的心态、团队精神以及正确的"三观"；态度决定一切，做好企业员工态度培训内容是培训工作顺利运行的基础；对企业员工基础知识与工作技能技巧进行培训，这是规范员工行为表现的有效途径；同时重视安全与健康方面的培训，这一培训项目的落实促使企业员工的心理环境更加健康，同时形成正确的职业道德观念；而安全教育培训工作的落实使企业员工切实掌握有关电器设备、防火、防爆等基础知识，对企业设施的性能有更为深刻的了解，操作方法更加安全、规范，这样培训工作的开展使企业生产流程更具安全性与有序性。

第二节　企业人力资源开发与培训的对策及建议

一、重视企业价值观念的培训

企业在进行员工培训和开发的过程中，应为员工树立正确的企业核心价值观，让员工能了解企业的文化，以企业文化的熏陶形成强有力的凝聚力、向心力，让员工从思想上、行动上认同企业文化，最终达到对企业有一种归属感，从心底折服于企业文化思想，提高企业在同行中的竞争力。同时在制定培训计划和课程内容时，要将企业的价值观念和企业文化相互渗透，通过员工之间的相互互动，让员工能主动参与到企业的活动和实践过程中，通过多样化的培训形式，以文体活动、竞赛、工作标兵评选等方式让员工在培训中具有参与感，能形成员工之间的相互影响，传递正能量，让企业文化思想植根于员工心中，形成强大的精神力量，提高员工对企业的认同感，增强企业的活力。

二、加大培训资金的投入

企业要树立正确的人力资源培训和开发理念，充分认识到人力资源是一种高增值资源，从企业建立之初就要高度重视人力资源培训，了解人力资源培训和开发对企业发展的重要意义，在每年部门预算中，预留必要的开发培训经费，在新产品、新技术研发初期，更要加大培训资金投入力度。同时，每年必须制定计划，安排资金对员工的综合素质进行培训，形成软硬实力的多方面提升。

三、建立科学合理的培训体系

只有员工的培训而缺少计划和方案以及后期评估与总结的培训体系是不完整的，在进行人力资源培训和开发过程中必须要以完善的培训体系作为具体操作和执行的后盾，企业应在培训前期对员工的现状进行总结和分析，通过收集到的资料，制定具体的培训计划、培训方案以及完整的培训内容，形成培训和开发的具体操作材料。同时在完成培训以后，人力资源部要结合每次培训和开发的实际，制定后续培训评估表格，采用清单式、表格式的评估模式，实现对每次培训开发的真实评估，结合评估结果对每次培训和开发进行总结与分析，最终形成对本次参训员工培训表现和取得效果的具体分析报告，让企业了解员工存在的不足和个人特长，为合理安排员工工作岗位打好基础。

四、合理规划培训和开发的内容

企业应将企业的战略目标和人力资源培训目标相结合，让培训的内容与企业的发展和需要相同步，通过员工的培训和开发为企业的发展助力，帮助企业实现最终战略目标，实现企业效益的最大化。在企业培训和发展内容的制定过程中，应根据企业发展的每个阶段的短、中、长期目标形成一个完整的培训框架体系，不能随意地对培训内容进行更改，让员工在一个完整连续的培训体系中提升自我，帮助员工提升自身的技能，并且在企业的开发中发挥自身特长，发掘自身潜力，以最佳的水平服务于企业的生产经营活动。

五、重视员工实战技能培训

人力资源培训和开发的目的不仅是为了让企业的文化渗透员工的心中，更重要的是为了让员工能传递知识与技能，让员工提升个人能力，通过员工能力的提升为企业的发展提供核心竞争力，作为企业发展的人才储备。因此，在进行企业人力资源培训和开发的时候，应注重员工实战技能的提升，培训的过程中可以通过集体讨论或者角色扮演等以真实的案例进行实战技能的传递，让员工在多样化的培训方式下更好地理解，在具体的操作过程中分析解决问题的方式和方法。

六、企业要对员工进行分级培训

如今，企业要想不断地创造辉煌的成果，更加应该重视员工的培训与开发，把员工的培训与开发作为企业中必备的任务活动，还要加以实践。企业要将战略思想落实到每一位员工，依靠组织功能得到长久的发展。企业要对员工进行分级培训，就是把员工根据工种分为初、中、高级工，再针对性地对不同级别员工进行有实效性培训。同时，员工的培训与开发机制要不断地进步、不断地创新，跟上信息网络等新科技的步伐，慢慢地培养出强大的核心队伍，在竞争激烈的社会中立足。

七、完善企业培训考核评价制度

企业在人力资源培训和开发的考核评价机制建设上，应当着重从两方面入手。第一，采用有针对性的考核方式。考核方式之所以重要，就在于考核如果与培训的目标、内容不匹配，就无法准确反映培训效果。笔试当然是比较常用的考核方式，但不能仅仅局限于笔试，可以将培训结束后一段时间的工作绩效考核与培训考核结合起来，综合评价培训的效果。第二，有效利用考核评价结果。考核评价的目的是了解培训效果，掌握培训效果就是为培训工作提供数据分析。因此，企业有必要建立培训考核评价结果反馈利用机制，人力资源部门应当专门对评价结果进行分析，找出培训工作中还需要改进的问题，并及时转化为下一轮培训工作的措施。

参考文献

[1] 李璐. 现代中小企业员工培训的难点与改进措施分析 [J]. 广西质量监督导报, 2019（09）：67.

[2] 杨天南. 新技术给培训方法带来的机遇与挑战 [J]. 广西质量监督导报, 2019（09）：98.

[3] 周祥云. 浅谈员工培训积极性的提升 [J]. 劳动保障世界, 2019（23）：5.

[4] 杨广荣. 人力资源培训与开发中的常见问题及对策 [J]. 人力资源, 2019（12）：106–107.

[5] 杨泽华. 企业人员培训开发研究 [J]. 现代经济信息, 2019（13）：12–13+23.

[6] 刘蕾. 论"互联网＋"时代的企业培训探究 [J]. 现代经济信息, 2019（12）：74.

[7] 乐一方. 企业人力资源培训与开发的困境及路径探究 [J]. 现代经济信息, 2019（12）：103.

[8] 黄玉芬. 员工培训与开发的理论、实践和创新研究 [J]. 佳木斯职业学院学报, 2019（06）：282–284.

[9] 何昌霞. 浅谈培训开发的流程及运用 [J]. 劳动保障世界, 2019（17）：2–3.

[10] 刘勋. 企业人力资源培训与开发的困境及路径探究 [J]. 现代营销（经营版）, 2019（04）：42.

[11] 王乐乐. 企业员工培训开发变革研究 [J]. 中国集体经济, 2019（10）：125–126.

[12] 陶军利. 企业培训外包中的若干问题研究 [J]. 天津社会保险, 2019（01）：96+98.

[13] 齐恩丽. 企业员工培训方法及建议 [J]. 现代国企研究, 2018（24）：28.

[14] 赵越. 企业人力资源的培训方法探讨 [J]. 现代国企研究, 2018（18）：31–32.

[15] 关慕环.关于企业人力资源培训与开发的思考[J].中外企业家，2018（12）：199+202.

[16] 李楠，黄炜，盛永娇等.企业员工培训的问题与对策[J].劳动保障世界，2018（11）：1+4.

[17] 古玉洁.企业人力资源培训与开发的问题与解决对策研究[J].信息记录材料，2018，19（02）：244-245.

[18] 柴永秀.论企业员工的培训与开发[J].工程技术研究，2017（12）：237+254.

[19] 李英哲.企业员工的培训与开发[J].中外企业家，2017（33）：183-184.

[20] 徐辉，张吉刚.人力资源培训与开发研究[J].才智，2017（32）：249-250.

[21] 朱玲玲.企业员工培训与开发中存在的问题及对策探讨[J].现代经济信息，2017（21）：81.

[22] 陈项琳.试论企业人力资源培训与开发[J].中国管理信息化，2017，20（14）：104-105.

[23] 于小川.浅谈人力资源管理之培训与开发[J].中国市场，2017（07）：161-162.

[24] 崔娜娜.浅析企业员工的培训与开发[J].人力资源管理，2016（12）：110-111.

[25] 张宇.企业培训外包供应商评价及优选策略探析[C].中国职协2016年度优秀科研成果获奖论文集（企业一等奖）.中国职工教育和职业培训协会秘书处，2016：56-64.

[26] 郭琳.企业员工的培训与开发[J].中国培训，2016（10）：256.

[27] 张燕平，吴孝平.人力资源培训与开发中的风险管理研究[J].企业改革与管理，2016（09）：69-70.

[28] 黄鑫.人力资源培训和开发工作的有效实施[J].中小企业管理与科技（上旬刊），2016（04）：9-10.

[29] 陈彩，张瑶.谈企业培训外包[J].合作经济与科技，2016（04）：111-112.

[30] 喻红莲.培训与开发[M].成都：西南财经大学出版社，2014.

[31] 李前兵，周昌伟.员工培训与开发[M].南京：东南大学出版社，2013.

[32] 陈国海.员工培训与开发[M].北京：清华大学出版社，2016.

[33] 赵耀.员工培训与开发[M].北京：首都经济贸易大学出版社，2012.

[34] 葛玉辉，顾增旺，王慧.员工培训与开发实务[M].北京：清华大学出版社，2011.

[35] 郗亚坤，曲孝民.员工培训与开发[M].大连：东北财经大学出版社，2013.

[36] 刘正君，温辉 . 员工培训与开发 [M]. 北京：中国人民大学出版社，2018.

[37] 胡蓓 . 员工培训与开发 [M]. 北京：高等教育出版社，2017.

[38] 葛玉辉，荣鹏飞 . 员工培训与开发 [M]. 北京：清华大学出版社，2014.

[39] 马远 . 员工培训管理 [M]. 广州：华南理工大学出版社，2017.

[40] 杜映梅 . 职业生涯管理 [M]. 北京：中国发展出版社，2011.

[41] 陈国海、霍文宇 . 员工培训与开发 [M]. 北京：清华大学出版社，2019.

[42] 新世纪高职高专教材编审委员会 . 员工培训与开发 [M]. 大连：大连理工大学出版社，2015.

[43] 宋培林 . 企业员工战略性培训与开发——基于胜任力提升的视角 [M]. 厦门：厦门大学出版社，2011.

[44] 孙宗虎，姚小风 . 员工培训管理实务手册 [M]. 北京：人民邮电出版社，2017.

[45] 许丽娟 . 员工培训与发展 [M]. 上海：华东理工大学出版社，2012.

[46] 董克用，李超平 . 人力资源管理概论 [M]. 北京：中国人民大学出版社，2019.

[47] 彭剑锋 . 人力资源管理概论 [M]. 上海：复旦大学出版社，2018.

[48] 刘昕 . 人力资源管理 [M]. 北京：中国人民大学出版社，2018.

[49] 常志军 . 人力资源管理 [M]. 北京：经济管理出版社，2017.

[50] 艾洪磊 . 企业管理人员培训效果评估研究 [D]. 华北电力大学（北京），2019.

[51] 郭亮 . 企业培训管理体系的应用研究 [D]. 南京大学 ,2019.

[52] 关翩翩 . 员工生涯适应力研究：自我与组织职业生涯管理的影响及其结果 [D]. 华南理工大学 ,2017.

[53] 孔令坤 .G 公司员工激励问题与对策研究 [D]. 中国石油大学（华东）,2017.

[54] 贾晗 . 高科技中小型企业员工最近发展区培训与开发模式研究 [D]. 天津大学 ,2017.

[55] 金雅雯 . 企业孵化器的人力资源管理问题及对策 [D]. 华中师范大学 ,2017.

[56] 赵世超 . 基于心理资本视角的企业员工培训开发与绩效关系研究 [D]. 山东财经大学 ,2016.

[57] 王嘉祺 . 人力资源培训体系应用研究 [D]. 吉林大学 ,2011.

[58] 张明 . 新生代知识型员工的职业生涯管理 [D]. 中国商论，2016.

[59] 张熙朋 . 中小企业新生代员工职业生涯规划管理策略探究 [J]. 行政事业资产与财务，2018.